L'homme au livre

ou, La Bible parmi le peuple

John Matthias Weylland

L'homme au livre

Writat

Cette édition parue en 2024

ISBN : 9789359945286

Publié par
Writat
email : info@writat.com

Contenu

INTRODUCTION.

A tous ceux qui désirent acquérir une connaissance précise de la vie intérieure de Londres, et probablement de toutes nos grandes villes, et qui voudraient déterminer, en étudiant les résultats de l'expérience, le meilleur moyen de lutter contre ses maux, les pages suivantes seront profondément intéressant. Ils racontent l'histoire et les fruits de nombreuses années de travail parmi les classes les plus sales, les plus démunies et les plus dégradées de toute la Métropole. Pourtant, ces classes ne sont en aucun cas les plus désespérées. Un grand mouvement agressif du christianisme contre ces bastions du vice, de la maladie et de la misère se terminerait par une victoire plus grande que par une victoire d'égale vigueur contre l'obstination et l'autosatisfaction du grand corps des artisans qualifiés.

La publication de tels documents est très importante à notre époque, alors que les enquêtes et les discussions sont intenses pour découvrir le véritable secret de ce qui est nécessaire, dans la crise actuelle, pour traiter avec les vastes masses populaires. Autant que je sache, ils ne sont pas encore parvenus à une autre conclusion (qu'elle soit avouée ou non) que celle que tous les arrangements et organisations existants, individuellement et collectivement, sont inadéquats à la tâche. L'Église établie, en elle-même, est faible ; les non-conformistes le sont encore plus. Les deux, travaillant ensemble en harmonie, pourraient parvenir à des résultats heureux ; mais, même dans l'hypothèse de leur union cordiale, un nouveau mécanisme doit être conçu, comme complément à tous nos systèmes d'opération actuels.

Il est vain de concevoir que les briques et le mortier, ainsi que la multiplication des églises et des chapelles, permettraient d'atteindre cet objectif. L'exposition soudaine de nombreux lieux de culte détournerait plutôt qu'elle n'attirerait les gens qui, à cause de notre longue négligence à leur égard, sont pleins de préjugés et de superstitions sur de telles questions. L'argent dépensé pour ces édifices serait mieux dépensé pour augmenter et entretenir des agents vivants de toutes sortes et de tous degrés, aussi multiples, aussi divers et aussi spéciaux, que les merveilleuses congrégations d'êtres humains auxquels s'adresseraient leurs efforts.

Toutes les agences actuellement à l'œuvre ont leurs mérites, et leurs dirigeants peuvent citer de nombreux exemples de réels succès. Mais il existe une profondeur inférieure dans laquelle nous devons descendre, et descendre, non pas par à-coups, mais régulièrement et systématiquement. C'est la continuité constante de l'effort, et non sa vigueur occasionnelle, qui produira une impression profonde et durable. Et cette continuité ne peut être assurée par les seuls comités et directeurs. Elle doit puiser la force principale de sa vie dans le zèle, la ferveur , le sentiment chaleureux et l'expérience de classe des ouvriers eux-mêmes. Ils doivent être nombreux et actifs, et un bon nombre d'entre eux doivent provenir des rangs mêmes pour lesquels ils sont appelés à attaquer. Les premiers mouvements doivent être effectués sur des individus, ou tout au plus sur deux ou trois. Toute cour immonde doit être envahie, les retraites sombres et terribles doivent être perturbées et éclairées. De tels travaux peuvent être – voire seront – oppressants et révoltants, mais la persévérance chassera le découragement. C'est sans doute une épreuve acharnée que de se tenir jour après jour, heure après heure, face à face et main dans la main avec les habitants de ces recoins pestilentiels et sombres ; mais patientez un moment, et ils pourront passer de la conversation privée à la conférence au chalet, de la conférence à la salle de mission, de la salle de mission à l'église ou à la chapelle, de la misère sans réserve à la joie relative. L'état de leurs habitations constitue un terrible obstacle ; mais même cela, dans de nombreux cas, peut être partiellement surmonté. La cause est grande ; et la bénédiction de Dieu a toujours reposé sur les prières et les travaux de ceux qui ont cherché à réconforter et à instruire les enfants des hommes les plus souffrants et les plus dégradés.

Que de tels hommes existent et que leurs efforts connaissent un succès non négligeable, c'est ce que prouvent les récits de ce livre. Ces excellents hommes ont posé le principe, ils ont produit les résultats. Il ne reste plus qu'à ce que beaucoup se lèvent pour imiter leur bon exemple, et étendre au loin l'opération de cette sage et solide bienveillance. Et pourquoi ne surgiraient-ils pas, et en nombre suffisant ?

C'est un fait remarquable — mais c'est un fait — que, par la miséricorde spéciale et la Providence de Dieu, ceux qui les recherchent diligemment peuvent toujours trouver une réserve d'agents, capables et efficaces pour une carrière comme celle-ci. Des hommes et des femmes de cœur sincère, d'une piété sincère et dotés de pouvoirs adéquats, sortent en abondance des classes les moins riches de la société et sont formés aux objectifs les plus élevés et les plus nobles. De quelle autre manière pouvons-nous expliquer l'ensemble des quelque 450 hommes de la London City Mission, des hommes dotés d'un zèle particulier et d'une aptitude particulière à aller parmi les masses ? Comment pourrait-il en être autrement pour l'armée pacifique des femmes bibliques et des infirmières bibliques ? Qu'un si grand nombre réponde à l'appel, et que si peu, après procès, soient jugés indignes de leur vocation, est une merveille positive et prouve que la lente diffusion de ce qui est bon et réparateur est due, non pas au manque de d'agents qualifiés, mais à la parcimonie de ceux à qui Dieu a accordé les moyens de mettre ses dons en vie et en mouvement.

Il en est ainsi, car ces personnes, qui se consacrent ainsi à la cause de notre Seigneur, doivent être nourries et habillées avec le reste de l'humanité. "Ceux qui prêchent l'Évangile doivent vivre de l'Évangile;" et il faut dire aux riches de la terre que si le premier et le plus élevé des motifs fait défaut dans leur cœur, le second mérite peut-être qu'ils soient sérieusement pris en considération. Ces agences tendent à tranquilliser la société ; et comme influence tranquillisante, ils tendent à la sécurité de la propriété. Regardez les résultats des efforts de Miss de Broen parmi les communistes de Belleville, et vous verrez que par la propagation de l'Évangile parmi ces terribles masses, un début a été fait, plus susceptible d'établir un ordre de choses plus heureux que l'était l'ordre des choses. multiplication indéfinie des militaires et *de la gendarmerie* .

Je ne sais pas dans quelle mesure ces suggestions peuvent se recommander au jugement du grand public. Je les présente simplement comme les conclusions d'une longue observation, appuyées par le jugement de nombreuses personnes bien plus expérimentées que moi. Cela vaut au moins la peine de faire un effort et d'essayer dans quelle mesure nous pouvons réveiller et utiliser les qualités dormantes des couches les plus pauvres de la société. Nous pouvons souvent discerner une délicatesse de sentiment, une honnêteté de caractère et une vigueur de résolution parmi ces êtres dégradés mais immortels. À de terribles exceptions près, leurs affections parentales sont fortes ; et il est touchant de constater à quel point même la pauvreté, la lassitude et la maladie sont pour ainsi dire oubliées dans leurs luttes désespérées pour subvenir aux besoins de leurs enfants. Derrière ces sentiments se cache un puissant moteur avec lequel commencer le travail.

Eh bien, les voici ! et ils resteront ici ! Les laisserez-vous tranquilles pourrir et mourir ? Mais en suppurant et en mourant, ils engendreront une épidémie morale et politique, sinon physique.

Allez-vous avancer sur eux dans leurs retraites grouillantes de débauche et de peste ? Pourquoi, alors, il y a une promesse pleine d'espoir que la Parole de Dieu ne lui reviendra pas vide ; et comme le Souverain Sacrificateur portait sur son turban : « Sainteté au Seigneur », de même les missionnaires – les agents, les hommes, les femmes, tous ceux qui se lancent dans cette grande entreprise – peuvent porter imprimé sur leur front une devise de non-sens. puissance inférieure, « *Christo in paupperibus* ».

SHAFTESBURY.

PARIS , *12 mai 1878* .

PRÉFACE.

CE livre a été écrit dans des papiers détachés, pour *Evening Hours* et autres journaux, sans aucune intention de les rééditer sous forme de volume. Le manque de détails et le manque de connexion seront ainsi pris en compte. Le récit s'étend sur une période de plusieurs années et est essentiellement vrai, même si l'écrivain a dû compter sur sa mémoire aidée par quelques notes : on ne peut donc pas s'attendre à une précision verbale. La difficulté de consigner l'histoire des individus et des familles en quelques paragraphes, sans leurs liens, s'est fait sentir, et cela a peut-être donné une touche de merveilleux à certains incidents, qu'un récit plus complet aurait évité. Le but de l'ouvrage, même dans ses papiers détachés, était d'illustrer le mode de visite missionnaire parmi les classes très pauvres et dépravées ; et montrer la puissance d'un enseignement simple de la Parole de Dieu parmi eux.

La gentillesse de Lord Shaftesbury en écrivant l'introduction, et de Mme Mary Sewell, en décorant chaque chapitre d'extraits, est reconnue avec beaucoup de gratitude. Leur aide a enrichi le volume, et l'auteur a l'impression que beaucoup le considéreront comme un tableau indifférent, joliment cadré. Quoi qu'il en soit, il le confie à l'indulgence de ses lecteurs et à la bénédiction du *Dieu Tout-Puissant* , par la seule puissance de la Parole duquel le bien raconté a été accompli.

BOIS DE SAINT-JEAN ,
décembre 1871 .

PRÉFACE À LA DIXIÈME ÉDITION.

La faveur accordée à ce livre a surpris l'auteur, puisque les tirages de neuf éditions à mille exemplaires se sont rapidement succédés. La véracité et la simplicité du récit ont sans aucun doute favorisé ce résultat, mais le secret de son succès ne réside pas dans le livre lui-même, mais dans le profond intérêt porté par les chrétiens en général aux efforts d'évangélisation des habitants de Londres.

Pour beaucoup, la difficulté d'unir des disciples de noms divers dans une coopération chaleureuse semblait insurmontable ; et l'accès et l'influence des « masses déchues », des impies et des criminels, vers la religion et la vertu semblaient presque désespérés.

Ce simple récit du travail missionnaire a eu son influence en éloignant de telles difficultés de l'esprit de beaucoup et en s'attirant la sympathie de personnes qui n'étaient auparavant pas informées sur une union chrétienne qui serait auxiliaire et utile à toutes les Églises.

Au début du récit, il n'y avait que cent douze missionnaires municipaux employés à Londres ; mais, grâce à la bénédiction de Dieu Tout-Puissant et à la confiance de son peuple, leur nombre a augmenté régulièrement et leur soutien est de plus en plus généreux. Le personnel de la mission compte désormais 448 hommes effectifs avec 30 anciens combattants sur le fonds de retraite ; ceux-ci, avec le comité et leurs officiers, examinateurs de candidats et surintendants locaux, comptent plus de mille hommes, qui recherchent dans la prière et avec une grande activité le bien spirituel et le soulèvement général des pauvres de la grande métropole.

Il reste encore beaucoup à faire. Dans de nombreuses paroisses s'étendant jusqu'aux faubourgs éloignés, il y a de nombreux quartiers pauvres, habités par des myriades d'âmes en perdition, à chacune desquelles la nomination d' UN « HOMME AVEC LE LIVRE », chargé de lire et d'exercer sur chacun sa puissance vivifiante. l'homme, la femme et l'enfant sous son influence seraient en effet une bénédiction conférée.

Chargé du devoir de pourvoir à bon nombre de ces "déchets" à l'est et à l'ouest de la ville , l'écrivain accueillera volontiers l'amitié et l'aide de ceux qui, conscients du caractère précieux du salut personnel, imaginent de l'abondance du cœur. des choses libérales.

Au sein du comité, il y a une ferme conviction, et c'est celle-ci, que leur travail, qui a commencé dans l'obscurité et la faiblesse, par trois hommes sans nom, sans influence ni argent, mais qui étaient forts dans la foi, la prière et le saint zèle, que l'effort, bien que désormais extrêmement vaste, ne peut être poursuivi et étendu que dans le même esprit de simple confiance et de dévotion, la « gloire » étant rendue « dans l'Église par Jésus-Christ, à Celui qui est capable de faire infiniment au-delà de tout ce que nous pouvons demandez ou pensez, selon la puissance qui agit en nous.

LONDON CITY MISSION HOUSE,
Bridewell, CE
, *mai 1878* .

CHAPITRE I.

DESCRIPTION — L'ÉTRANGE VISITEUR — LES TRADUCTEURS — LE CHANTEUR ET LA NOURRISSE DE CHIENS — LES VOLEURS — LES Mendiants — LE COMBATTANT DE PRIX — UNE VEUVE EN EFFET — LE POUVOIR DE LA PRIÈRE.

LE LIVRE À LA COUR : SON INTRODUCTION.

"Celui qui a ma Parole, qu'il la prononce fidèlement." JÉR. XXII. 28.

POURQUOI les habitants appelaient leur lieu de résidence Paradise Court n'a jamais été clairement compris. Les autorités paroissiales substituèrent au nom du jardin d'une beauté primitive celui d'un charmant comté du sud de la vieille Angleterre et, sur leurs papiers officiels, l'appelèrent Devonshire Place. Beaucoup remettraient en question l'opportunité que la Cour porte l'un ou l'autre nom, car elle forme le centre d'un labyrinthe de rues sales et surpeuplées. Il ne s'agit pas d'une impasse, car elle est en forme de coude avec deux entrées reliant les rues, bien qu'elle soit utilisée uniquement par des personnes possédant une profonde connaissance du terrain. Les maisons sont si mal formées et si délabrées qu'elles préjugent l'esprit contre le Londres de la génération passée ; tandis que l'atmosphère trouble, le nuage de vêtements jaunâtres en lambeaux suspendus aux fenêtres supérieures par des poteaux et des lignes, l'étroitesse du passage, qui augmente l'obscurité épaisse de la nuit, le bruit constant des ivrognes et des querelleurs, en font un lieu sombre. endroit à éviter par les gens respectables, aussi pauvres soient-ils.

Il y avait cependant, au moment où notre récit commence, des visiteurs respectables à la Cour, et le plus important d'entre eux, grâce à sa connaissance intime de la communauté, était ce précieux fonctionnaire, l'officier de relève. Son approche fut instantanément connue par quelque moyen mystérieux et produisit des effets merveilleux ; les bruits indisciplinés furent étouffés, un certain nombre de pauvres créatures tombèrent soudainement malades et une condition de pauvreté des plus épouvantables fut créée. Curieusement cependant, sa sortie fut marquée par une influence revivifiante : des murmures sourds éclataient parfois en tempêtes d'injures, mais pas avant qu'il ait tourné le coin ; on peut donc supposer qu'il ignorait heureusement le fort sentiment qui existait contre lui.

Le policier de service avait l'habitude de s'arrêter, par instinct professionnel, lorsqu'il passait devant chaque entrée étroite, et on l'avait vu la nuit tourner brusquement son œil de bœuf vers les personnes approchant ou sortant de la Cour. Parfois, une visite était rendue par cette personne redoutée, l'inspecteur : événement toujours inattendu. À un moment donné, des membres intelligents de la force prenaient position à chaque extrémité, tandis que l'inspecteur marchait avec plusieurs officiers vers une maison particulière, puis partait avec la personne qu'il voulait. Le lendemain matin, une compagnie d'habitants rendait le compliment en se rendant en masse au tribunal de police, et pendant les jours qui suivirent, le sujet de la conversation au tribunal était : « Comment le spectateur a-t-il obtenu cette information avant de recevoir cette information ? ".

Le facteur entrait de temps en temps dans la maison, et lorsqu'il le faisait, il tenait fermement ses lettres, tandis que, pour effectuer une livraison correcte, il déchiffrait d'étranges hiéroglyphes. Bien entendu, les vrais amis des pauvres, les médecins des paroisses et des dispensaires, étaient fréquemment présents sur place. Ils connaissaient bien cet endroit pestilentiel et, tout en atténuant les souffrances, délivraient de nombreux certificats pour l'enterrement des morts. En ce qui concerne les vivants, les archives étaient rares : le nom du lieu étant rarement, voire jamais, inscrit dans le registre de la sacristie. Quelques-uns de la nuée de petits païens sales, sans chaussures et en lambeaux (païens dans le sens de n'être ni baptisés ni instruits dans la religion chrétienne) étaient parfois pourchassés par leur ami chaleureux, le professeur de Ragged School, qui avait inscrit leurs noms. dans son cahier de classe. À deux exceptions près, c'étaient les seuls visiteurs respectables de Paradise Court ; et les exceptions ne se produisaient que le matin du lundi noir. L'un d'eux était le courtier austère, qui représentait le propriétaire de la moitié des maisons, et dont la terrible déclaration : « Payez le loyer, ou je jetterai vos bâtons à la cour », avait un effet générateur d'argent. L'autre visiteuse du lundi était une dame au style particulier, qui entra dans les lieux depuis sa résidence de banlieue à neuf heures précises. Bien que mal habillée, ses trente-quatre misérables locataires croyaient qu'elle était une vraie dame à la maison. Elle parlait couramment et donnait de nombreuses raisons pour lesquelles ce serait une erreur de sa part de laisser couler le loyer. On ne l'avait jamais connue pour comprendre une excuse ; et c'était un fait établi qu'une amitié commerciale existait entre elle et cet affreux courtier.

A cette succession de visiteurs officiels et autres, il fallait en ajouter une autre. Les gens du Paradis ne le savaient pas ; et, s'ils l'avaient fait, il n'aurait pas été reçu avec des démonstrations de joie ; en effet, les quelques personnes qui, un matin de mars, remarquèrent deux hommes en conversation à l'entrée étroite de la cour, furent gênées, car elles ne comprenaient pas ce que cela voulait dire. "Je me demande s'ils vont venir ici", observaient une femme à une autre. "Ils ne sont pas mendicité , " répondit-elle ; et elle s'empressa d'informer ses compagnons de chambre " que quelque chose se passait, car deux hommes, l'un d'eux un vieux, avec un manteau brun, et l'autre un jeune presque tout noir, parlaient. et regardant en bas." Il y eut une ruée vers les portes et les fenêtres, mais ils ne virent que les deux hommes se séparer. L'aîné s'éloigna et l'autre entra par la porte ouverte de la première maison.

Pour lever tout mystère, le vieux monsieur était le surintendant de formation de la mission de la ville de Londres, et son compagnon un jeune missionnaire qu'il plaçait dans le district. Ils en avaient fait le tour ensemble, et s'arrêtant à la cour, le surintendant dit à son jeune ami : « Vous trouverez que c'est la partie la plus éprouvante du district, car les gens sont dans un mauvais état et n'ont jamais encore été visités. " Entrez dans la première maison, dirigez-vous vers la pièce du fond du haut, visitez-la en descendant et traversez ainsi les lieux. Rappelez-vous qu'il est de votre devoir de faire la connaissance de chaque homme, femme et enfant, pour le bien de tous. dans le but de les amener à la connaissance du salut par notre Seigneur Jésus-Christ, et de leur faire du bien par tous les moyens en votre pouvoir : allez, et que le Seigneur vous fasse prospérer.

Un poète eût appelé cela un moment sublime pour le jeune missionnaire : il possédait ce qui depuis trois ans était le désir de son cœur : la charge de visiteur accrédité auprès des pauvres. Pour cela, il avait prié, étudié et réussi l'examen requis ; et ce fut avec un cœur reconnaissant et une démarche élastique qu'il gravit l'escalier branlant et s'approcha de la chambre aux occupants de laquelle il devait le premier transmettre son message. Un bruit, le battement du cuir sur les lapstones , exigea qu'un second coup plus fort soit donné à la porte. Elle fut soudainement ouverte par un homme d'âge moyen, d'apparence voyou, avec une longue barbe noire. Dans sa main se trouvait un gros marteau plat et dans sa bouche une courte pipe noire. Avec un regard aigu sur l'étranger, il demanda : « Voulez-vous de moi, Maître ? "Je suis missionnaire", fut la réponse, "et je suis venu faire votre connaissance. Accepterez-vous un de ces tracts ?" L'homme ouvrit la porte et dit à ses compagnons : « C'est un type religieux qui veut me connaître. Le visiteur entra et jeta un regard curieux autour de la pièce. C'était un grenier d'une dizaine de pieds carrés, avec un toit bas. Au centre se trouvait un tas de vieilles bottes et chaussures, des détritus du genre ramassés sur des tas de poussière ; autour d'eux se trouvaient six hommes d'âges divers et d'une saleté offensante ; à côté de chacun se trouvaient plusieurs rangées d'objets restaurés. Il était évident que ces hommes étaient des « traducteurs », des cordonniers qui, grâce à une merveilleuse habileté dans leur art, transformaient des chaussures détruites en articles propres à l'usage. « S'il est religieux, s'écria un homme de petite taille, je suis son client ; et face au visiteur, il a demandé "Croyez-vous en un être surnaturel ? parce que", a-t-il poursuivi, "si vous le faites, je ne le fais pas. C'est un imbécile qui dit dans son cœur que Dieu n'existe pas, et c'est un imbécile. qui dit qu'il y en a un, parce qu'il n'y a aucune preuve." « La nature et la Bible », répondit le missionnaire ; mais il ne put aller plus loin, car à l'évocation du Livre des exclamations de doute et d'injures furent poussées. Il a essayé de continuer, mais a été réprimandé. Alors qu'il se détournait, l'homme qui ouvrait la porte dit avec un regard furieux : « Maintenant, attention, Guv'nor , je suis le maître ici, et j'habite dans la pièce à côté, et mes enfants ne connaissent rien à la superstition, et si vous viens ici avec ton cant, je vais te présenter." Il y eut une pause momentanée, qui permit au visiteur de s'exclamer d'une voix claire et retentissante : « Aujourd'hui, le salut est arrivé à cette maison », et il descendit ensuite vers le palier suivant.

Sur la porte de l'arrière-boutique se trouvait un vieux cadenas rouillé, indiquant que les locataires – les marchands de costumes – étaient sortis ; mais la porte de la pièce d'entrée était entrouverte. « Entrez, » dit une voix faible ; et le visiteur, bien que presque arrêté par le caractère offensant de la pièce, entra et trouva une chambre mortuaire. Une femme et un enfant étaient sur le lit, en proie à une forte fièvre ; et, posé sur le sol, le visage découvert, gisait le corps d'un garçon de six ans. La scène choqua tellement le visiteur inexpérimenté qu'il exprima avec tristesse son regret de les trouver dans une telle position et s'enquit du mari. "C'est un chanteur, monsieur," répondit-elle, "et il chante dans les rues à propos de l'homme qui a été pendu lundi matin. Il a été découpé lorsque Bobby est mort dans la nuit, et a dit qu'il arrêterait de chanter quand il avait reçu une demi-couronne et il était rentré à la maison. Pendant qu'on lisait des paroles de consolation, le « chantre » entra dans la pièce : ses vêtements étaient usés, son visage pâle et sa voix rauque. L'étranger posa gentiment la main sur le bras du pauvre homme et exprima sa sympathie pour le deuil qu'il avait subi, et ajouta : « J'ai lu à votre femme un passage de la Bible et je vais prier : agenouillons-nous. " A l'évocation de la prière, une expression de mépris passa sur le visage de l'homme, et il quitta précipitamment la pièce. La prière fut cependant offerte, et le visiteur descendit dans les salons : oh, quels salons !

L'arrière était occupé par une vieille femme, qui ramassait sans doute des os et des chiffons dans les rues, car le sol en était presque recouvert. Elle faisait frire du poisson en partie putride et déclarait si sérieusement sa pauvreté (sans doute avec vérité) que le visiteur dut lui assurer qu'il n'avait aucun soulagement temporel à lui accorder. Le même argument de pauvreté a été poussé par trois femmes à l'air ivre qui se tenaient à côté de la porte ; quand il leur dit qu'il n'avait pas d'argent à donner, mais qu'il espérait les rendre heureux avec les vraies richesses, ils lui fermèrent la porte au nez ; et en sortant il respira l'air rafraîchissant de la cour.

Deux autres maisons furent traversées avec plus ou moins de succès, et le visiteur partit se reposer et se rafraîchir. À son retour, il était évident que sa renommée s'était répandue, car il y avait des groupes de personnes prêtes à le regarder, et dans ce regard il y avait une expression hostile. Fidèle à ses instructions, il se contenta de remettre des tracts à plusieurs femmes qui les lui demandaient, puis se dirigea vers la quatrième maison. Bien que toutes les portes d'entrée fussent ouvertes et semblaient n'être jamais fermées de jour comme de nuit, cette porte était fermée et verrouillée, et des éclats de rire pouvaient être entendus à l'intérieur, tandis que le missionnaire frappait en vain pour entrer. Il se rendit à la maison voisine, mais fut arrêté en montant les escaliers supérieurs par les aboiements des chiens. La porte du grenier de devant fut ouverte par une femme : à la vue de l' étranger , elle cria son ordre de silence, et les brutes devinrent muettes. Alors qu'elle ouvrait la porte à moitié, un spectacle curieux se présenta : sur le lit se trouvaient cinq ou six chiots de races diverses, et enchaîné au sol se trouvait un bull-terrier blanc à l'allure sauvage, tandis qu'un vilain chien levait le nez jusqu'au bord du lit. le panier dans lequel il reposait, et il entendit un grognement sourd. Faisant une révérence, elle dit d'un ton plaintif : « Je ne peux pas vous inviter à entrer, monsieur, car les chiens sont très sauvages ; mais même si j'essaie de gagner honnêtement ma vie, un billet est aussi acceptable pour moi que pour eux. misérable ce qui est entré au premier étage. En réponse à la question « Comment vivez-vous ? » " Elle répondit : " J'élève des petits chiens pour des hommes chics, et j'accueille des malades pour les allaiter, et je gagne mon argent. Je peux vous le dire : pourquoi ce bouledogue d'avant a la gale, et je dois le frotter avec les médicaments du médecin. des trucs, et si je ne le muselais pas et ne tirais pas sa chaîne au sol, il me mettrait en pièces; et puis je dois me lever la nuit pour nourrir les chiots avec du lait. Lorsqu'on évoqua la question de la religion, elle dit d'un ton colérique qu'elle « savait ce qui était juste et qu'elle ne voulait pas qu'on lui prêche ». Les amis sagaces de l'homme comprirent ce changement de ton de voix et recommencèrent à grogner et à aboyer. Comme il était inutile d'essayer de se faire entendre dans la pièce voisine, le visiteur descendit faire connaissance avec les maltraités au premier étage.

**" J'élève des petits chiens pour des hommes raffinés et j'accueille des
enfants malades pour les allaiter."**

Les deux portes étaient ouvertes et les locataires attendaient manifestement
une visite. Dans la pièce de devant se trouvaient trois hommes et quatre
femmes : les hommes portaient autour du cou des mouchoirs de coton de
couleur rougeâtre , leurs cheveux étant disposés selon la boucle particulière
autour de l'oreille connue dans leur cercle sous le nom de coupe Newgate .
L'un d'eux, d'un air fade, offrit une chaise au visiteur et dit : « Je suis toujours
content de voir un missionnaire. D'où je viens , près de Petticoat Lane, c'est
l'un d'eux, peut-être que vous le connaissez : il est très gentil avec les gars qui
ont des ennuis. Maintenant, cette femme a un garçon comme c'est toujours
malchanceux : il a fait un levage et s'est fait attraper la première fois, et a eu

une semaine, comme on ne le connaissait pas ; après cela, il a sauté par-dessus un mur pour quelque chose, et un certain Bobby lui en voulait, et pour cela, il a eu un mois ; et puis il a relevé un gentleman de son ticker, et pour cela, il fait quatre mois au moulin, et je pense qu'il devrait être réformé. Il sortira lundi et si vous me dites où vous habitez, je vous l'amènerai et vous pourrez le mettre quelque part. Si vous ne le faites pas , il aura encore des ennuis, car, comme je l'ai dit, , il n'a pas de chance." Les raisons invoquées n'étaient pas de nature à stimuler le zèle, mais le missionnaire s'arrangea pour voir le jeune voleur immédiatement après sa sortie de prison. Une conversation amicale s'en est suivie, et plusieurs jeunes filles et jeunes voleurs, venus de l'autre pièce, sont restés pour écouter la lecture de la Bible. Les mauvaises conséquences du péché leur furent montrées et la voie du salut leur fut expliquée. Une profonde émotion fut exprimée par plusieurs de ces dépravés, et il y eut un adieu amical.

Au rez-de-chaussée, un parfum d'algues emplissait l'air et constituait un agréable soulagement de l'état de l'atmosphère à l'étage. La cause de cet étrange parfum était apparente lorsque la porte de l'arrière-boutique était ouverte par un vieil homme qui semblait en proie à une salivation. Le sol était couvert de paniers et de plateaux recouverts de tas de bulots, dont certains étaient cuits et d'autres non. Comme l'homme était plutôt sourd, il était difficile de lui faire comprendre l'objet de la visite ; mais quand il l'a fait, il a invité l'étranger à entrer. Il a refusé un tract offert, avec la remarque: "Je n'ai pas d' apprentissage , Monsieur, et je brûle chaque morceau de papier que je donne, donc ce serait de la fumée si " vous êtes venu pour cela. Je cuisine ces bulots pour les gars et les femmes comme stands avec des étals, et je reçois un sou la bouilloire. " Lorsqu'on lui a dit « qu'à son âge, le plus important n'était pas ses affaires, mais son aptitude à un monde meilleur », il a ri et a déclaré : « Tout ce que je veux, c'est mourir facilement, alors je déplace les choses et mets mon matelas au bon endroit. façon, comme on ne sait jamais ce qui peut arriver, et on dit qu'il est difficile de mourir à travers les planches. On lui a dit que « prier le grand Dieu au nom de Jésus pour obtenir son pardon et son Saint-Esprit était le moyen pour les personnes âgées d'être heureuses et de mourir facilement ». Mais il avait l'air vide, comme si les sujets du pardon et de l'immortalité lui étaient étrangers. Lorsqu'il lui eut dit que la cuisine était terminée tôt dans la soirée, le visiteur lui montra la Bible et dit : " Ceci a été écrit par le bon Père céleste, et je viendrai un soir et je le lirai. " Il avait l'air content en s'approchant de sa poissonnerie, et le visiteur était alors heureux de s'échapper d'une sorte de brouillard marin chaud.

La maison voisine était remplie de mendiants. Les chambres étaient sales ; et en y entrant successivement, les femmes et les enfants se mirent à mendier, dans les gémissements des bourreaux. "Pourquoi ne lavez-vous pas vos enfants ?" » demanda-t-on à une mère dont les quatre petits étaient noirs comme des balayeurs. "Nous n'avons pas un sou," fut la réponse, "pour acheter du savon, et les petits chéris sont si mal à l'aise comme au réveil , jusqu'à ce qu'ils se frottent bien le visage avec leurs mains, ce qui les rafraîchit." Leur dure mendicité empêchait toute conversation religieuse. Dans le salon de devant , un homme, vêtu de vêtements sales, fumait sa pipe, tandis que sa femme balayait avec un balai presque glabre. Une tentative de leur parler du message évangélique a provoqué une explosion de légères insultes de la part d'eux deux : la femme, qui était évidemment originaire de l'île d'Émeraude, suivit le visiteur jusqu'à la porte, donnant un long coup de balai ; puis, le brandissant au-dessus de sa tête alors qu'il entrait dans la cour, il s'exclama : « Och , et bien sûr, et c'est comme ça que je balaie les ordures ! Après avoir échoué à transmettre des instructions religieuses aux gens de la maison voisine, où la femme et le jeune l'ont maltraité et où les enfants ont crié alors qu'il s'évanouissait, le jeune missionnaire a quitté les lieux dans un état d'esprit exactement opposé à celui dans lequel il était entré. ça le matin. Un sentiment d'inefficacité, de disqualification totale pour le travail, s'était emparé de son esprit et avait refroidi son zèle. Avoir instruit les pauvres respectables, avoir éliminé les difficultés des hommes dans l'erreur, eût été un plaisir ; mais évangéliser un peuple tel que les habitants de Paradise Court et de ses environs semblait sans espoir. Outre le caractère offensant du travail, l'idée de passer six heures ou plus par jour dans ces misérables habitations, exposées au risque de contagion, d'insultes et de violence personnelle, et cela avec un si faible espoir de bénéficier au peuple, produisait un sentiment de regret que l'effort avait été fait. Ces raisons ont été si puissantes que le missionnaire a profité de la considération que le samedi serait un jour incommode pour le peuple et est resté à l'écart ; mais le dimanche après-midi, vers trois heures, il s'approcha de la cour le cœur fatigué et un paquet de tracts à la main.

"Là où la femme et le jeune ont été maltraités et les enfants ont crié alors qu'il s'évanouissait."

A l'entrée, un groupe d'une quinzaine de bruts discutait ensemble. Des traités furent offerts à chacun. L'un d'eux, un homme de corpulence lourde et de visage peu attrayant, en raison du fait qu'il était profondément marqué et avait l'arête du nez cassée, s'est approché du missionnaire . Avec un sourire plus impressionnant que les froncements de sourcils ordinaires, il demanda : « Êtes-vous le type qui arrive dans toutes nos chambres pour nous rendre religieux ? Pour poser une question ainsi, on ne peut donner qu'une seule réponse, qui, espérons-le, sera affirmative. "Alors," continua-t-il, son affreux sourire se transformant en une expression de malice, alors qu'il levait son énorme poing, "alors ne viens pas dans ma chambre ; ce qui est un bon conseil, car je fais trois choses à la fois quand je suis Je suis connu sur le ring comme un frappeur dur, et j'ai fixé les enjeux du ring dans de nombreux combats, et voici ce que je fais : je dépose mon poing sur le dessus du nez, ce qui laisse une marque , et fait taire les deux voyeurs pendant une semaine ou deux. "Eh bien, mais les membres du ring sont honorables en cela", fut la réponse prompte : "ils ne frappent jamais les hommes qui ne savent pas boxer." L'homme semblait satisfait du compliment, mais ses compagnons lui lançaient un regard incrédule, comme pour dire : « Nous, hélas, savons mieux !

Des paroles amicales ont été prononcées et des tracts ont été distribués aux personnes se tenant à leur porte. Pendant qu'il était ainsi occupé, le missionnaire était arrêté par un bruit qui provenait d'une chambre haute. Cela lui tomba si étrangement à l'oreille qu'il resta immobile et leva les yeux vers les fenêtres, avec l'exclamation sur les lèvres : « Certainement, le Seigneur a ses cachés dans cet endroit. On s'efforçait visiblement de chanter un chant de louange dans l'une des pièces. Une voix féminine brisée essayait d'amener d'autres voix, dont aucune n'était à l'écoute de la mélodie, à chanter l'hymne…

"Venez, vous qui aimez le Seigneur, et faites connaître vos joies."

Une femme à l'une des fenêtres, voyant l'étonnement du visiteur, dit : « C'est la veuve Peters, Maître, qui a une réunion : elle habite ici dans la première pièce au fond. C'est une bonne dame : cette chère vieille âme est comme une mère pour nous. ". Le visiteur s'approcha de la pièce et, lorsque le chant cessa, il ouvrit la porte. Il vit d'un coup d'œil que la compagnie était composée de cinq femmes très pauvres. Quatre étaient assis sur le cadre du lit, et un autre à la table, sur laquelle étaient posés une Bible ouverte et un livre de cantiques. "C'est lui", s'est exclamée l'une des femmes. "Voici l'homme du tract qui vient nous lire un extrait du Livre béni." Là-dessus, la veuve se leva, le visage rayonnant d'une sainte joie, et avec cette dignité gracieuse que la vie religieuse confère souvent aux pauvres, elle tendit la main au missionnaire en s'écriant : « Entrez, monsieur, entrez et louons le Seigneur ensemble. Je l'ai supplié pour les pauvres âmes de ce lieu, et maintenant il a envoyé son messager avec de bonnes nouvelles. Que le Seigneur vous bénisse à beaucoup. Cet accueil fut fait avec un sentiment si sincère que le « messager » en fut maîtrisé. L'orateur était âgé; soixante-dix ans avaient blanchi ses quelques cheveux restants et donné un aspect décrépit à sa silhouette élancée ; mais sous l'influence d'un fort sentiment religieux , elle se tenait debout, et la faiblesse de sa voix donnait une force particulière aux paroles qui entraient dans l'âme. Les pauvres femmes le sentaient en se tenant debout, les yeux pleins de larmes ; et le jeune missionnaire le sentit, car sa seule réponse fut de tenir affectueusement cette main desséchée dans la sienne et de regarder respectueusement le visage du vieux disciple.

La réunion fut bientôt terminée, mais la vieille femme et le jeune homme restèrent en conversation sérieuse, comme s'ils avaient joui d'années d'amitié. Quelle est la force de cette corde d'amour dans l'esprit qui lie les croyants entre eux grâce à l'union avec Jésus vivant ! « Les pauvres créatures ici sont dans des ténèbres épouvantables, et beaucoup sont terriblement méchantes », observa la veuve ; "et mon cœur a bondi de joie quand on m'a dit qu'un homme du tract essayait de parler avec les gens dans leurs chambres : c'était une réponse si fidèle à la prière." "Et qui a prié pour ma venue ?" a-t-on demandé. "J'avais entendu parler de messieurs missionnaires visitant d'autres endroits", a-t-elle répondu, "et il y a environ deux mois, j'ai eu à cœur de prier pour mes voisins qui périssaient , et j'ai crié jour et nuit vers le Seigneur."

"À cette époque", observa le visiteur, "quelques croyants se sont réunis dans la maison d'un commerçant de Tunbridge Wells, pour prier pour une bénédiction sur les pauvres de Londres. Ils ont ensuite convenu de lever du soutien pour un missionnaire dans l'un des pays les plus nécessiteux. districts, et écrivit une lettre au comité de la mission de la ville de Londres à cet effet. Pendant que ces messieurs réfléchissaient à la question , leur attention fut attirée sur ce quartier par l'ouverture d'une salle des infidèles juste à côté. À ce moment-là, après de nombreuses prières , j'ai demandé à être reçu comme l'un de leurs agents. Ils m'ont approuvé et m'ont envoyé ici. Mais comme il était étrange qu'en ce lieu la prière ait à ce moment-là été offerte dans le même but. " Oh non ! ce n'était pas étrange ", répondit-elle ; "car le même Esprit habite tous les disciples et, selon l'Esprit et la Volonté Divins, leur enseigne pour quoi prier, et maintenant nous devons plaider pour les âmes et ces ossements desséchés vivront." « Après avoir passé vendredi à l'autre bout de la maison, observa le missionnaire , j'ai été amené au désespoir de faire du bien ici, tant les gens sont ignorants, endurcis et offensants. J'ai pensé qu'un visiteur expérimenté devrait viens ici à ma place. » Avec un air de tristesse et de reproche, le vieux chrétien s'écria : " Le Seigneur t'a envoyé ici avec la charrue de l'Évangile, et ne te retourne pas. Continue, cher ami, et il bénira son fidèle serviteur. " En réponse à la question : « Depuis combien de temps connaissait-elle le Seigneur et pourquoi vivait-elle dans cet endroit ? elle a répondu : « Je suis la veuve d'un soldat : il y a trente-six ans , j'étais à l'étranger avec le régiment et je me suis convertie lors d'une réunion de prière de soldats. J'ai ensuite rejoint les Wesleyens et je me suis rencontré en classe depuis. J'avais une fille, qui était mariée à un maçon qui s'est mis à boire et à la maltraiter. Il l'a amenée ici, puis j'ai pris une chambre dans la même maison pour m'occuper d'elle. Elle est décédée il y a deux ans. J'ai trois shillings chaque semaine de la paroisse, et je me rattrape en faisant un peu de lessive pour les jeunes gens chez un drapier ... Je m'arrête ici maintenant, car personne ne me volerait ni ne me ferait de mal, et bien des pauvres créatures me laisseraient les soigner un peu quand elles seront malade, puis je leur parle de Jésus et je prie pour leurs pauvres âmes. Maintenant que vous êtes venus, ils doivent tous entendre la vérité. Ne laissez pas, monsieur, les pauvres âmes qui périssent. En se séparant, chacun offrit une prière. La vieille veuve, d'une voix tremblante et d'un saint sérieux, supplia Dieu pour le jeune messager et pour les pécheurs qui l'entouraient, en mentionnant plusieurs par leur nom. Son langage était celui de celle qui, depuis des années, avait eu libre accès au Lieu Saint et à qui le pouvoir avait été donné de lutter avec Dieu et de vaincre.

Cette prière a été bénie pour le jeune missionnaire. En entrant dans la cour , il sentit que l'esprit lâche l'avait quitté et qu'il avait reçu le pouvoir d'intercéder auprès du Tout-Puissant pour les âmes qui périssaient. Son cœur était trop plein pour parler au peuple ; mais, alors qu'il passait devant leurs portes, un cri de saint désir de leur salut (cette meilleure préparation au travail d'un évangéliste) monta là où Jésus le Médiateur est assis à la droite de Dieu.

Le livre à la cour :

SON INFLUENCE.

"Nous avons besoin de vous, cœurs courageux, qui affrontez le labeur,
et supportez inaperçus la moiteur fatigante qui se presse chaque jour; nous
voulons les grandes âmes qui souffriront et oseront, et supporteront tous
les martyres sans gloire de la morne décadence de la pauvreté."

Mme Sewell.

CHAPITRE II.

UN COMBAT ENTRE FEMMES – RETOURNER LA FIÈVRE – DISCOURS D'UN BROW – SAMMY IVRE – UNE THÉIÈRE MERVEILLEUSE – HOMME-POUSSIÈRE ET CHARIOT – DAME-POUVOIR.

Le Livre à la Cour :
SON INFLUENCE.

"L'entrée de ta Parole donne de la lumière." Ps. cxix. 130.

Le lundi matin jetait sa tristesse habituelle sur Paradise Court en la personne des collecteurs de loyers. Beaucoup d'hommes et de femmes étaient partis pour diverses visites, et d'autres, dont les réserves d'argent liquide étaient inférieures au montant requis, s'absentaient, laissant des messages aux enfants, dans certains cas avec et dans d'autres sans paiement partiel. La Cour avait donc une apparence de calme et de respectabilité morale au moment du décès du missionnaire . Son pas était ferme et son visage exprimait une expression de décision. Il avait réalisé les difficultés de la situation ; et, confiant calmement dans l'aide de Dieu Tout-Puissant, il avait pris la décision, dans la prière, de s'acquitter fidèlement des devoirs de sa charge. Ce jour-là et bien d'autres jours de labeur s'écoulèrent avant que chaque pièce ait été visitée. À mesure que le peuple se familiarisait avec son nouvel ami, l'esprit d'opposition, à quelques exceptions près, céda la place à un esprit d'indifférence totale. Trois mois s'écoulèrent avant que les statistiques de l'endroit soient établies, et alors on fit la découverte surprenante que dans ce bloc de bâtiments il y avait cent quatre-vingt-quatorze chambres, occupées par deux cent seize familles, plusieurs louant les coins de leurs chambres. aux locataires. La population était composée de trois cent quatre-vingt-six personnes adultes, avec plus du double de ce nombre d'enfants. Seules neuf Bibles pouvaient être trouvées dans cet endroit, et le matin du jour du Seigneur, seules deux personnes quittaient l'enceinte pour adorer Dieu dans son temple. Au fur et à mesure que s'écoulaient mois après mois les marches d'escalier et les efforts pour attirer l'attention, le missionnaire se décourageait, à cause de l'impossibilité apparente de faire quoi que ce soit de bien dans cette vallée de la mort spirituelle. Les enfants, certes, avaient été conquis par les regards et les paroles de gentillesse. Ils l'entouraient à l'extérieur et cherchaient son sourire à mesure qu'il approchait des chambres. Et puis les gens s'étaient familiarisés avec la Bible de poche et y jetaient des regards tandis que le lecteur la tenait dans sa main, comme s'ils avaient un intérêt mystérieux pour son contenu. Mais c'était tout. Aucune réforme n'avait été opérée, aucune recherche de salut n'avait été faite ; et le désespoir de la bénédiction obscurcissait l'âme du missionnaire , lorsqu'une circonstance survint qui fit que l'espoir, comme une étoile du jour, dissipa les ténèbres. Cette circonstance a donné lieu à un combat devant la Cour.

Un après-midi, il priait avec un malade dans une chambre haute lorsque sa voix fut couverte par des cris, des hurlements et des hurlements dans la cour en bas. Se levant de ses genoux, il ouvrit la fenêtre et frémit à la scène révoltante qui se présentait. Deux femmes, dont les propos ignobles l'avaient plusieurs fois repoussé de leur porte, s'étaient disputées et avaient été expulsées d'un gin-bar voisin . En rentrant chez eux, ils commencèrent à se battre ; et étant enflammés par l'alcool, ils s'étaient déchirés les vêtements les uns les autres, et leurs visages saignaient. Dans leur fureur, ils s'étaient saisis par les cheveux et gisaient en se débattant à terre. Un certain nombre d'hommes et de femmes s'étaient rassemblés en cercle et les poussaient au combat brutal ; tandis que le peuple se pressait à ses fenêtres et criait des conseils selon le parti qu'il prenait. C'était une démonstration choquante de rage, de sang et de blasphème ; mais cela s'est terminé brusquement. Quelqu'un a levé les yeux et a crié : « L'homme de la Bible est là ! Tous les visages étaient tournés, puis les gens relevaient la tête et fermaient les fenêtres. La foule dans la cour s'est dispersée, beaucoup courant comme des lapins devant leurs portes. Le silence soudain fit se dégager les malheureuses femmes et lever les yeux. Ils croisèrent le regard fixe de l'homme qui leur avait parlé de Dieu et du jugement, et l'un d'eux sauta d'un bond dans sa demeure ; tandis que l'autre couvrait son visage lacéré avec son tablier et titubait jusqu'à sa porte. Quelques minutes après, lorsque le missionnaire sortit de la cour, tout était silence : on n'apercevait aucun être ; mais sur le trottoir il y avait des taches de sang et des morceaux de cheveux. Bien qu'attristé, il se sentait reconnaissant pour l'influence qu'il avait obtenue. Il aurait fallu plusieurs policiers pour réprimer ce désordre ; mais l'avoir soumis par la force morale, ou plutôt religieuse, était en effet un triomphe et un gage de bien futur.

Environ un mois après cet événement, une soudaine épidémie de scarlatine et de fièvre typhoïde a semé la détresse dans quatorze familles, mais a apporté beaucoup de bien aux habitants. Le médecin de la paroisse avait ordonné le transport d'une femme à l'infirmerie, et deux vieux ouvriers sont venus avec une civière couverte à cet effet. Les locataires avaient remarqué des taches sur le malade et avaient signalé une fièvre noire. Ils étaient dans un état de panique et personne, à part la veuve, ne voulait s'approcher de la pièce. Elle trouva le missionnaire qui était en visite dans d'autres maisons et lui dit qu'elle avait préparé la pauvre femme à son enlèvement ; mais que les vieillards n'étaient pas assez forts pour la porter, et qu'aucun des voisins ne voulait les aider. Là-dessus, il la suivit jusqu'à la chambre, et, prenant dans ses bras la pauvre créature fiévreuse, il la descendit et la déposa doucement sur le brancard. Les gens se tenaient à distance ; mais, alors que leur visiteur partait à côté de la civière, il entendit un murmure de reconnaissance. A son retour de l' atelier , il fut reçu avec une démonstration de gratitude ; et saisissant l'occasion, il dit : « Dites à ces hommes que je veux leur parler et qu'ils me feront une faveur en étant ici ce soir à sept heures. Je veux qu'ils m'aident à calmer la fièvre : pas un homme ne doit être absent.

« Le visiteur sauta sur la brouette d'un marchand de fruits de mer et, agitant la main, s'écria : »

Lorsqu'à l'heure convenue le missionnaire tourna au coin de la rue, il fut surpris de voir la place bondée. Il était évident que les hommes avaient repris leurs forces et ils commencèrent à applaudir. Le visiteur sauta sur la brouette d'un marchand et, agitant la main, s'écria : « Beaucoup de nos voisins sont malades, et nous devons, pour leur bien, les pauvres, nous taire. Je vous remercie de vous être si forts ; cela montre que vous avez J'ai de bons sentiments pour moi, et comme j'ai de bons sentiments pour toi, eh bien, nous sommes amis. Maintenant, en tant qu'ami véritable, je vais vous parler clairement, car nous ne pouvons pas éteindre la fièvre à moins de travailler. Je m'attendais à cette fièvre (murmures) ; et voici pourquoi. Vous n'avez pas assez d'air et d'eau ici, et vous n'utilisez pas au mieux ce que vous avez. Si un homme boit du poison, il est tué par et s'il respire de l'air empoisonné, il est tué plus lentement en s'affaiblissant ou en souffrant de maladies comme la fièvre. Beaucoup d'entre vous dorment six ou dix dans une chambre et gardent toujours les fenêtres fermées. Cela empoisonne l'air. Et Maintenant, parlons de l'eau : demain matin, tous les mégots seront lavés, et chacun, quand le courant sera fort, en jettera un seau plein dans sa cour et un autre dans la cour. Attention à deux seaux pleins pour chaque personne. Et puis il faut se laver plus fréquemment. Il y a ici des femmes sensées qui lavent leurs enfants tous les jours ; il y en a d'autres qui ne le font pas. Maintenant, que les femmes sensées fassent une bonne chose : qu'elles nettoient en catimini les enfants sales. (Rires et cris de « Nous le ferons ».) Et attention, toutes les pièces et tous les escaliers doivent être nettoyés. C'est pour les femmes : maintenant pour les hommes. Vous devez blanchir vos chambres. (« Laissez les propriétaires le faire. ») Si vous attendez qu'ils le fassent, certains d'entre vous seront les premiers dans leurs tombes. (« C'est vrai. ») Faites-le vous-mêmes. Un seau de chaux n'est que le prix d'un pot de bière. (« C'est tout. ») Lorsque vous l'aurez fait, je demanderai aux collectionneurs de vous rendre le demi-pension. (" Merci , monsieur, " etc.) Une autre chose sera faite : je verrai l'officier de santé et, si nécessaire, les messieurs de la sacristie, et je leur demanderai d'améliorer votre évacuation et votre approvisionnement en eau. " (Ici le Le combattant leva le poing et s'écria : " S'ils ne le font pas ! " comme si son système de caution allait certainement influencer le parlement local.) " Et puis, " continua l'orateur, " nous devons rester sobres. La fièvre aime les ivrognes, avec leur haleine horrible et leur corps faible, et s'empare d'eux les premiers. (Sensation.) Maintenant, pour éteindre la fièvre, tu dois me promettre trois choses : dire Oui, après chacune d'elles. Bon usage de l'air et de l'eau (« Oui, oui ») ; chaque pièce doit être blanchie à la chaux (« Oui, oui ») ; et un samedi soir sobre. » (Murmures.) L'orateur répéta la dernière phrase sur un ton de commandement ferme : « Un samedi soir sobre ! » et reçut un cri de « Oui, oui, oui ! » Puis, prenant la Bible des mains sa poche, il la leva et continua d'une voix sourde : « Il y a là-haut un grand Père qui nous aime tous ; mais vous ne le priez pas de prendre soin de vous et de vos enfants. Le dimanche matin, vous entendez sonner les cloches ; mais aucun de vous ne va à l'église. C'est mal de votre part. Rappelez-vous qu'Il a écrit dans Son

Livre Saint que « la malédiction du Seigneur est dans la maison (la chambre) des méchants ; mais Il bénit la demeure des justes. » Il y eut une pause solennelle, et l'orateur sauta de sa position inconfortable et s'évanouit au bout de la salle.

Un homme s'était visiblement absent de la réunion sanitaire. C'était évident lorsque Sammy ivre approchait, suivi par une foule admirative de garçons et de gens bas. Ce vieil homme était ivrogne depuis de nombreuses années, et ses voisins disaient qu'il était devenu pire depuis qu'il avait « quelque chose » en tête ; ce « quelque chose » étant le fait que sa femme a été rendue malade par l'un de ses coups alors qu'elle était ivre, et n'a vécu que deux mois après. Il était tailleur de mauvaise qualité et avait parfois l'habitude de travailler dur et de rester sobre pendant des jours ensemble. Durant plusieurs de ces intervalles, il avait écouté le maître chrétien et promis une réforme ; mais il avait perdu le pouvoir de contrôle moral. Son habitude était de se tenir dans un bar à gin dès le matin ; quand son argent était dépensé , il apportait son manteau au chariot voisin ou à la sortie du magasin. Peu après, il revenait et laissait son gilet et ses chaussures. Une fois les bénéfices dépensés, il fut bien entendu expulsé. Là-dessus, il commença des aventures des plus comiques ; gesticulant et culbutant, tout en criant des répliques de chansons comiques. Sa règle était d'entrer dans la cour en tentant un saute-mouton par-dessus les poteaux du coin ; et il tombait souvent avec une force terrible sur le trottoir, au grand plaisir du public. Il était toujours reçu par ses voisins avec des éclats de rire alors qu'ils se précipitaient pour voir la fête. Mais cette fois-ci, il reçut un accueil différent. La présence du missionnaire revenu à ses côtés et l'influence apaisante de la réunion produisirent leur effet. « Voilà cet imbécile de Sammy », s'écria une des femmes qui avaient participé au combat que nous avons raconté ; tandis que d'autres le regardaient avec mépris, — tous avec indifférence. C'était beaucoup pour elle de traiter un ivrogne de « fou », et pour ses amis de reconnaître ce fait. Comme la femme vivait dans la même maison que l'ivrogne, le visiteur la regarda et lui dit : « Prends soin de ce pauvre homme pour moi et ne le laisse pas sortir avant mon appel demain après-midi. "Nous ne le laisserons pas sortir !" s'écrièrent plusieurs voix : et la femme lui saisit le bras et le poussa dans la maison. Un sourire apparut sur le visage anxieux du Missionnaire , car il savait bien que la femme tiendrait parole, et que le pauvre Sammy était *en dur vil* . À quoi lui servaient la Constitution britannique, la Magna Charta, la Déclaration des Droits et tout l'appareil juridique qui, dans ces belles îles de liberté, protège le sujet ? Il est en état d'arrestation. Espérons que ce sera pour son bien.

Le lendemain matin, en se rendant au Palais de Justice, le Missionnaire eut l'occasion de rendre visite à une « dame élue », qui était alors la fille, et qui est maintenant la veuve d'un officier général. Il lui parla de la veuve du soldat , de sa profonde piété, de son amour des âmes et de sa pauvreté ; et ce faisant, la pleine sympathie d'un autre cœur chrétien s'est manifestée en faveur de son pauvre peuple. En partant, la dame dit : « Je paierai le loyer de la veuve et lui fournirai du confort pendant l'hiver prochain. Qu'elle me vienne demain, afin que je puisse, par son intermédiaire, m'intéresser davantage à votre mission. La journée était bien avancée avant que l'agréable message pût être délivré : son porteur avait obtenu une entrevue avec le clerc de la sacristie, qui aboutit à sa présentation à l'officier de santé paroissial, qui eut la gentillesse de l'accompagner dans le quartier. En entrant dans les lieux, son aspect propre, résultat d'un déluge d'eau, et la saine odeur de chaux qui se répandait dans l'air, surprirent le médecin. C'était tellement contraire au récit qu'il avait reçu, que le visiteur, pour sa véracité, dut le mettre au courant des événements de la veille et lui rendre compte du discours prononcé depuis le tumulus. "Une division du travail ", dit-il sèchement: "et vous êtes ainsi invités à usurper mes fonctions pour toute la paroisse. En ce qui concerne cet endroit, je ferai un tel rapport que le drainage sera réglé." Alors qu'ils repassaient devant une porte, une femme rude, qui montait la garde, dit au missionnaire : « Sammy a été tapageur, monsieur, mais je ne l'ai pas laissé sortir ; et maintenant il est tranquille, puisque la veuve est partie. dans sa chambre avec sa théière. Lorsqu'elle parlait de la théière, ses yeux brillaient de cette expression de bonne humeur qui illuminait tous les yeux de Paradise Court lorsqu'on parlait de ce précieux article. Aucune remarque n'a jamais été faite, même si beaucoup de choses ont été comprises. Nous romprons cependant le charme, et bien que l'officier de santé soit présent, nous voterons l'affaire urgente et raconterons sa renommée.

Cette vieille théière brune a été achetée au bord de la route et ne coûtait que trois pence , car il y avait un éclat sur le bec. Elle avait pourtant, en association avec son propriétaire, acquis une valeur et un charme. Outre l'émerveillement de la bouteille inépuisable, elle possédait certaines qualités élevées. Les très malades et les mères pauvres avec de jeunes enfants étaient toutes convaincues qu'elles avaient été les premières à boire du thé et "qu'une tasse de thé aussi délicieuse que celle-là n'a jamais existé". Et lorsque la propriétaire s'est rafraîchie, nombreux sont ceux qui ont eu un intérêt réversif pour son contenu. Il y avait un pouvoir d'élévation morale dans cet article. Beaucoup de visages durs prirent pour le moment une expression bienveillante, et beaucoup de sourcils froncés se détendirent lorsque la veuve sortit de la porte, jeta son tablier blanc sur la théière et, avec un voyage presque féminin, entra dans la chambre de quelque voisin , qui pour à une pauvreté égale s'ajoutait la maladie ou une certaine détresse. Et puis une influence de sympathie accompagna l'effusion de son contenu. Sa provision de lait coûtait habituellement un sou, et elle l' économisait en versant une partie avec le thé. Dans sa poche, elle portait quelques morceaux de sucre en morceaux enroulés dans un morceau de papier, et ainsi l'occasion d'être courtoise était donnée, chacun le faisant sucrer à son goût. Et, oh, qui peut dire combien de paroles de conseils maternels et de conseils chrétiens ont été prononcées sur cette vieille théière ? Alors que ces messieurs se tenaient à la porte , ils entendirent une voix faible proférer de puissantes vérités ; et s'avançant doucement dans le couloir, il saisit la fin de la conversation. "Je sais que j'ai dû la tuer", gémissait Sammy ivre, "car je l'ai battue si fort; et si le jury ne l'a pas dit, le coroner s'en est pris à moi après, et je suis si malheureux que j'aimerais J'étais mort." "Tu es un pauvre pécheur, Sammy", dit la veuve ; "Mais le Seigneur béni est mort pour toi, et tu ne dois pas trop te regarder en toi-même. Maintenant que tu sens à quel point tu es mauvais, tu dois regarder vers le cher *Jésus* . Une goutte de son sang te rend propre et heureux. Fais-le, Sammy. , laisse-moi prier avec toi. Les auditeurs sortirent doucement ; et l'officier sanitaire, avec une émotion mal dissimulée, s'enquit de l'étrange couple, puis il dit : « Envoyez la vieille femme chez moi, et je lui donnerai un médicament pour cet homme ivre qui stoppera son envie d'alcool, et alors aidez vos efforts pour sa réforme.

En quittant la Place, les visiteurs se sont arrêtés pour discuter avec un groupe de quatre hommes qui se tenaient à l'entrée. L'un d'eux portait une casquette en forme de fan et tenait une pelle et un panier à poussière. Un autre était un charognard incontestable, car il avait une pelle et était éclaboussé de boue. Les autres étaient si sales qu'ils donnaient l'impression qu'ils étaient des amis proches, voire des parents proches des premiers. "Vous êtes parti tôt", observa le missionnaire en regardant avec bonté le visage de l'éboueur. " Non , monsieur ," répondit ce digne : "nous allons tout nettoyer. Nous avons partagé la chance (l'argent donné aux éboueurs) hier soir, et je n'ai pas lavé la poussière, comme nous le disons , et je donne à ces gars - là ce qui va les aider ; et les charrettes arrivent . » "C'est la bonne chose à faire", fut la remarque encourageante. "Et si nous sommes dans la boue", observa le charognard, "nous pouvons être bons, comme vous l'avez dit ." " La saleté de votre entreprise est à l'extérieur ", fut la réponse, " mais c'est la saleté à l'intérieur qui est mauvaise ; et cela sera enlevé si, comme un roi dont nous lisons l'histoire dans la Bible, nous prions : " Crée en moi un cœur pur, ô Dieu. J'appellerai dans vos chambres très bientôt. »

"Influer sur ces personnes pour qu'elles agissent par elles-mêmes dans ces domaines est la solution à la question sanitaire", a observé le responsable. " Mettre des pensées pures dans leur esprit ", répondit le visiteur, " est le secret, et c'est un ouvrage biblique, car la parole du sage est vraie pour nous tous : " Ce qu'un homme pense dans son cœur, ainsi est-il.'"

Le porteur du message qui devait réjouir le cœur de la veuve ce soir-là revint sur ses pas et la trouva dans sa chambre. Elle avait réparé ses lunettes et cherchait une Écriture convenable pour le pauvre ivrogne en détresse qu'elle venait de quitter. Quelques minutes s'écoulèrent avant qu'elle puisse se rendre compte du bien qui lui était arrivé, puis elle se tourna rapidement vers le cent troisième Psaume et répéta plutôt que de lire les mots : « Bénis le Seigneur, ô mon âme, et tout ce qui est en moi. , bénis son saint nom. Bénis le Seigneur, ô mon âme, et n'oublie pas tous ses bienfaits. Elle dit ensuite calmement : "C'est l'œuvre du Seigneur. Il sait à quel point je deviens faible et combien il m'est difficile d'accomplir ce petit travail, alors Il couronne mes jours de miséricorde et que son nom soit béni."

Le lendemain matin, la veuve rendit visite à sa dame, et à partir de ce moment une douce expression de paix s'installa sur son visage. Ses vêtements rares faisaient place à une robe épaisse et chaude ; et il était évident qu'une main gracieuse lui avait posé le châle de laine sur ses épaules, car un juge de tels articles dirait d'un coup d'œil qu'il avait été confectionné par des doigts délicats. Et à partir de ce moment, sa théière fut investie d'un charme nouveau, car son contenu ne se détériora jamais en qualité. Une nouvelle influence se fait également sentir chez ses voisins . Le balayeur, qui vivait dans la maison d'angle, a dit un jour avec amertume : « Ici-bas, nous sommes tous abandonnés de Dieu et des hommes. Ce n'était plus le cas. L'homme au Livre leur faisait connaître les tendres miséricordes du *Très-Haut* , et l'entrée de cette Parole qui éclaire conduisait les uns et les autres à l'appeler « *Abba – Père* ». Et puis l'expression d'une douce sympathie pour leurs épreuves et leurs souffrances, même si elle venait d'une source inconnue, adoucissait les cœurs endurcis et les préparait à la réception de l'Évangile. Le chanteur était subjugué par la nourriture donnée à son unique enfant lorsqu'il était de nouveau malade, et la couverture chaude de son lit était parmi les influences qui l'ont amené à reconnaître Dieu et à plier son genou obstiné. Un jeune ouvrier qui était au chômage depuis longtemps a été sauvé du premier pas dans le crime grâce à une pioche et une pelle qui lui ont été fournies lorsqu'il a reçu une offre de travail comme terrassier , tandis que plusieurs vendeuses de paniers et d'autres qui vivaient à proximité les commerçants de rue étaient aidés par de petits emprunts et des dons d'argent pour recouvrer leur position, lorsqu'un malheur ou une difficulté les avait privés de leurs moyens de subsistance. Cette gentillesse leur paraissait étrange, car tout à fait hors de leur expérience, et elle exerçait une influence positive quotidienne et croissante sur beaucoup d'entre eux. Les malades étaient souvent soulagés de la misère intense que leur apportaient le froid, la faim et les besoins familiaux ; tandis que les mères, qui avaient été brutalisées par la séparation de tout ce qui était saint et élevé, étaient gagnées et élevées par les actes de gentillesse manifestés envers leurs enfants par l'ami étranger. Cette puissante force de redressement des avilis et des dépravés, que nous oserons appeler le pouvoir des femmes, était évidemment à l'œuvre à la Cour du Paradis ; et c'est à cela qu'il faut attribuer une grande partie du bien qui en a résulté. Oh, vous, servantes du Seigneur, successeurs des saintes femmes qui ont répondu à ses besoins et qui l'ont suivi jusqu'au Calvaire, c'est votre grand privilège, comme lui, de vous pencher vers ceux qui sont de condition inférieure ; et pour administrer vos richesses, car la charité bien accordée aux pauvres est considérée comme donnée à Celui qui est digne de recevoir des richesses ; de votre raffinement, car la douceur d'expression et la bienveillance peuvent atteindre les cœurs des vils, et produire une première émotion d'amour pour le Seigneur que vous copiez ; de votre prière, car il doit être agréable à Celui qui a payé la rançon complète pour chaque âme, de voir ceux qui sont « loin » amenés par vos plaidoiries sous les influences de la grâce souveraine !

Le livre à la cour :

SA PUISSANCE.

"L'âme a des relations avec son Dieu :
à une telle heure, nous ne pouvons pas écrire, -
Quand toute sa grâce est répandue à l'étranger, et que les ténèbres se
fondent dans des flots de lumière

. "Ainsi, même maintenant, cette miséricorde est venue, et la juste
rétribution s'est endormie, le l'homme pouvait faire confiance au nom d'un
Sauveur ,
Et comme un petit enfant il pleurait. »

Mme Sewell.

CHAPITRE III.

SONDAGE NOIR – NÈGERS – SAUVÉS – TOM ET BESS – LE MARIAGE DE COSTERMONGER – UN BAPTÊME – ENGAGEMENT PRIS – LA PORTE DE LA PRISON – LA BIBLE SUR LE TOIT – LA VEUVE ET LE FILS DU CONDAMNÉ.

LE LIVRE À LA COUR :
SON POUVOIR.

"La loi du Seigneur est parfaite, elle convertit l'âme." PS. XIX. 7.

"Il faut des PIONNIERS dans ma paroisse", a déclaré le Recteur au Missionnaire, au moment de sa nomination. "Dans ces quartiers densément peuplés de Londres, les gens ont dépassé l'influence de l'Église. J'ai, par exemple, plus de 16 000 pauvres, et très peu de classes aisées. Pas vingt de ces pauvres ne vont à l'église, et les dissidents attirent beaucoup d'attention. La triste vérité est qu'en négligeant leurs devoirs religieux, les gens perdent rapidement la connaissance de Dieu et que leur contact étroit avec les dépravés et les criminels les démoralise avec le levain de la méchanceté. Plusieurs de mes vicaires ont tenté de lutter avec le mal, mais son ampleur nous a accablés. En plus de la surpopulation, les habitudes migratoires des gens augmentent la difficulté. On m'assure que dans plusieurs rues les habitants sont changés une ou deux fois par an, et dans les rues Dans les tribunaux, il y a souvent des changements mensuels dans les chambres. Aussitôt que le bien est fait, une partie des gens s'en va et de nouveaux arrivants exigent que le travail soit refait. Cette difficulté ne peut être surmontée que par un ordre d'hommes spécialement qualifiés pour les travaux, et suffisamment nombreux pour couvrir tous les mauvais quartiers ; afin que les gens, où qu'ils aillent, puissent être soumis aux influences chrétiennes. Votre société a un élément agressif de christianisme simple, qui est calculé pour accomplir cela et pour maintenir vos agents au travail, et je vous donne donc un accueil chaleureux et l'assurance de ma sympathie dans vos travaux .

Le Pionnier constata bientôt que les déclarations du recteur concernant les habitudes de déplacement des gens étaient exactes. Après de courts intervalles entre ses visites , il trouvait fréquemment les personnes auxquelles il s'intéressait disparues, et il ne restait aucune trace d'elles, leurs places étant occupées par d'autres. Ce fut le cas un après-midi dans une maison du coin , une des maisons comprises dans le pâté de maisons et que nous, pour de sérieuses raisons, considérons comme faisant partie de la Cour. Le visiteur montait à l'étage, lorsqu'il rencontra un nouvel arrivant d'un type si étrange qu'il fut arrêté comme par une apparition. Il s'agissait évidemment d'une petite fille de forme maigre et à l'expression vieillie, mais ici la ressemblance avec notre espèce devenait douteuse. Son ethnologie n'était pas clairement développée car elle se tenait avec des épaules nues d'une noirceur de corbeau, ses cheveux clairs et défrisés étaient attachés en chignon avec des morceaux de chiffon, tandis que le visage et les mains étaient d'une teinte jaunâtre et sale. L'objet fut surpris en rencontrant l'étranger, et était sur le point de battre en retraite, lorsqu'il l'arrêta en lui posant une question. Elle répondit d'une manière acerbe et précoce, et le dialogue suivant eut lieu.

"Mon bon enfant, qui es-tu ?"

" Black Poll : c'est moi. Et je vais à la gaffe, et je fais les changements, et je saute 'Jim Crow ;' et quand je ne suis pas noir, je chante "Charming Judy O'Calligan ". C'est moi!"

« Est-ce que ton père et ta mère vivent ici ?

"Quelle merveille ! Parce que je n'ai pas de mère : elle est morte du choléra. Dusty, qu'est-ce que les os, c'est mon oncle. Il m'a retiré du travail et je lui gagne beaucoup, dix shillings par semaine. "

"Combien d'entre vous êtes-vous ?"

"Oh, beaucoup ! Nous ne sommes pas ensemble. Billy Mutton est notre gouverneur ; et Dusty a pris ça avant le sky- parlor , et ils viennent tous ici pour se faire noircir."

Le missionnaire s'approcha de la porte indiquée et frappa nécessairement fort, car des hommes conversaient à l'intérieur. À la question : « Pourquoi frappez-vous là ? » il ouvrit la porte et entra. L'homme qui lui faisait face était de petite taille et d'un teint noir des plus sombres. Sa tenue était en tweed clair, avec de larges rayures vertes. Sur son genou reposait un violon, et son bâton était dans sa main droite, prêt à s'entraîner. La table était placée près de la fenêtre et, en plus de ses autres usages, elle servait évidemment à la toilette. Deux miroirs bon marché étaient posés dessus, et deux bougies de suif, placées dans des bouteilles, brûlaient, bien qu'il fasse plein jour. Les hommes étaient visiblement en train de brûler des morceaux de liège, d'y ajouter du suif et une poudre noire, puis de se frotter les mains et le visage avec la précieuse composition. Deux des hommes avaient terminé le processus d'embellissement, et l'un d'eux attachait un immense mouchoir blanc, tandis que l'autre, avec une composition adhésive, fixait un organe nasal de forme et de proportion extraordinaires. Tout cela se vit pendant que l'étranger faisait connaître sa fonction, mais peu de mots étaient nécessaires, car les tracts qu'il avait à la main indiquaient ses affaires. Il était évident que l'homme au violon le comprenait, car il commença immédiatement à jouer "Drops of Brandy" et continua un mélange d'airs comiques, lorgnant ses yeux et gesticulant de manière humoristique. Il recevait occasionnellement l'aide de ses compagnons, qui entonnaient des chœurs ou adoptaient une attitude avec un effet joyeux. À en juger par son rire chaleureux, l'étranger apprécia pleinement leurs efforts et, au lieu de partir, comme ils s'y attendaient sans doute, s'assit. Avant que le dernier grattement du violon ne s'éteigne, il remarqua froidement : « C'est plus que je ne pourrais faire, parce que je n'ai pas votre capacité. Eh bien, si je devais essayer un air sur ce violon, je créerais une telle discorde qu'elle surprendrait. et peut-être vous chasser tous de la pièce. Le jour vient cependant où j'espère être musicien.

En réponse à une expression de questionnement , l'orateur a sorti sa Bible de poche et a observé : « Vous ne le savez peut-être pas, mais une grande partie de ce livre a été écrite et a été mise en musique, et la chanson que je veux chanter est ici, et quelque chose à propos de l'instrument que j'espère jouer. Or, il y a des instruments mentionnés ici dont vous ne pourrez jamais jouer, et certains dont vous n'avez même pas entendu parler, comme le sacqueboute et le dulcimer ; mais vous connaissez tous la harpe ? »

"Je peux y jouer un peu", s'est exclamé un homme au verre.

« C'est l'instrument », continua l'étranger ; "et tous les chrétiens le joueront quand ils arriveront au ciel, car il est écrit ici : 'Et j'entendis la voix des harpistes jouant de la harpe : et ils chantèrent comme un chant nouveau', et les chanteurs furent ' *rachetés* de la terre.' » La signification du beau mot « rédemption » leur fut alors expliquée, et leur attention fut dirigée vers le Rédempteur.

Alors que l'enfant entrait pour faire sa toilette, l'orateur dit : « Je vous en dirai plus une autre fois. Je suis vraiment venu vous poser des questions sur cette enfant. Elle a l'air malade et exagérée de travail. Je suppose qu'elle reste jusqu'à très tard. en retard à la gaffe ? L'homme aux os, qui avait monté un bicorne de marine, répondit : « Je l'ai sortie du workus , gouverneur , pour en faire une femme ; mais soyez bénis , sa voix a disparu, et elle peut' Je ne vais pas suivre ses chaussures pendant vingt minutes ; et comme nous partons bientôt vers le bord de la mer, nous avons l'intention de la laisser avec Mère Dell, en bas de la Cour. »

Les hommes furent surpris lorsque le missionnaire demanda sévèrement : « Croyez-vous qu'il y a un Dieu au ciel ?

Après plusieurs réponses « Oui ! » il poursuivit : "Il est notre grand Père à tous, et ce n'est pas sa volonté que même ce petit périsse. Vous savez que cette femme est vile et ivre, et qu'elle a des jeunes voleurs et des gens dépravés dans sa maison, et pourtant vous exposeriez cette pauvre enfant à une vie de crime. Cela ne se fera pas, car je la prendrai, au nom du Rédempteur, et la placerai dans une maison.

"Heureux de me débarrasser d'elle", fut la réponse sans cœur. Mais alors que le missionnaire partait, un homme à l'air dissipé, qui avait en partie achevé le processus de noircissement, sauta de son verre et le suivit jusqu'aux escaliers et dit avec émotion : « Merci monsieur. Je suis un méchant rétrograde ; prends soin de la pauvre petite Polly. Cette demande s'accompagnait d'une prise de la main qui laissait une marque si noire qu'il fallait un lavage rigoureux pour effacer la tache ; cela n'avait cependant pas d'importance, car c'était l'emprise de la gratitude.

Le lendemain matin, une dame et le missionnaire entrèrent dans la chambre des nègres. L'enfant, dont le teint était passé du noir au brun blanc par le gommage, avait l'air usé et malade ; mais ses yeux s'éclairèrent lorsque la dame prit sa petite main et dit : « Si tu es bien dans la nouvelle maison, je serai toujours gentille avec toi. L'acte de condescendance et le ton doux de cette voix instruite eurent leur influence sur les nègres, car ils murmurèrent leurs remerciements et firent un adieu affectueux à l'enfant ; La voix de Dusty étant la dernière entendue du haut des escaliers, l'exhortant à "être une bonne personne et à faire honneur à son oncle".

Cet après-midi-là, une autre faveur fut faite, quoique sous forme de bons conseils, envers une fille de la Cour. Ses parents étaient d'anciens habitants, ils y vivaient depuis de nombreuses années et maintenaient la respectabilité du métier de marchand de fruits de mer.

"Je voudrais avoir mon mot à dire avec vous, monsieur, si vous ne partez pas", dit le chef de famille au missionnaire , en quittant les lieux; et quand ils furent assis avec la bonne épouse dans le petit salon , entourés de légumes en partie pourris, il continua ainsi : « Vous connaissez ma Bess : elle est aussi bonne fille qu'elle l'a jamais été, et une fortune à tout prix . Pourquoi elle s'est lancée dans le métier tout à fait naturellement. Quand seulement aussi haut que ces paniers nous l'envoyions avec de la viande de chat, et elle s'en sortait à merveille. Une telle fille pour couper un morceau de chair de cheval n'a jamais existé ; et alors vous auriez dû J'ai vu comment elle l'a embroché ! Pourquoi elle en a fait beaucoup, et tous pensaient qu'ils avaient des hap'orths sourds ; comment les chats ont tous passé leurs os à travers leurs fourrures, et puis ils ont découvert quelle fille notre Bess était.

Après une pause de réflexion , il continua. " Peut-être que vous ne connaissez pas Tom, qui a vendu beaucoup de concombres de vache l'été dernier et a mis un sov en banque, car il ne porte pas inutilement la main à sa bouche, car il est abstinent. Son père et moi nous connaissons toujours, parce que nous sommes tous les deux nés à Short's Court, Whitechapel, ce qui était une circonstance curieuse, et nous prenons toujours une pinte lorsque nous nous rencontrons. Maintenant, son Tom a une nouvelle soie autour du cou et il est beau, comme il l'est toujours. Alors il s'approche de mon tumulus quand

Bess est là, et l'aide à conclure rapidement des affaires, et il rentre lui-même chez lui . Eh bien, dimanche, il est venu la houle, et il a voulu accompagner Bess, et il m'a dit : « Mon père arrive. pour prendre une pinte avec vous à propos de ce travail, car vous êtes tous deux nés dans cette ancienne cour ; et je ne laisserais pas votre Bess pousser ce tumulus avant, parce que j'ai trois sovs , et je lui achèterais un joli âne. C'est moi et je veux Je veux être ma femme légitime. » Ici, il regarda la mère, qui était en larmes, et lui demanda : « Que feriez-vous, maître, si vous étiez nous ? »

Le visiteur sentait l'importance de sa position et s'élevait aussitôt à la dignité d'ami de la famille : car quelle plus grande preuve d'amitié que d'être consulté sur les alliances matrimoniales, leurs règlements et leurs perspectives ?

Comme convenu, les intéressés se réunirent le dimanche après-midi suivant pour se consulter et recevoir les conseils de leur ami. Il constata cependant à son arrivée que d'autres considérations que ses conseils avaient réglé l'affaire. Les anciens de Short's Court avaient convenu de cimenter une amitié de longue date en devenant parents. Les mères étaient en étroite consultation au sujet du nouveau foyer à établir sur la place ; et quant aux jeunes gens, ils étaient dans un état d'extase d'admiration mutuelle. Son affection pour ses parents et ses grandes qualités de marchand de produits avaient été élargies pour le plus grand plaisir de Tom, et sa sobriété et sa promesse envers l'âne avaient rempli sa coupe de bonheur à ras bord. Il n'y avait qu'une seule difficulté, et Tom la considéra comme réelle, car il dit gravement : « Comment les bans doivent-ils être levés ? car cela ressemble à un coster d'entrer dans une église pour parler au pasteur.

"Le pasteur vient avec moi pendant la semaine", dit le missionnaire , "car il souhaite vous connaître tous : et je l'amènerai ici ; et si vous voulez m'inviter, j'assisterai au mariage." Un accueil chaleureux, des paroles de conseils chrétiens et de nombreuses poignées de main suivirent, puis les fiancés et leurs amis furent aussi heureux que les princes et les nobles sont censés l'être en de telles occasions.

Pendant trois dimanches, les bans furent lus et les sièges libres occupés par des fidèles maladroits, car un mariage était un événement étrange à la cour, et bon nombre de ses habitants allèrent entendre « Bess demanda » ; puis le troisième lundi, comme tous les jours fixés, arriva rapidement et apporta de l'excitation et de la joie dans la place. Un groupe d'hommes des brouettes de l'East End est arrivé tôt et a fraternisé ce jour-là avec les costers de l'Ouest, et de jeunes gamins se disputaient à propos de diverses vieilles bouilloires et casseroles en fer blanc, qu'ils avaient fournies pour la musique rauque de la soirée. Les portes et les fenêtres étaient bondées, et une foule attendait au bout de la place pour accompagner la mariée à l'église. Enfin un cri retentit, et la mariée s'avança, appuyée sur le bras du marié. Sa robe de coton léger, son châle rose et ses gants de coton blanc étaient admirés de tous ; tandis que le bonnet bleu, avec une grande rose rouge et des ficelles blanches, faisait l'envie autant que l'admiration de la partie féminine de la foule. Le marié était judicieusement vêtu d'un nouveau costume d'affaires, son visage heureux étant surmonté d'un castor que le métier qualifiait de « chic ». Les relations suivaient en groupe derrière, une foule fermant la marche.

Ceux qui entraient dans l'église étaient respectueux pendant la solennité, le ministre officiant était très gentil avec les mariés, les heureux mariés faisaient leurs marques dans le registre, le greffier remplissait les détails et le cortège quittait l'église ; le missionnaire rejoignit le groupe et tous retournèrent à la cour, joyeux comme les cloches d'un mariage. La veuve, comme une autre Marthe, avait été occupée à beaucoup de choses, car les saveloys, les crevettes, le gâteau et le café étaient tous prêts , et elle reçut la mariée avec un baiser d'affection maternelle. Le petit-déjeuner simple fut bientôt terminé, et leur ami ouvrit alors sa Bible et lut le mariage à Cana en Galilée, parla gentiment aux jeunes du fait que le dévouement à Dieu était le secret d'une vie conjugale heureuse, et il les félicita ensuite dans la prière. à la bénédiction du Tout-Puissant.

Ainsi se termina le mariage ; mais son influence se fit sentir parmi le peuple, et à partir de ce moment un ton moral plus élevé se développa. Des secrets de famille étaient en effet découverts, et le bon recteur remettait souvent des honoraires, comme preuve de son intérêt pour le peuple, afin que personne ne doive vivre volontairement dans la transgression. Un seul matin, l'agent laïc a donné trois épouses, ce qui a conduit au baptême d'une femme âgée et de six enfants. La femme loua une des maisons et alla au mariage de son locataire ; elle avait assisté à la petite réunion missionnaire et s'inquiétait de son salut ; sans en dire la cause, elle avait souffert d'une profonde détresse spirituelle. En quittant l'église, elle exprima le désir de parler au pasteur et, après avoir été emmenée à la sacristie, lui dit qu '«elle n'avait pas été baptisée, car ses parents vivaient à Holborn Rents et ne se souciaient pas de la religion; qu'elle passait pour une veuve et avait des enfants adultes, mais n'était pas mariée, ce qui la rendait maintenant malheureuse. Elle a été exhortée à se repentir véritablement et a promis qu'après avoir exprimé sa repentance envers Dieu et sa foi au Seigneur Jésus-Christ, elle se ferait baptiser.

Environ un mois après, une scène d'intérêt solennel eut lieu aux fonts baptismaux. Le Recteur, qui avait lui-même près de soixante-dix ans, mit l'eau du baptême sur le front de la femme de soixante-quinze ans, la jeune Missionnaire prononçant son nom. Ce soir-là, une réunion de prière eut lieu dans la cour, pour demander une bénédiction aux nouveaux baptisés, et l'assistance fut très nombreuse ; des personnes improbables étaient là, dont deux des traducteurs, la femme aux chiens et un brutal. Le passage lui-même était bondé, et pour ceux qui priaient, il y avait des indications de bénédiction spirituelle, d'un état d'éveil, comme si la voix avait dit : « Viens des quatre vents, ô souffle, et souffle sur ces tués. , afin qu'ils vivent. L'hymne « Il y a une fontaine remplie de sang » a été chanté et le cinquième chapitre des 2e Corinthiens a été lu. L'évangéliste parla alors simplement et clairement de jugement et de miséricorde, et supplia ses auditeurs de se réconcilier avec Dieu.

Après la réunion, plusieurs sont restés sur place pour prier . L'une d'elles était une poissonnière aux traits durs et à la langue vile. Elle avait bien quarante ans , et s'était installée sur la place depuis une rue voisine qui n'avait pas de voie de passage, et que le peuple appelait « le Petit Enfer ». Si mauvais que fussent les habitants de la Cour, ils conçurent une aversion pour cette femme, ce qui lui rendit la vie inconfortable. Elle était en effet détestable pour beaucoup. Lorsqu'on lui a parlé gentiment à sa porte et qu'on lui a parlé de « bonté et de miséricorde », elle a été immédiatement maîtrisée ; et lui communiqua le secret de son état d'avilissement. Elle dit : « J'étais une jolie petite fille du village, et quand je suis arrivée à Londres, je suis devenue terriblement méchante, et maintenant je suis obligée d'être une pédée de poisson : et vous me faites penser à la pasteur qui nous a fait nous agenouiller. l'église et dites- leur des prières. Il était évident que les bonnes impressions faites dans l'église du village tant d'années auparavant étaient ravivées, et elle fut invitée à la réunion, et cela avec un résultat béni.

La preuve fut également donnée que la bénédiction n'était pas passagère mais réelle, et le ministre de la chapelle baptiste voisine s'intéressa profondément au Lieu. Lorsque le missionnaire, à sa demande, l'a appelé, il lui a dit : « Je suis heureux de vous connaître et de vous encourager dans l'œuvre du Seigneur ; et ensuite je veux vous parler d'un vieil homme. Vous avez peut-être entendu ccla deux fois par jour. Chaque semaine, j'ai des réunions de tempérance sous ma chapelle. Depuis quelque temps, ce vieil homme est présent de manière constante, et on me dit qu'il est depuis des années une peste dans le quartier et qu'il s'appelle Drunken Sammy. Lorsqu'il a été invité, il a signé le et depuis lors, certains de mes gens l'ont amené à assister aux offices. Un dimanche, je l'ai envoyé chercher à la sacristie, et il a parlé de vous et d'une veuve comme de ses amis, et de sa promesse de rester sobre. Il est évidemment avec de profondes convictions religieuses et comme il est très timide , j'ai dit à celui qui ouvre les bancs de lui réserver une place près de la porte. J'en suis convaincu qu'il ne rompra pas son serment, car il parle avec colère de la boisson maudite. A côté de lui, deux femmes du même endroit sont habituellement à la chapelle et disent que « l'homme qui lit la Bible leur a fait sentir qu'elles ne sont pas chrétiennes et qu'elles veulent être heureuses » ; nous les amenons donc ici pour un service de nuit en semaine.

C'était une nouvelle agréable mais pas étrange, car le Missionnaire savait que les actes de conscience, éclairés par la Parole de Dieu et les émotions de la vie nouvelle, étaient ressentis par beaucoup ; et qu'en conséquence, ils se pressaient dans les différentes églises et chapelles. Le travail devenait en effet écrasant ; et il lui était impossible de parler avec tous ceux qui désiraient maintenant ses visites, car beaucoup, dans leur détresse, le retenaient longtemps. Une force égale à la journée était cependant donnée ; et des réunions presque nocturnes dans la chambre de la veuve compensaient les visites perdues.

Parmi ceux qui en ont bénéficié, il y avait l' égoutier , qui occupait un arrière-salon pour sa famille et une cour pour les rats qu'il capturait dans les "rivages" (égouts) et qu'il rapportait à la maison dans un sac attaché à l'intérieur de son manteau. L'odeur des rats était toujours forte sur lui, et comme il avait un regard scrutateur , il était loin d'être populaire auprès de ses voisins . Cependant, lorsque, pressé d'entendre, il se précipita dans la salle de réunion, plusieurs sourirent de plaisir en le voyant, et on lui fit signe de s'asseoir. Après cela, il fut constant dans sa présence et un changement graduel d'apparence fut remarqué. Il était évident qu'il se lavait sérieusement, et l'éclat de son visage, avec l'effort de se joindre au chant, prouvait que son âme était également émue par la joie et par la nouvelle de la miséricorde du Sauveur . Il évitait toute conversation sur son état spirituel, car il ne savait pas comment exprimer ses sentiments et rien ne pouvait l'inciter à assister au culte public avec des personnes respectables (il s'est peut-être considéré comme offensant), mais il a fini par aimer cette petite réunion et il devint évident qu'il avait atteint la paix en croyant.

Pour le missionnaire et ses assistants, c'était un moment de réjouissance ; mais ils avaient aussi leurs découragements et leurs angoisses. Par exemple, une lettre pliée, de forme étrange et portant l'impression « Dartmoor Convict Etablissement », a été remise à l'une des réunions ; et en l'ouvrant, les instructions imprimées suivantes apparurent : « En écrivant au condamné, adressez-vous directement au n° 2484 (*a.* 1, 2). » C'était évidemment le numéro du jeune voleur dont le compagnon avait demandé au missionnaire de le réformer dès sa première visite à la Cour, sous prétexte qu'il était « malchanceux ». Cet effort a été fait sérieusement; car, le lendemain matin, la mère et le missionnaire prirent position devant la porte aux barreaux de fer de la prison de Coldbath Field et attendirent que la lourde serrure soit ouverte et que le lourd verrou soit retiré. Alors les oiseaux de prison sortirent pêle-mêle, en bonne santé et se réjouissant de leur liberté comme s'ils étaient avides de plaisir. Certains furent reçus par leurs « copains », membres incontournables de la classe criminelle, et conduits dans une sorte de triomphe vers leurs anciens repaires, avec la perspective d'un petit plaisir sauvage, d'un autre crime, puis d'une peine de prison plus longue. Notre oiseau, un jeune homme de dix-sept ans, à l'air vif et bien développé, fut saisi par sa mère et informé à la hâte « que ce monsieur était venu le réformer ».

Un regard attentif sur le réformateur et un mouvement de paupière, compris par ces gens comme « le clin d'œil complice », exprimaient sa réticence à s'engager dans cette démarche. Il dit alors d'un ton maussade à sa mère : « Je veux de la bacca et de la bière : c'est ce que je veux ; et je l'aurai ! En jetant un coup d'œil sur un groupe de personnes qui s'étaient précipitées de la porte de la prison au cabaret, la mère sentit évidemment que le rafraîchissement requis était le seul moyen de garder son fils. Elle a donc murmuré à son amie : « Il va s'enfuir, hein. honneur ; alors je le soignerai, et alors il sera un agneau, ma chère volonté ! » Et puis ils passèrent aussi au pub, laissant le réformateur dehors, et dans la perplexité quant à ce qu'il devait faire. Une longue marche avec cette femme à l'air étrange avait presque été une punition, car tout le monde se retournait pour la regarder. Elle remarqua l'agacement et proposa spontanément cette explication : « Vous voyez, vous voyez ? honneur , je dois porter ce grand bonnet avant, car j'aurais des rhumatismes dans ma pauvre tête ; et cela fait maintenant dix-sept ans que je n'ai plus porté de bonnet ni de châle, à cause de mon serment. Mon mari était un bon gars avec moi et n'avait eu des ennuis qu'une seule fois. Eh bien, il est sorti avec un imbécile qui a pêché, et ils ont emporté beaucoup de bonnets et une boîte contenant les plus beaux châles de tous les temps ; et il fut mis au collier à l'endroit où ils se trouvaient , et il fut condamné à quatorze ans au-dessus de la mer. Je me mets alors à genoux et jure que je ne porterai jamais de bonnet ni de châle jusqu'à son retour. Il n'a jamais revu notre Eddy, car il est né la semaine après son départ, et il est mort très bientôt chez Van Diemen ; et j'ai essayé d'élever Eddy de manière respectable, mais il est comme son pauvre père. Maintenant, si les gens vous disent que je reçois, dites-leur qu'ils mentent ; parce que je vis honnêtement, et je mets en gage pour les femmes ce qui a de la pudeur, et je n'aime pas être vu aller chez leur oncle ; et puis j'en apprends davantage sur n'importe quoi et je ramasse ce que je peux : mais je suis une honnête femme !

Cette « honnête femme » et son fils ne restèrent que quelques minutes dans le cabaret ; et tandis qu'ils s'approchaient de lui, le cœur du missionnaire aspirait à leur salut. Ce beau visage jeune avait déjà des traits de méchanceté ; et il n'était pas amélioré par les cheveux coupés courts et la longue pipe qu'il fumait. Pauvre garçon, il n'était qu'un parmi des milliers de jeunes de cette grande ville qui sont autant élevés dans une vie de crime que des enfants païens à qui l'on apprend à prier les dieux du bois et de la pierre. Or, il doit sûrement être vrai que la sympathie chrétienne a le pouvoir de pénétrer les âmes des dépravés : car tandis que les trois poursuivaient leur voyage de retour, il y avait entre eux confiance et bonne camaraderie ; et bien que le futur réformateur fût déçu, il sentait qu'une influence avait été acquise sur la jeunesse dépravée.

L'offre de refuge fut refusée, mais le jeune voleur promit de fréquenter une classe à la Ragged School que le missionnaire formait et dans laquelle il comptait lui-même enseigner. Il y assista, avec huit autres indigènes indisciplinés de la Cour, et reçut si facilement l'instruction et fit de tels progrès, qu'on entretint l'espoir de sa réforme. Il obtint du travail au bord du canal, pour décharger des bateaux, et s'y tenait depuis plusieurs semaines, lorsqu'une circonstance survint qui brisa sa bonne humeur. Les membres d'un gang de « Sneaks and Mudlarks », avec lequel il avait été associé, étaient contrariés qu'il abandonne leur compagnie. Plusieurs d'entre eux traversèrent un jour le pont et le virent au travail. Ils appelèrent les autres ouvriers et leur dirent « que cet homme était un voleur connu et qu'il avait passé quatre mois au moulin ». Ce soir-là, le contremaître s'est renseigné auprès de la police et le matin, alors que le pauvre jeune se rendait au travail , il a été repoussé du portail. La mère l'incita à se venger et il frappa sévèrement deux des jeunes qui, comme il le disait, l'avaient ruiné.

Lorsque l'ami et professeur apprit son problème , il appela pour le voir et le jeune ouvrit la porte ; mais au lieu de parler, il monta en courant. Il fut suivi : mais il disparut au palier supérieur. Lorsqu'il s'absentait de la classe, d'autres efforts étaient déployés pour le joindre, mais il disparaissait toujours en haut des escaliers. Un après-midi, le professeur vit son élève entrer dans la maison et le suivit. Il s'élança, son ami après lui, et en disparaissant, le professeur crut entendre la trappe du toit se fermer. Il posa aussitôt son pied droit sur la vieille rampe, et, ouvrant la trappe, il jaillit sur le toit de la maison ; et là, devant la cheminée, à côté de son pigeonnier, était assis le disparu. Il avait l'air malheureux, mais il se joignit à un rire chaleureux tandis que le missionnaire prenait place entre les deux cheminées voisines. La nouveauté de leur situation fut vite oubliée lorsque le pauvre garçon parla de ses persécutions et de ses ennuis. La Bible de poche fut produite, et le récit fut lu de Pierre priant sur le toit de la maison, et il eut la vision d'un grand drap tricoté aux quatre coins, descendu du ciel, contenant toutes sortes de bêtes à quatre pattes de La terre. À partir des paroles : « Dieu m'a montré que je ne devais traiter aucun homme d'ignoble ou d'impur », l'Évangile lui était clairement expliqué, ainsi que la facilité avec laquelle la grâce nous permet de résister à la tentation et de supporter les ennuis. Les larmes montèrent aux yeux des jeunes pauvres, comme il l'a dit, presque à voix basse : « J'ai l'intention de l'avoir fait, monsieur ; mais je pense que j'en ai fini pour le moment. J'ai été idiot de m'enfuir de vous. Et puis il jeta un coup d'œil si anxieux sur le toit qu'un détective aurait soupçonné la piste d'un voleur jusqu'à une autre trappe. Une voix en colère a appelé un « ver paresseux » à venir prendre le thé, puis le piège s'est ouvert et le missionnaire est descendu. Il fut reçu par l'étrange mère avec un cri de surprise et l'annonce « que c'était affreux de le voir arriver là-bas ».

"Il sauta sur le toit de la maison, et là, devant la cheminée, à côté de son pigeonnier, était assis celui qui avait disparu."

Cet appel au thé fut le dernier que la veuve du forçat donna à son fils. Au milieu de tout cela, des pas furtifs se firent entendre dans les escaliers, mais le jeune homme ne fit aucun effort pour s'échapper. Deux policiers en civil entrèrent dans la pièce, et l'un d'eux, le saisissant par le bras, lui dit : « Nous vous voulons pour cambriolage avec violences sur personne, commis hier soir à Hampstead. Le prisonnier fondit en larmes, et sa mère, l'entourant de ses bras, poussa un profond cri d'angoisse. Il n'y eut qu'un court retard, car il fut précipité dans les escaliers et se dirigea vers la gare. Le lendemain matin, il a comparu sur le banc des accusés du tribunal de police et un dossier clair a été établi contre lui. Ses compagnons ont été arrêtés sur place et, bien qu'il se soit enfui, son visage a été vu par la police et par deux autres personnes. Lors de son procès, il plaida coupable et ses compagnons, voleurs notoires, furent condamnés à dix ans de déportation et lui-même à sept ans. Son professeur lui a rendu visite à la maison de détention, puis dans la cellule de Newgate . Il parut vraiment pénitent et promit de lui envoyer sa première lettre ; et cela explique l'épître de l'établissement des condamnés. Lorsque le missionnaire le lut à la malheureuse mère, elle reconnut que ses péchés l'avaient séparée de son Dieu, de son mari et de son fils ; puis, pour la première fois, elle s'agenouilla et sanglota de nouveau tandis que la miséricorde divine était implorée pour elle. Il y a un certain espoir dans son cas et pour son fils aussi, car l'aumônier a écrit une note privée au missionnaire , lui demandant des détails sur le condamné et lui disant que le prisonnier montrait de la contrition et parlait avec émotion d'une conversation sur la maison. -haut. Il faut donc laisser le condamné 2484 (*a.* 1, 2), supporter la peine de son crime, et montrer toute la bonté que l'on peut envers sa mère.

Le livre à la cour :

SON AUTORITÉ.

"'J'y vais maintenant !'—
Il y avait de la lumière sur son front : Puis vers le ciel, il leva les yeux, avec un doux sourire éclatant sur son visage. Un souffle difficile, et la main de la mort avait brisé la chaîne de son chagrin. et la douleur ; et l'âme s'était enfuie des morts silencieux, et libre comme l'alouette, et au-dessus des ténèbres, et au-dessus des nuages et de la foule laborieuse, était entrée dans le repos des bons et des bienheureux.

Mme Sewell.

CHAPITRE IV.

UNE JAMBE NOIRE – UN AUTEL MINIATURE – LE FABRICANT DE PAIX – LA PLAQUETTE – UN SANDWICH ANIMÉ – SAUVÉ DE L'ERREUR – LE BRICOLAGE VOYAGEUR – L'ENFANT MOURANT.

LE LIVRE À LA COUR : SON AUTORITÉ.

"A la loi et au témoignage : s'ils ne parlent pas selon la thisparole, c'est qu'il n'y a pas de lumière en eux." EST UN. viii. 20.

SI l'équipage d'un navire de guerre peut être considéré comme un « petit monde », les centaines de personnes de notre Cour pourraient certainement revendiquer la même distinction. En plus du refuge misérable qui leur conférait les quelques joies du foyer et les associations de leurs luttes de la vie, il y avait de nombreux liens avec le vaste monde extérieur. Tous, sans exception, durent lutter contre une pauvreté aiguë et froide ; et le matin, alors qu'ils quittaient leurs habitations, il était amusant de contempler la nature de leurs diverses activités, puisqu'ils professaient cinquante-six métiers différents. On voyait les marchands de fruits et légumes sortir leurs chariots de légumes, de fruits et de poissons grossiers. Les colporteurs et l'herboriste ambulant avec leurs cartons. Le balayeur avec sa machine, et l'homme de Punch et Judy avec son spectacle sur ses épaules, et le chien au pelage rouge Toby sur ses talons. Les mendiants déclarés, les voleurs confirmés et les voyantes de bonne aventure partaient à des heures plus distinguées ; tandis que l'on voyait à tout moment les ouvriers à l'aiguille, hommes et femmes, se précipiter vers les magasins avec le travail qu'ils avaient accompli dans « la pauvreté, la faim et la saleté ». Et puis, aussi étrange que cela puisse paraître, il y avait des habitants dans ce lieu obscur qui le rattachait aux classes supérieures. Dans une façade du premier étage vivaient deux femmes âgées, dont une dame de quatre-vingt-quatre ans. Quoique très faible et insouciante à l'égard du confort présent, elle avait un souvenir vif des personnes et des événements liés au début du siècle. Elle était fille d'un médecin, avait été gouvernante des enfants d'un duc et recevait une pension de 30 £ par an, ce qui représentait sa subsistance. Son plaisir était de dénouer des liasses de lettres portant des sceaux à crête et des armes, de montrer les autographes et de raconter des anecdotes sur ses grands amis décédés depuis longtemps, mais dont plusieurs noms restent dans les archives de leur pays. Sa compagne était la veuve d'un mécanicien, bénéficiant d'une allocation de la paroisse. Elle traitait toujours la dame avec respect et une étroite amitié existait entre eux depuis de nombreuses années. Dans la mort, ils ne furent guère divisés, car elle ne survécut à la dame que quelques semaines.

Le jambe noire, qui partagea pendant quelques mois une chambre avec deux vendeurs de journaux, avait l'allure indubitable d'un gentleman, et bien qu'il maîtrise l'argot, il ne pouvait pas priver sa langue de sa culture universitaire . Dans un moment de remords , il dit au visiteur qu'il était le frère d'un baronnet, mais que la dissipation et le jeu l'avaient réduit à manquer de pain. "Je porte un pseudonyme", a-t-il poursuivi, "que le nom de famille ne peut pas être déshonoré, mais je ne m'humilierai jamais envers mes relations. Je n'ai maintenant pas de chance et je dois agir comme marqueur de billard dans une maison à faible flash, mais j'ai bien couvert mon compte pour le Derby, et si la fortune me sourit , j'aurai suffisamment d'argent liquide pour m'établir au Canada, où je pourrai accéder à la position qui me revient. Au moment du Derby, il fut absent de son logement pendant une semaine ; un matin, il revint bien habillé, paya son logement, donna aux vendeurs de journaux dix shillings chacun, comme « pécule » pour la caisse d'épargne, laissa un mot au missionnaire, exprimant ses sincères remerciements pour l'intérêt qu'il lui portait ; et après cela, on n'en a plus entendu parler.

Dans notre petit monde, il y avait aussi ceux qui avaient défini des opinions religieuses et politiques, et les gens n'étaient pas toujours exempts de l'excitation qui, sur certains sujets, trouble le monde extérieur. Il y avait des politiciens de salons de coiffure et de bars, ainsi que des « anti-théologiens », et plusieurs qui, par ignorance de la vérité, furent victimes de superstition. La plupart des hommes étaient d'opinion républicaine et communiste et appartenaient à ce qu'on appelle à juste titre « les classes dangereuses », tandis que les principes d'une religion pure et sans souillure commençaient seulement à exercer leur influence sur la formation de l'opinion publique à notre Cour. Juste à ce moment-là, de nouveaux occupants entrèrent dans l'arrière- salon du numéro 11, et un bref récit d'eux et de leurs démarches aidera à montrer l'esprit des gens.

La famille était composée d'une Irlandaise et de ses deux fils. Elle travaillait dans une chapelle catholique romaine et ses deux fils servaient à l'autel. Chez eux, ils montraient leur dévotion en plaçant un autel miniature sur une table en face de leur porte, qui était habituellement ouverte. Il était joliment disposé, avec son lieu sacré haut au centre , et son revêtement de soie avec une croix finement ouvragée et des brins de fleurs. D'un côté se trouvait un petit vase en forme de bénitier contenant de l'eau bénite, et de l'autre une image de « la Vierge », avec un bouquet de fleurs artificielles à ses pieds. Parfois, la pièce était sombre et plusieurs petites bougies étaient allumées sur l'autel. L'effet était saisissant et, à mesure que les locataires passaient , ils regardaient avec une sorte de respect la femme et ses fils prosternés devant elle. Alors que d'autres romanistes entraient dans la salle pour accomplir leurs dévotions et qu'ils commençaient à faire circuler de petits livres, la famille devint une épreuve pour le missionnaire . L'ennemi semait de l'ivraie, mais une circonstance survint qui neutralisa la mauvaise influence.

S'il s'agissait là d'un effort de prosélytisme, ils se sont fixés pour cela une mauvaise position, car la pièce voisine était occupée par un jeune homme qui se disait « religieux positif ». Il était cordonnier, mais, par sa culture personnelle, il s'était instruit au-dessus de ses camarades. Il connaissait bien la littérature infidèle et, étant d'un ordre d'esprit réfléchi et philosophique, il avait élaboré un système d'opposition à la révélation divine. Les infidèles du quartier le considéraient comme leur « homme à venir », et sa renommée se répandait, car il était intelligent dans l'argumentation et puissant dans les débats. Le missionnaire , lors de sa première visite, se sentit si impuissant à répondre à ses objections, qu'il commença un cours de lecture, dans le seul but de le conduire sur le chemin de la vérité. Cet homme s'intéressa aux observances religieuses des locataires de la pièce voisine et conversa souvent avec eux. Un matin, le jeune homme ouvrit le lieu sacré et, sortant une « hostie » sacramentelle, dit à l'infidèle qu'il l'avait apportée de la chapelle ; que ce n'était alors qu'une hostie, mais que si un prêtre prononçait dessus les paroles de consécration, elle serait immédiatement changée en Seigneur Jésus-Christ. Pour le confirmer , il lui remit un catéchisme contenant le Credo de Pie IV et lui fit remarquer ces mots : « Dans ce sacrement sont contenus non seulement le vrai corps du Christ, et tous les constituants d'un vrai corps, comme les *os* et *les tendons* , mais aussi *le Christ tout entier* ." L'infidèle lut ceci et demanda de nouveau à voir la merveilleuse hostie. Alors que le jeune homme le tenait dans sa paume, l'infidèle frappa le dessous de la main et attrapa l'hostie en tombant. Il fut brisé en plusieurs morceaux, mais il se précipita dans sa chambre et le colla ensemble sur un morceau de papier brun.

Une dizaine de jours plus tard, le visiteur remarqua plusieurs résidents irlandais et des jeunes en pleine conversation. Après s'être renseignés sur la cause, ils lui dirent que le jeune homme avait emporté l'hostie bénie dans des réunions infidèles, où ils s'en moquaient et faisaient semblant de la prier. " Oh , un ' shure ', s'est exclamé un ouvrier , " et ' sa rivière ne l'a jamais altéré du tout, du tout ; mais quoi qu'il en soit, il dit que ' cela a été pris par Mick, et ' cela n'a pas été donné, et c'est à lui de le faire. pénitence!" Et puis il déclara avec un serment amer qu'il le rapporterait au prêtre. Comme l'homme avait une pioche à la main et la levait d'une manière menaçante, et qu'une foule, principalement composée de ses propres compatriotes, se rassemblait, le missionnaire sentit qu'il était de son devoir d'agir en tant que pacificateur et s'écria donc avec un sourire : , "Essayez de raisonner avant le shillelagh : le jeune et l'un de vous feraient mieux de m'accompagner et de leur demander de le lui rendre !" Cela fut convenu, et ils se dirigèrent vers la chambre des six « traducteurs », où le jeune homme s'était enfui avec sa récompense lorsqu'il vit l'orage se préparer. Les hommes avaient épinglé la plaquette au mur et cela ressemblait à un objet sale. Ils étaient évidemment prêts à la défendre, mais étaient gênés par la présence du missionnaire qui, s'adressant au jeune homme, dit : « Je vous ai entendu traiter de voleur ; maintenant que la morale positive fait partie de la religion positive, je suis venu vous demander à vous de restaurer la plaquette volée. "Pas moi!" répondit-il avec un rire joyeux, auquel se joignirent ses compagnons. "Je vais plutôt essayer de trouver un prêtre et de lui faire conjurer l'Homme de Nazareth, au profit de ma pâte ainsi que de la pâte, et ensuite nous regarderons et prierons..." Ici, avec des mots profanes , il prononça ce nom qui est au-dessus de tout nom nommé dans le ciel et sur la terre. Un cri de dérision du groupe d'infidèles a été réduit au silence par le visiteur, qui a dit fermement : « C'est vraiment mal de votre part de défendre un acte immoral par une outrage à mes sentiments. Cette hostie n'est pas et ne pourra jamais devenir le Sauveur . du monde. Croire que cela ne fait pas partie de la religion chrétienne, cette croyance est une horrible corruption ajoutée au système chrétien. Écoutez pendant que je lis dans ce livre, la norme de la foi chrétienne, l'institution du Christ de son saint sacrement, qui le dieu -hostie profane : « Le Seigneur Jésus, la nuit même où il fut trahi, prit du pain ; et après avoir rendu grâce, il le rompit et dit : Prends, mange : ceci est mon corps, qui est brisé pour Vous : faites cela en mémoire de moi. De la même manière, il prit la coupe, après avoir soupé, en disant : Cette coupe est la nouvelle alliance en mon sang : faites cela, chaque fois que vous la buvez, en mémoire de moi. car chaque fois que vous mangez ce pain et buvez cette coupe, vous montrez la mort du Seigneur jusqu'à ce qu'il vienne. » Et puis, élevant la voix, le lecteur dit : « Sachez que la perpétuité de ce sacrement est une des nombreuses preuves extérieures qui soutiennent une vérité dans laquelle chacun de vous a un intérêt présent et éternel ; que le Seigneur Jésus, après avoir accompli la mort pour votre salut, est ressuscité des morts, qu'il est maintenant vivant et qu'il est assis à la droite de Dieu, Prince et Sauveur . » Comme il cessait de parler, les infidèles se concertèrent entre eux ; et alors le Le jeune homme détacha l'hostie du mur et, la tendant au jeune homme, dit : « Tiens, reprends-la, car ce n'est pas moral pour nous de la garder, même si elle ne vaut pas un de nos poils, de dont nous obtenons beaucoup pour un centime ; mais nous n'en prenons jamais sans nous le demander. » Le jeune homme s'empara de l'objet sale et, avec son ami, se précipita en bas, tandis que le lecteur se tenait debout, l'épée de l'Esprit à la main, prêt à entrer en conflit avec le roi. ennemis.

Pauvre plaquette ! sans le cas où un jeune homme t'aurait pris à la place d'un autre, tu aurais été l'objet d'un cérémonial imposant : placé sur un maître-autel et entouré de bougies allumées, devant toi de l'encens aurait été brûlé, et des prêtres en vêtements somptueux auraient été allumés. se sont prosternés, tandis qu'une congrégation d'adorateurs t'aurait adoré comme le

Seigneur qui les avait rachetés. Au lieu de cela, tu as été la cause du blasphème de son nom béni et, en tant qu'incarnation d'un mensonge, fait pour empêcher le salut des hommes méchants.

Dès le moment où l'autel miniature fut dressé, on remarqua que deux Sœurs de la Miséricorde, avec leurs vêtements lugubres et leurs grands paniers, faisaient fréquemment leur apparition à la Cour, et la Veuve remarqua trois enfants d'une pauvre famille anglaise, qui demeuraient à la maison, revenant de l'école du couvent avec les enfants irlandais. En parlant à la mère à ce sujet, elle dit que « les sœurs sont venues la voir et lui ont donné de belles choses et lui ont demandé d'envoyer les enfants à leur école ; et comme une religion en vaut une autre, elle devrait faire ce qu'elle voulait. Lorsqu'on leur a parlé de leur école, les enfants ont répété une prière qu'on leur avait dit "qu'on leur avait appris à dire à une grande poupée avec un bébé dans les bras". En entendant cela, le missionnaire décida d'en parler au père et, le soir, il s'y rendit.

Cet homme était un « sandwich animé », et alors qu'il entrait dans la cour avec ses chaussures usées et son chapeau écrasé, ses vêtements assortis étant en partie cachés par des planches recouvertes de pancartes enflammées, il apparaissait comme un objet déplorable. Son expression hagarde et soucieuse laissait croire à ses paroles : « c'était un type comme on l'avait brisé ». Il ne pensait pas, tandis que le missionnaire le suivait à l'étage, qu'il avait fait l'objet de beaucoup de réflexions et que le visiteur qu'il accueillait était aussi désireux de sa faveur que s'il eût été l'un des grands de la terre. Le pauvre homme était dans un état d'esprit communicatif et, en réponse à des questions concernant sa santé et ses perspectives d'affaires, il fit la déclaration suivante.

"Vous voyez, maître, comment les sandwichs ne peuvent jamais s'entendre, parce que nous sommes des gens en panne. Pourquoi devriez-vous nous voir avant que nous commencions avec nos planches, tous à- frotter nos rhumatismes ou à tousser , alors car c'est merveilleux comment nous nous en sortons. Mais beaucoup d'entre nous sont respectables même si nous ne sommes pas toujours honnêtes, car nous entrons dans un public au lieu de ramper, et là nous apprécions nos pipes et nos discussions. Pourquoi l'un d'entre nous est un vieux pédé. mec, qu'est-ce qui avait de bonnes affaires dans la ligne de muffins, et ça pourrait te faire regarder si tu entendais la poésie qu'il invente, et puis tu rirais, et alors tes yeux pleureraient comme. Eh bien, aujourd'hui, il apporte un nouveau chanson tout seul , et tout se termine par ce qu'on appelle...

"'L'homme qui marche dans les caniveaux.'

"Et c'est un récit correct de la façon dont nous sommes méprisés, et cela montre qu'aucun de nos vieux amis ne nous secouera la patte, car c'est gênant, comme lorsque vos blessures sortent de votre côté comme des sérampores sur le chemin de fer; et puis cela montre que il ne sert à rien de contrôler les hommes qui boivent et de leur infliger une amende de cinq shillings, la bonne chose étant de leur faire des sandwichs pendant une semaine avec des publicités sur leurs réunions d'abstinence. Et puis les nobs devraient peut-être faire les planches, ce qui aiderait la perfession , comme tout ce qu'ils font salutations . Cependant, un gars, qu'est-ce qu'un wagabon, m'a offert son poing, et je lui ai donné un coup de pied dans les tibias ; et j'affirme que je n'ai jamais tué une mouche, car mon art est tendre. Ce wagon-là nous a ruinés. Ma femme était femme de ménage et j'étais chauffeur de taxi ; et elle avait vingt-trois souverains, et j'en avais dix . Nous nous sommes donc entendus, j'ai pris une écurie, j'ai emprunté un cheval , j'ai acheté un vieux taxi et je l'ai rénové, et nous nous en sortions de manière excellente. Alors cet homme vient un matin et me dit : « Tu es bon enfant, et si tu m'obliges, je t'obligerai ; et je veux acheter un « orse », et si vous écrivez sur un papier ce qu'est une facture, j'aurai l'argent et je me ferai plaisir. Eh bien, cela m'a donné l'impression que j'étais un gentleman qui voulait gagner de l'argent en écrivant, et je le fais ; et la friandise que j'ai reçue n'était pas bonne. Eh bien, trois mois plus tard , un type vient à mon écurie avec un papier presque entièrement imprimé, qui disait que je devais payer les quinze livres que j'avais signées sur le papier ; et je ne pouvais pas et je ne voulais pas, et je me suis saoulé plusieurs fois, et ils ont été exécutés dans l'écurie, et puis je n'avais pas de taxi ; et puis je m'inquiète et j'étais très malade à l'hôpital ; et puis j'ai beaucoup réfléchi, et je me dis, dis-je, j'aimerais avoir écrit sur ce papier, et j'aimerais avoir pris la boisson, et j'aimerais avoir été avec la femme, comme je l'ai dit. a causé des ennuis. Et maintenant je suis un sandwich, je lui apporte le peu d'argent que je reçois."

" Vous avez eu tort, " dit le missionnaire , " en signant ce papier sans consulter votre femme et votre Bible. Elle aurait pu voir le danger et l'éviter ; sinon le bon Livre vous aurait dit : " Ne sois pas un des ceux qui frappent la main, ou ceux qui se portent garants des dettes. Si tu n'as rien à payer, pourquoi enlèverait-il ton lit sous toi ? Je vous appelle parce que je trouve que vous commettez une autre erreur, très grave, à l'égard de vos enfants, en leur permettant d'aller à l'école du couvent. Les Sœurs ont été gentilles avec votre femme et l'ont persuadée qu'il y avait aucune différence entre leur religion et ce qui est vrai ; ils ont cependant fait agenouiller vos enfants devant des images, bien que Dieu dans le commandement ait dit : « Tu ne te feras aucune image taillée, ni ne te prosterneras devant elles. » En plus de cela, on leur enseignera d'autres choses qui ne sont pas vraies, et doivent donc leur nuire. Pauvre comme vous l'êtes, vous êtes responsable devant Dieu de vos enfants, et vous péchez en les laissant élever dans une fausse religion. bravez vos ennuis, et des jours meilleurs viendront peut-être, mais faites du bien à vos enfants en me permettant de les emmener dans une école appropriée. Après une faible résistance de la mère, cela fut accepté et la visite se termina par une lecture de la Bible ; après quoi la famille s'agenouilla devant le trône de la grâce. Le lendemain matin, le missionnaire a appelé les enfants et les a conduits à l'école nationale. Pendant la journée, les sœurs rendaient visite à la mère et, après une courte visite, quittaient la cour d'un pas rapide. La semaine suivante, plusieurs romanistes, dont la famille avec l'autel miniature, partirent ; onze des catéchismes qu'ils avaient diffusés furent échangés contre de bons livres, et ainsi les efforts de romanisation à Paradise Court furent suspendus.

La maison d'en face, dont la porte était fermée au missionnaire lors de sa première visite, était connue des principaux membres de la confrérie des cadgings comme un « easy padding ken », ce qui signifie « un logement tranquille pour mendiants imposteurs ». Comme ces coquins ne restaient que peu de temps, pour se cacher de la police ou pour préparer de nouvelles tromperies à leurs amis de la campagne, on en rencontra une succession rapide, de la "crique peu profonde" (c'est-à-dire un *prétendu* marin en détresse), au « highflier » (*c'est-à-dire* un imposteur de lettre de mendicité). Le bohémien et sa femme qui tenaient la tanière affirmaient être très friands des tracts, mais un homme qui pratiquait « l'esquive religieuse » dit au donateur qu'ils avaient été économisés et vendus à des gens comme lui à deux pence la douzaine, pour le village. et la mendicité au bord de la route. Le propriétaire eut des ennuis avec la police et, pour les dissuader, il loua pendant plusieurs mois les chambres hautes de la manière habituelle. Cela explique le fait que le visiteur ne savait pas que le haut du dossier était occupé par une famille depuis cinq ou six semaines. Pensant que des locataires étaient là, il se dirigea, par un sombre après-midi de novembre, vers cette partie de la maison. En réponse à son coup, la porte fut ouverte par une femme en partie ivre et dont l'apparence indiquait qu'elle tamisait les tas de poussière. Elle refusa le traité qui lui était proposé, sous prétexte qu'« il n'était pas bon de manger » ; mais lorsqu'on lui parla du « vrai pain », elle ouvrit plus grand la porte et, regardant vers un paquet de chiffons, elle dit : « Tu peux parler à ma fille, car c'est très mauvais, puisque je sors », puis elle chancela. en bas.

Le visiteur s'approcha des haillons sur lesquels gisait une petite fille de onze ans. Elle se releva en partie, comme pour regarder l'étranger, puis retomba comme épuisée par l'effort. "Je suis venu vous parler de Jésus et prier avec vous", dit le missionnaire en saisissant sa main émaciée, puis il s'arrêta pour donner au petit malade le temps de se remettre de l'excitation de sa présence et de je regarde autour de la pièce. C'était une misérable demeure ; sale à l'extrême; avec à peine un vestige de meubles, à moins que les deux caissons qui servaient de sièges, et les planches placées sur des morceaux de bois, qui servaient de table, puissent être dignes de ce nom. Dans un coin se trouvait une pile de vieilles bouilloires sans bec verseur et de casseroles sans poignées ni couvercles. Dans la cheminée, sans garde-boue et remplie de cendres, se trouvait un feu à main de bricoleur : une casserole avec des trous ronds sur le côté et un manche en fil de fer. Dans différentes parties de la pièce se trouvaient de petits tas de chiffons sales, de bouteilles et de taches de graisse . Tout cela prouvait que l'occupant était un bricoleur ambulant, arrêté dans son voyage par la maladie de l'enfant, et que sa femme avait obtenu du travail sur un tas de poussière, d'où elle rapportait de la ferblanterie usée pour que son mari le rapporte. "médecin" et revendez-les aux pauvres. Se tournant vers l'enfant, le visiteur lui demanda depuis combien de temps elle vivait là et si elle pouvait réciter le Notre Père. En réponse, l'enfant, haletant par intervalles, d'une voix basse et creuse, dit : « Pendant quatre ou cinq dimanches, monsieur, j'ai été malade, et nous avons dû dormir sous une haie, ce qui m'a aggravé ; et puis nous avons marché ici et le médecin est venu me voir et il dit qu'il ne peut pas faire grand-chose pour moi, car je maigris et je ne peux pas manger ; " puis se soulevant sur son bras, elle continua, ses yeux s'éclairant d'un éclat surnaturel : "Je ne peux pas dire toute cette prière, mais je peux le joli cantique qui est dans le livre sous ma tête. Je ne sais pas lire , mais je sais que c'est là." Et puis la couleur pêche de sa joue s'approfondit alors qu'elle ouvrait le « livre de cantiques à un sou » et répétait les deux premiers couplets de l'hymne :

"'Venez, rejoignons nos chants joyeux Avec des anges autour du trône.'"

Puis elle se rejeta en arrière comme épuisée, mais son visage prit une expression de bonheur intense. Après quelques minutes, la question fut posée : « Et comment as-tu appris cet hymne ? « Une petite fille du logement des clochards, à Ipswich, répondit-elle, est allée à l'école du dimanche et m'a emmené avec elle pendant trois dimanches : la dame a vu que j'étais malade, elle m'a embrassé et m'a dit comment dire "Cet hymne, et ça me rend si heureuse. Et je vais bientôt vers Lui", murmura-t-elle, levant les yeux avec un plaisir évident. "Tu ne dois plus parler, ma chérie", dit le visiteur, "mais je vais maintenant prier Jésus, que chantent les anges du ciel, et lui demander de te rendre très bonne maintenant, et ensuite de te prendre pour être avec Lui dans la gloire. » "Demandez -*lui*", murmura l'enfant, "de rendre bon père et mère : ils s'enivrent et m'effrayent tellement, et disent de si méchantes paroles." La demande a été exaucée, et Celui qui a dit à ses disciples de « demander qu'ils reçoivent », a été prié, dans un langage simple mais dans une prière sincère, de bénir l'enfant et de sauver les parents.

Quelques objets de première nécessité furent envoyés ce soir-là pour l'enfant ; et deux jours après, le missionnaire monta de nouveau cet escalier sombre : il le fit avec plaisir, parce qu'il sentait que dans cette chambre lugubre il y avait un petit qui aimait le Sauveur , et qui serait bientôt appelé en sa présence et béni personnellement par lui. . La porte fut ouverte par la mère, qui fondit en larmes et se détourna ; en jetant un coup d'œil vers le lit de haillons, le visiteur fut surpris de voir un petit cercueil en orme à sa place et demanda quand l'enfant était mort. "Tard dans la nuit, quand tu étais ici", répondit la mère en sanglotant. "Elle souffrait beaucoup, elle s'assit sur son lit, sortit son petit livre et récita l'hymne qu'elle aimait tant :

« Venez, joignons nos chants joyeux avec des anges autour du trône ; »

et puis sa toux s'est manifestée, et elle est retombée dans le lit et est morte comme un agneau. » Pendant qu'ils parlaient, le père, un clochard à l'air bas, entra ; et le missionnaire leur fit part de la demande de l'enfant de priez pour eux afin qu'ils puissent être guéris. Tous deux pleuraient avec une émotion intense, puis ils s'agenouillaient près de ce petit cercueil, tandis qu'une prière, une prière profonde et sincère, était offerte pour leur salut. Ce soir-là, et pendant plusieurs mois après, ils a assisté à la réunion dans la chambre de la veuve, et avant de quitter les lieux pour une vie sédentaire et non celle d'un vagabond, l'homme a donné la preuve de sa réforme, et la femme qu'elle avait cru au salut de son âme.

En ce jour où le Seigneur donnera à chacun de ses serviteurs selon ce que sera leur travail, la dame qui a enseigné à cet enfant mendiant un hymne sur son amour et sa gloire et qui lui a conquis son cœur par un baiser de charité chrétienne, le fera en ne perdez pas sa récompense.

Le livre à la cour.

C'EST LA VÉRITÉ.

« Eh bien, mon garçon ! » il a dit : « J'ai gâché ma vie,
et maintenant je dois rendre des comptes, disent-ils. » J'ai dit : « J'espère,
Monsieur, que vous êtes prêt à rencontrer le juge et à « respecter sa
sentence ! Préparé!' il dit : « Roger, mes yeux ouverts, regarde maintenant le
passé sans déguisement ; et je me souviens de toutes les années passées, et
de tout ce que j'ai fait, comme si c'était hier. Il ne sert à rien de m'exhorter à
me repentir ; J'ai perdu ma chance, et maintenant je dois me contenter de
faire comme les autres, qu'il en soit ainsi : mais c'est un mot terrible :
éternité ! et invoquez le Seigneur.Peut-être'-Il a commencé avec
impatience,—'Je ne peux pas appeler : alors qu'il en soit ainsi !Je n'ai aucun
espoir d'être pardonné ;Je sais qu'un ivrogne ne peut pas aller au ciel ;Et
comme je me tiens sur Au bord de la destruction, je vois que j'ai sacrifié
mon âme pour « boire ». Oh, quel imbécile j'ai été ! mais n'en dis pas plus ;
ma folle aboie va bientôt pousser hors du rivage. » »

Mme Sewell.

CHAPITRE V.

LES OPINIONS DE ROLEY-POLEY — LE LAVE-BUS — LE COMMUNISME — UNE SALLE DE CLUB INFIDÈLE — LES PHILOSOPHES — CONFLIT AVEC L'INFIDÉLITÉ — LA FEMME 'STROLOGIE — LES RÉPONSES BIBLIQUES — LA FEMME IMP — L'INFIDÈLE CONVERTIE.

LE LIVRE À LA COUR :
SA VÉRITÉ.

"Ta parole est vraie depuis le début." PS. cxix. 160.

TOUS ceux qui connaissaient « Roley-Poley », comme les enfants se plaisaient à l'appeler, étaient convaincus que quelque chose n'allait pas chez lui ou dans ses affaires. Il était considéré comme l'un des respectables de la Cour ; et en quittant la maison, avec son immense panier aux bords étroits, recouvert d'un tissu blanc, sur lequel étaient étalées des tranches de pudding aux groseilles roulées et du gâteau aux prunes, il avait l'air rose de la propreté. Son visage rose et content, sa casquette de cuisinier en calicot blanc, dont il était très fier, et son tablier propre, étaient autant de charmes pour ses partisans, les enfants des caniveaux et des caniveaux. La compagne de sa vie était également associée dans le commerce de provisions, puisqu'elle vendait des pieds de mouton devant les portes des débits de boissons. Bien que tous deux eussent dépassé la soixantaine, ils étaient en bonne santé et leur chambre avait une apparence confortable. Il était évident qu'ils prospéraient, car l'après-midi ils partaient avec des paniers bien remplis et le soir ils revenaient vides. Les difficultés commerciales n'en étaient donc pas la cause, et pourtant le bon petit homme devenait colérique, acerbe avec ses clients et « grincheux » avec tout le monde ; et puis sa douce petite épouse commença à paraître misérable et à parler de ses « ennuis ». L'alcool n'en était pas la cause, car « Roley-Poley » était un homme sobre : on en conclut donc que ses « opinions », devenues très particulières ces derniers temps, étaient à l'origine du mal. Cela fut confirmé par le fait qu'il osa s'en prendre au missionnaire , avec lequel il était généralement en bons termes : et c'est ainsi que l'événement se produisit. Le lecteur du bon Livre se tenait sur le seuil d'une porte avec un groupe de garçons dont il avait arrêté la course en leur proposant de leur lire l'histoire d'un jeune homme jeté dans la fosse aux lions. Alors que " Roley-Poley " passait avec son panier, il y eut une diversion d'attention et un doigté de deniers, avec un tel regard sur l'étalage alléchant que le détaillant s'approcha pour faire des affaires. Les jeunes s'arrêtèrent dans leur achat pour entendre la fin du récit, ce qui aurait pu irriter le pauvre homme, alors qu'il regardait méchamment vers le livre et s'écria : « Tout cela se contredit, et c'est fait de mensonges de la part des pasteurs, qu'est-ce que c'est ? ne produit pas de nuffin , pour nous retenir et pour avoir notre argent, et il dit, c'est le cas, que Dieu vient de Teman , et personne ne le sait, ni Lui; et c'est mauvais, parce qu'il dit que nous devons être comme un homme qui a dit aux gens de voler un âne. Mon opinion est : « Pas de religion et nos droits. » » Il s'éloigna ensuite en trottinant, comme quelqu'un qui avait laissé échapper la longue vapeur condensée de « ses opinions ».

Le lendemain matin, le missionnaire entra dans sa chambre pour demander une explication, et on lui répondit que « tel que lui n'était pas recherché ».

— Oui , maître, s'écria cette douce petite femme avec une colère positive. "Il est devenu infidèle, parce que les cordonniers lui ont prêté le livre de Tom Paine, qu'il lisait tous les deux dimanches ; et maintenant il est malheureux, il parle mal, il va à ces réunions infidèles et ne s'arrête pas avec le panier. , parce qu'il n'est pas content et veut les choses des autres.

"C'est une sorcière ", rétorqua le mari; "et une femme qui n'a pas de raison, qui est la pire espèce de femme : et elle est toujours en train de lire le livre de sa mère, 'Tout le devoir de l'homme', qui est un livre de pasteur, et contre nos droits."

Le bruit domestique fut stoppé par le visiteur qui observa : « Il est tout à fait juste en religion d'utiliser notre raison ; comme la Bible nous dit de 'vérifier toutes choses et de retenir ce qui est bon.' un ton de voix apaisant et des illustrations simples, prouvèrent au pauvre homme que Dieu existe et qu'il est le rémunérateur de ceux qui le recherchent diligemment ; puis il l'a assuré de son intérêt pour le cœur aimant du Sauveur .

Le vieil homme écoutait, et il était évident, à la manière dont il poursuivait son travail de fabrication du pudding, qu'il était l'objet d'un conflit intérieur. Après avoir lavé son tablier, il versa la farine dans la vieille cuve sale avec une telle vengeance qu'elle créa un nuage de poussière, puis il mélangea avec une telle énergie que ses bras furent bientôt couverts de flocons blanchâtres et bruns. Le temps que la pâte fût déposée sur la table, il était plus calme et, vers la fin de l'opération, le rouleau à pâtisserie était doucement utilisé. Se levant de son siège, le missionnaire dit gentiment : « Je suis désolé pour vous, car vous avez été blessé. Les hommes vous ont fait plus de mal en vous prêtant ce livre que s'ils vous avaient cassé le bras. Vous avez lutté ensemble pendant un long moment. de nombreuses années, et vous devriez maintenant essayer de faire de vos derniers jours vos meilleurs jours. Ce mauvais livre vous en empêchera et vous privera de l'espoir de vous rencontrer au ciel. Allez, mon bon ami, lisez votre Bible et demandez Que Dieu chasse les mauvaises pensées de ton esprit. »

La femme, qui préparait ses pieds dans un autre baquet, éclata en pleurs ; et les larmes montèrent aux yeux du pauvre homme lorsqu'il dit : « Je vais les abandonner , monsieur, et je vais consulter votre Bible ; et le nom du livre que j'avais est « L'Âge de Raison », et le laveur de bus l'a, et on nous a dit de ne pas vous le laisser voir.

Un mauvais livre, chez un peuple aussi ignorant que les habitants de la Cour du Paradis, est pire qu'une bête de proie en liberté : ainsi pensait le visiteur, alors qu'il se précipitait vers la chambre de la famille qui avait reçu le livre, dans l'espoir de le trouver. capturer. L'homme, laveur d'omnibus, revenait tout juste de son travail, où il travaillait depuis trois heures du matin. Il était sale et hagard, mais c'était son état habituel ; mais le froncement sombre de son front et la manière revêche avec laquelle il reçut le visiteur étaient nouveaux pour lui. Il était de ceux à qui un bien positif avait été fait et qui avaient témoigné leur gratitude. Il avait une femme malade et six enfants, et ses durs revenus n'étaient que de dix-sept shillings par semaine. Comme par mauvais temps il travaillait la plus grande partie de la nuit, il avait, sans doute par sentiment d'épuisement, pris l'habitude de prendre un quart de rhum dès l'ouverture du cabaret, habitude qui réduisait considérablement son salaire et conduisait après avoir bu. Il n'est donc pas étonnant que sa famille soit parfois affamée. Son garçon de sept ans était sourd et muet et était un grand objet de pitié. Un jour, un voisin , pour calmer ses gémissements alors qu'il était assis dans l'escalier, lui donna un sou. L'enfant courut chez le boulanger et acheta avec lui une miche de pain. Alors qu'il entrait dans la pièce en le rongeant, les autres enfants, affamés, se jetèrent sur lui et le lui arrachèrent des mains. Cela est venu à la connaissance du missionnaire , qui a demandé à l'homme de le raisonner sur la dépense de son salaire. La veuve était déjà là et avait convaincu l'épouse qu'on pourrait gagner davantage avec cet argent si les deux étaient d'accord. À la suite de la conférence, l'homme fut incité à signer l'engagement ; et pour l'aider à prendre des habitudes de sobriété, des dispositions furent prises pour qu'il reçoive un petit déjeuner composé de pain, de beurre et de café, dans une maison ouverte à cinq heures du matin, et cela gratuitement. Au bout de quinze jours, l'homme avait amélioré sa santé et était fermement résolu à tenir sa promesse et à continuer son petit-déjeuner matinal. De bons résultats suivirent, car la femme devint joyeuse, les enfants heureux et la chambre prit une apparence de confort. Cependant, un nuage s'était maintenant accumulé sur la famille, l'homme s'était absenté de la maison et le châle du dimanche et l'alliance de la femme avaient de nouveau disparu. Leur visiteur s'inquiétait donc d'eux, ce qui explique qu'il se soit précipité vers leur chambre. Au début, l'homme était maussade ; mais en réponse à la remarque : « Je crains que vous n'ayez négligé votre promesse de lire un chapitre quotidiennement ? il répondit : « Je suis le meilleur érudit ici ou dans la cour, et j'ai découvert à quel point nous sommes tenus à l'écart par les « aristocrates » ; et maintenant que je comprends quels sont nos droits, j'aurai ma part de la richesse qui appartient au peuple qui la produit. Et puis, serrant le poing, il s'est exclamé : "Et si lutter pour cela doit être accompli , je ferai ma part."

Le visiteur essaya d'attirer son attention sur la raison et la religion de l'affaire, mais fut arrêté par l'épouse qui, à son grand étonnement, lui répondit que "les gens devenaient éclairés et ne devaient pas être réprimés par religion, même si certains de ceux qui y croyaient étaient bons et d'autres mauvais. » Après les avoir écoutés suffisamment longtemps pour prendre conscience de toute l'étendue du préjudice qu'ils avaient subi, il dit sèchement : « Vous n'avez pas eu le temps de réfléchir aux opinions que vous avez acceptées : quand vous l'aurez fait, vous découvrirez votre erreur, et j'espère que vous constaterez avec joie que les paroles du Seigneur sont pures, rendant sages les simples. Et puis il est parti, le cœur triste du découragement reçu.

Lors de sa visite suivante chez le propriétaire de « L'Âge de Raison », le missionnaire essaya de le convaincre qu'il faisait un tort positif en faisant circuler son livre d'« opinions avancées », et cita les parties auxquelles nous avons fait référence. « J'admets, » répondit-il, « que le résultat immédiat d'un trouble de l'esprit produit un mal apparent ; mais nous, libres penseurs, comme de bons chirurgiens, blessons pour guérir et amputons pour sauver. Nous n'espérons pas anéantir le système théologique de âges sans dommage aux individus et à la société. Nos principes révolutionneront et détruiront jusqu'à ce que nous soyons capables de construire un nouveau système moral. Il dit ensuite au visiteur qu'une branche laïque de trente membres avait été formée dans un café voisin et ajouta : « Après les affaires du samedi soir, nous avons l'intention de tenir une discussion dans le but de recruter de nouveaux membres ; et comme je l'ai dit le privilège d'inviter un ami, je serai heureux de vous y voir.

Comme plusieurs résidents de la cour s'étaient joints à la Société, le missionnaire sentit qu'il était de son devoir, pour eux, d'accepter l'invitation, et il entra donc dans la pièce à l'heure convenue. Ses arrangements étaient certainement confortables et attrayants, les murs étaient soigneusement tapissés et autour de la pièce se trouvaient vingt supports ornementaux, et sur chacun d'eux le buste d'un écrivain infidèle, tel que Byron, Chubb, Paine, Shelley, Shaftesbury, Voltaire et autres. Sous chaque console se trouvait une petite étagère sur laquelle étaient les ouvrages de l'homme représenté par le buste, et l'effet était très joli. Il y avait aussi une étagère avec des livres tels que « Une méthode courte et facile avec les saints ». Sur la table se trouvaient les diverses publications infidèles et trois Bibles : la version autorisée, le Douay et Priestley. Il y avait aussi un dictionnaire et un marteau de commissaire-priseur à l'usage du président. Ce personnage, contremaître d'une quincaillerie, fut élu à la présidence et félicita les membres du succès du nouveau mouvement. Il annonce ensuite le sujet de discussion : «

L'homme a-t-il besoin d'une révélation ? et a invité le secrétaire, un libraire laïc, à s'ouvrir au côté négatif. Il l'a fait dans un discours vraiment intelligent, ouvrant la voie en énonçant des truismes sur la force de l'intellect humain, la capacité de connaissance de l'homme et son pouvoir sur le monde matériel. Il s'en est ensuite pris au christianisme, l'accusant de tout le mal commis en son nom, et bien plus encore, et a établi la proposition : « La science est la providence de la vie ; la dépendance spirituelle menant à la destruction matérielle ». Il s'efforça ensuite de montrer « que la moralité est indépendante de la religion biblique » et exhorta ses auditeurs à rejeter le Livre, que la raison et les découvertes modernes prouvèrent faux, et à s'appuyer sur la philosophie et la science pour parvenir à l'égalité sociale et politique. avec leurs influences édifiantes et heureuses.

En prenant place, il fut applaudi, puis le missionnaire se leva, avec sa Bible de poche à la main, et dit : « J'espère que vous, Monsieur le Président, et les membres de cette Société, m'accorderez la courtoisie habituellement manifestée. aux étrangers, en me permettant de répondre par l'affirmative à cette question, et comme c'est ma première tentative de prendre part à un débat, je suis sûr que vous m'accorderez votre patience si j'enfreins par inadvertance vos règles de discussion. , comme votre secrétaire a placé la philosophie et la science en antagonisme avec ce livre et a déclaré que ce sont les armes de votre guerre avec lesquelles le christianisme et notre état social doivent être détruits et supplantés, permettez-moi de répondre en prenant position : « Cette philosophie ne fait que tâtonner dans le noir à la recherche de la Bible, et que la science ne fait que boiter après elle. (Rires.) C'est un grand sujet, et nous devons l'aborder avec modestie, parce que beaucoup des meilleurs, des plus nobles et des plus instruits de notre race ont cru en la Bible. Sir Isaac Newton, depuis son observatoire, scrutait les étoiles. dais, puis a confirmé la déclaration du poète hébreu, selon laquelle « les cieux déclarent la gloire de Dieu et le firmament montre son œuvre pratique ». Et permettez-moi ici de vous rappeler que la vraie philosophie – la compétence dans la science de la nature – est après tout un produit spirituel de l'exercice de l'intellect de l'homme sur les œuvres de la création : comme, par exemple, la théorie atomique est le fruit de la raison en chimie. " Vous devez donc accepter les arguments des philosophes dont le raisonnement contredit vos sens, comme lorsqu'ils nous disent que la terre tourne autour du soleil. Si donc, dans les phénomènes naturels, nous devons utiliser notre raison pour accepter ou rejeter les théories des hommes, est-ce que cela ne conduit-il pas à la conviction que la raison elle-même a besoin d'être éclairée et dirigée dans des domaines qui dépassent son pouvoir d'action ? C'est dans les vérités nécessaires que l'homme en cherchant ne peut découvrir, que les communications du Créateur deviennent nécessaires ; et ce livre contient de telles révélations : la vraie philosophie y mène donc. Et maintenant, permettez-moi, sous l'autorité de l'historien Neander, de vous rappeler qu'avant que le christianisme n'en ait donné l'idée, personne ne songeait à former un système d'illumination qui puisse s'étendre jusqu'au peuple. Les formes de philosophie stoïcienne, épicurienne et platonicienne reconnaissent deux classes d'humanité : les nobles d'esprit qui formèrent leurs disciples, et les multitudes grossières qu'ils évitèrent parce qu'elles sombraient désespérément dans la dégradation. Le fondateur de la religion chrétienne, cependant, s'est élevé au-dessus des philosophes humains, en proclamant sa mission auprès du peuple, et en élevant ainsi l'humanité au niveau d' une fraternité universelle. » L' orateur fut ici arrêté par des cris de contradiction ; mais il produisit le silence en tendant la Bible, et en s'écriant d'une manière passionnée : « La philosophie et la science peuvent conduire l'homme à la jouissance intellectuelle de la nature et aux maximes de sagesse : elles peuvent aussi le troubler par de graves perplexités. Ils lui enseignent que la matière est indestructible et qu'il y a une restauration constante de la face de la nature ; et c'est ainsi qu'ils soulèvent dans son esprit les questions importantes : « Mes facultés intellectuelles doivent-elles être détruites alors que la matière ne fait que subir un changement ? et « Si un homme meurt, revivra-t-il ? » Vous qui rejetez ce Livre, regardez dans la tombe et découvrez une obscurité qui peut être ressentie mais non pénétrée. Cependant, nous qui acceptons cette révélation, regardons dans ses ténèbres et découvrons des éclairs de gloire céleste qui ouvrent la voie à une immortalité de béatitude. Le chant de la victoire sur la mort appartient au philosophe chrétien qui, regardant la tombe, s'exclame avec joie : « Le *Seigneur* est vraiment ressuscité, et parce qu'il vit , je vivrai aussi. »

"La philosophie ne fait que tâtonner dans l'obscurité à la recherche de la Bible, et la science ne fait que boiter après elle."

Lorsque l'orateur reprit sa place, il y eut une grande sensation parmi les infidèles. Tous avaient écouté avec une attention haletante ses remarques finales, mais les vieux libres-penseurs le regardaient avec des regards furieux, tandis que les jeunes gens l'acclamaient chaleureusement. Il fallut quelques minutes avant qu'un député ne se lève pour répondre, et il ne s'attacha pas à la question ; il s'en est plutôt pris à l'homme au livre et a émis l'opinion qu'« il était un enthousiaste et ne devrait pas être autorisé à entrer dans leurs maisons, car son influence dans leurs familles et parmi leurs voisins ruinerait la cause laïque et favoriserait les ficelles du prêtre." Comme c'était personnel, le visiteur chrétien se leva et, avec une remarque agréable au président, quitta la salle.

Pendant un certain temps , la société infidèle prospéra, car ses membres déployaient beaucoup d'incitations et d'efforts et effectuaient une large diffusion de leurs livres, publications et tracts. Le missionnaire combattait cependant pied à pied avec eux, en visitant chaque membre chez lui, en échangeant leurs livres contre ceux contenant un antidote et en faisant circuler largement des tracts bien choisis. Alors qu'ils déplaçaient leur classe de discussion dans une salle voisine et obtenaient une assistance de 140 à 180 hommes, parmi lesquels se trouvaient de nombreux étrangers, il assista et participa aux débats pendant cinquante-deux samedis soir. Ces efforts ont été faits pour aboutir au bien ; le Missionnaire eut cependant la douleur de voir plusieurs de ses gens confirmés dans l'incrédulité. L'un d'eux était un ouvrier qui lisait le « Siècle de raison », assistait à une discussion et fut depuis toujours un ennemi de la vérité. Il y en avait d'autres qui utilisaient les objections infidèles qu'ils entendaient comme un moyen d'endurcir leur conscience, afin de pouvoir poursuivre leurs mauvaises voies. Parmi elles se trouvaient deux femmes, appelées par le peuple la « femme astrologique » et la « femme diablotin ».

Le premier appartenait à une bande d'imposteurs devins qui vivaient dans les quartiers pauvres de l'ouest de Londres. L'un d'eux était un affûteur de ciseaux dont la femme était mulâtre. Lorsqu'il voyageait avec sa machine, il faisait circuler des cartes parmi les servantes, avec son adresse et l'annonce que sa femme « réparait les parasols et coupait les cartes ». Un autre présent était un homme vulgaire et trop habillé, qui se faisait appeler « professeur » et tenait un miroir magique vers lequel les filles idiotes étaient attirées par la promesse de jeter un coup d'œil à leurs futurs partenaires. La « femme astrologique » aidait ces personnes lorsqu'elles étaient si pressées par leurs affaires qu'elles en avaient besoin, et elle mentait un peu pour son propre compte parmi une classe inférieure de dupes. La pièce au coin de la cour était adaptée à ses besoins de magie noire, car des personnes pouvaient s'y glisser inaperçues et il n'y avait aucun passage pour les autres locataires. Elle avait environ quarante ans et n'était pas mariée. Elle ne recevait ses visiteurs qu'après six heures du soir, et alors elle s'habillait d'un costume oriental criard, avec une coiffure fantastique et un grand collier de corail auquel était suspendu un tas de lourds charmes. L'avant était la salle d'attente et l'arrière la salle d'audience. Cette dernière était bien meublée et étrangement décorée. Au-dessus de la cheminée se trouvait un tableau mal peint des douze signes du zodiaque, et sur le côté une image de la vision des quatre bêtes par Daniel. Sur la table se trouvaient un livre de prières, plusieurs jeux de cartes très usés, un globe céleste et un certain nombre de papiers « de la Nativité », avec un espace pour les remplir. À côté se trouvait une petite table en sapin recouverte de bouteilles et de papiers poudrés. , contenant de merveilleuses nouveautés pour ses "investigateurs" insensés. "Poudres du destin (faites de poussière de brique), avec mode d'emploi, de manière à produire des rêves d'avenir", - trois pence . "Compression de la rose de Damas, pour donner au visage un charme incontournable" (rouge et saindoux dans un petit pilulier), — six pence. "L'esprit d'amour : une fascination" (parfum commun en petit flacon), dix pence ; et d'autres articles d'égale attraction. La femme se vantait que parmi les jeunes filles qui se pressaient pour la consulter se trouvaient de nombreuses jeunes femmes respectables, à qui elle avait parlé et donné des cartes dans les parcs et les rues. Au début , elle évitait le missionnaire, et quand il parvenait à lui parler, elle l'écoutait avec un respect marqué ; sa fidélité cependant produisit très vite une rupture, et cela se passa ainsi. Un soir, un groupe de jeunes filles pauvres s'est rassemblé, avant que la femme, qui était de chez elle, ne revienne ouvrir la porte. Le missionnaire , qui passait, leur donna des tracts et leur expliqua le péché et la folie de consulter une méchante femme sur l'avenir, qui n'était connu que du Tout-Puissant. Pendant qu'il parlait, la « femme astrologie » arriva et les filles, dans leur confusion, s'enfuirent en courant. À sa grande surprise, elle l'a invité dans son cabinet de consultation et, d'un ton fade et trompeur, lui a reproché de s'être mêlé de ses affaires. "Je vais", dit le Visiteur, "vous répondre à partir de cette Sainte Bible, afin que vous sachiez que c'est le grand *Dieu* , et non moi-même, qui vous parle." Et puis il l'ouvrit et lut : « Quand je dirai au méchant : ô méchant, tu mourras sûrement ; si tu ne parles pas pour avertir le méchant de sa voie, ce méchant mourra dans son iniquité ; mais son sang aurai-je besoin de ta main.

"Ces filles," continua-t-elle, "ces filles idiotes aiment se laisser duper, et aucune d' elles ne croit vraiment aux cartes quand je les coupe , et à ce que je dis de leurs étoiles et de leurs nativités ; mais cela les amuse , et ne leur fait pas de mal."

Les pages du Livre étaient retournées et les mots disaient : « Vous ne volerez pas, vous ne ferez pas de fausseté, et vous ne vous mentirez pas les uns aux autres. » Mais elle ajouta d'un ton plus doux : « L'astrologie est vraie, comme il est dit dans la Bible des étoiles, qu'elles sont données pour des signes et qu'il donne la sagesse pour comprendre les secrets ; et c'est pourquoi le professeur a un livre de prières, et j'en ai un ici, afin qu'ils puissent sentir que cela vient de la religion ; et cela fait beaucoup de bien, et les rend stables et religieux, et ce n'est pas une sorte de mal. ".

Les feuilles du Livre furent de nouveau retournées, et l'Écriture disait : « Ô plein de toute subtilité et de tout mal, toi enfant du diable, toi ennemi de toute justice, ne cesseras-tu pas de pervertir la bonne voie du Seigneur ? " Alors que le Livre était fermé, un froncement de sourcils se dessina sur son visage et, sautant de sa chaise, avec d'horribles imprécations, elle ordonna au lecteur de sortir, lui disant "que c'était un trompeur, car beaucoup de gens à la Cour savaient que la Bible était un livre mensonger. »

La « femme diablotin » était un style de personne tout à fait différent. Elle était d'un âge moyen et avait trois misérables petits enfants à sa charge, son mari s'étant enfui. Ceux-ci, ainsi que plusieurs autres qu'elle empruntait pour répondre aux besoins de ses affaires, lui permettaient de bien vivre, car elle approvisionnait plusieurs des petits théâtres en enfants diablotins, utilisés dans des pantomimes et des pièces de théâtre pour représenter d'énormes grenouilles, chats et autres animaux, également des anges et des lutins. Elle était une grande consommatrice de gin ; et il était bien connu qu'elle donnait l'abondance à ses enfants, pour arrêter leur croissance, à mesure qu'ils diminuaient de valeur à mesure qu'ils grandissaient. Les patrons des théâtres venaient ajuster les peaux et enseigner aux enfants leurs devoirs. C'étaient des espèces des plus ridicules, et son garçon de six ans s'occupait si bien du singe que pendant deux saisons de Noël, il gagnait une livre par semaine. Cet entraînement des peaux était pénible jusqu'à ce que les enfants soient « en forme », comme on l'appelait. Un après-midi, le missionnaire s'approcha de la porte entrouverte et fut surpris par les sanglots étouffés de la plus jeune, une petite fille d'à peine cinq ans. En entrant dans la pièce, il vit que les sanglots provenaient d'un démon bleu, qui remuait sa queue fourchue et agitait ses ailes de chauve-souris sur la table, la femme se tenant au-dessus de la créature avec une canne. « C'est honteux, » s'écria-t-il en prenant le démon dans ses bras ; puis il rompit la corde et libéra l'enfant. Il se tourna ensuite vers la mère et dit sévèrement : « Cette affaire a été intentée pour l'enfant l'année dernière, et si votre cruauté en la forçant à emménager là-bas était connue, vous auriez six mois de travaux forcés . Comme le dit ce livre, vous doit être sans affection naturelle, et il « vaudrait mieux pour vous tous aller au workhouse, ou mendier votre pain, que de vivre de cette façon ».

"Tu n'as rien à faire ici !" s'exclama la femme en colère. "Et c'est une hobtinée Hussey , elle l'est ; et quant à l'affection naturelle, il y a des hommes meilleurs que vous, comme le sait la Bible qui nous rabaisse et ce n'est pas vrai. Et j'aime mes enfants, et je dois gagner ma vie pour eux , aussi riche que je le sois."

L'enfant trembla et jeta ses bras au cou de son libérateur. Pour les calmer tous les deux, il dit doucement : « Vous savez très bien que je suis l'ami de tout le monde et que je ne peux m'empêcher de prendre soin de vos petits enfants. Quand le Sauveur était sur terre , il a béni les petits chéris comme celui-ci, et nous qui connaissons la Bible. pour être vrai, il faut les aimer et prendre soin d'eux.

Comme il s'arrêtait, elle éclata en sanglots, et l'enfant, voyant que l'orage était passé, se jeta dans ses bras, la serra dans ses bras et l'embrassa de la manière la plus affectueuse. C'était un spectacle touchant et ouvrait la voie à une conversation importante. La mère a admis que la santé des enfants souffrait de leur entraînement et de leur exposition à l'air nocturne au retour des théâtres, et lorsque le visiteur a promis de placer son aîné, âgé de sept ans, dans un refuge, elle a promis avec une évidente gratitude "d'abandonner le business des diablotins, d'être chrétienne et de travailler ses doigts jusqu'aux os pour ses pauvres enfants abandonnés." Les petites gens la comprenaient évidemment et la croyaient, tandis qu'ils battaient des mains avec délice et dansaient dans la pièce après leur ami qui s'éloignait.

Parmi le groupe d'hommes délabrés qui avaient élu domicile dans la maison d'hébergement du vagabond, se trouvait une personne décrépite qui avait visiblement soixante ans. Ses compagnons l'appelaient toujours « Strong Bill », un nom si opposé à son apparence qu'il nécessitait une explication. Cela fut donné un jour d'hiver alors que le Lecteur du Livre était assis avec plusieurs d'entre eux devant le feu de la cuisine. Un étranger entra et, après avoir déposé sur la table plusieurs poches pleines de victuailles brisées, s'approcha du feu et interrompit une conversation sérieuse en s'exclamant : « Eh bien, si ce n'est pas Strong Bill, je ne vous ai pas vu, mon vieux, depuis longtemps. ans. Comment allez-vous ? L'homme au nom puissant secoua la tête, se frappa la poitrine et répondit d'un ton triste : « Très étrange, très, pas le même homme que moi. Dites ceci avant monsieur, Bobby, car comment il ne le ferait pas. comprenez si je le disais moi-même, ce que je faisais quand j'étais un jeune homme – comment j'étais connu dans tout Londres comme « l'homme fort », comment je m'habillais serré et portais deux poids, chacun une centaine, avec moi , et comment j'avais l'habitude d'attirer des gens autour de moi en lançant des poids et en les attrapant comme des baby-balls. N'ai-je pas gagné beaucoup d'argent, c'est tout ; mais tout est fini maintenant, tout est fini. " L'étranger confirma volontiers cette affirmation et développa les exploits de force accomplis autrefois par son ancienne connaissance. « C'est une grande chose d'avoir une silhouette bien bâtie, et un homme doit se réjouir et remercier Dieu lorsqu'il se sent aussi fort qu'un lion », observa le Lecteur ; "Mais la force intérieure est la meilleure de toutes ; nous sommes des créatures faibles - les plus forts d'entre nous, sans elle", puis il lut et commenta avec émotion les mots : "Béni soit l'homme dont la force est en Toi." "Je n'en sais rien avant", a déclaré "Strong Bill" ; "Mais je suis un faible pécheur, je suis un mauvais pécheur." « Alors venez à ma réunion de demain soir, et je lirai et parlerai de « force et faiblesse ». » « Nous le ferons, maître », s'exclamèrent plusieurs. Ils sont venus, et dans sa faiblesse, l'homme autrefois fort a été heureux d'entendre parler de Celui qui, dans sa miséricorde, fortifie les pécheurs faibles par la puissance de Dieu.

C'est ainsi que l'ignorance et l'infidélité, sous leurs formes variées, furent affrontées et combattues ; et bien que les déceptions et les ennuis fussent quotidiens, il y avait parfois des preuves gracieuses et inattendues de bénédiction. Le plus agréable de ces événements eut lieu un matin, alors que le missionnaire passait devant la cour. Le jeune infidèle, qui depuis plusieurs semaines le traitait avec réserve, ouvrit sa fenêtre et lui tendit un paquet de livres et de publications, dit d'une voix tremblante : « Je crois, monsieur, au Seigneur Jésus-Christ, et j'ai déposé mes armes de rébellion ; et pour preuve, je vous donne ces livres, qui ont endommagé mon âme et par lesquels j'ai blessé d'autres. Cette confession de foi surprit tellement l'homme qui avait été désigné pour défendre la vérité, qu'il ne put pour le moment répondre ; il prit cependant le paquet et, passant dans la pièce, saisit la main du converti et s'écria : « Le Seigneur Jéhovah a agi avec miséricorde envers vous, et que son nom soit béni. »

La porte fut alors fermée, et le jeune homme, en réponse aux questions, fit la déclaration suivante : « Dès la première nuit de notre discussion, j'ai été affligé par votre discours, car j'ai vu que notre système était un système de négations, et que nos prétentions à la philosophie et à la science n'étaient que tâtonnements et boitillants après la vérité révélée. Depuis lors , j'ai lu de nombreux livres contre la Bible, et parfois je me suis senti à l'aise dans l'incrédulité. Cependant, votre discours du samedi semaine a apporté une conviction dans mon esprit, et le lendemain, j'ai offert ma première prière pour la lumière et le salut. La semaine écoulée a été une semaine d'amertume, et j'ai décidé hier de m'en remettre avec une foi simple à la miséricorde du Sauveur et de le reconnaître devant les hommes.

Faut-il ajouter qu'il a été fortifié dans la foi de l'Évangile et que son père spirituel s'est agenouillé avec lui en prière. Le missionnaire courut chez la veuve avec le paquet pour en examiner le contenu, qui était très curieux. Il y avait vingt numéros du *Reasoner* , de nombreux numéros du *Libre Penseur* et du *Républicain Rouge* , dix-huit exemplaires de « Pourquoi l'athée aurait-il peur de mourir ? plusieurs volumes, et parmi eux le très recherché « L'Âge de Raison », le livre qui avait fait tant de mal parmi le peuple. L'écrivain a maintenant ce livre devant lui, et il n'a jamais vu un volume plus usé. Les couvertures et les tranches sont presque détruites par les manipulations, et chaque page est salie. Le frontispice, soigneusement conservé, témoigne du mépris envers les serviteurs ordonnés de Dieu, comme le fait le texte de sa sainte Parole. Elle représente un gros évêque fuyant un rocher sur lequel est inscrit le mot « raison », avec un agneau sous un bras et une gerbe de blé sous l'autre. Lors de la réunion de ce soir-là, l'infidèle récupéré s'est assis à côté de la veuve et, au grand étonnement du peuple, s'est agenouillé avec révérence en prière. Lors de la discussion suivante, il parla du côté chrétien et reconnut hardiment son changement d'opinion et sa foi en Christ. Pendant plusieurs mois, il montra un changement d'avis ; et comme il exprimait le désir de confesser davantage le Christ en prenant la Sainte-Cène, il fut présenté au recteur ; et après qu'il eut subi une préparation convenable, le Missionnaire eut la grande joie de s'agenouiller avec lui à la table du Seigneur, pour commémorer là cette effusion de sang par laquelle seule nous obtenons la rémission de nos péchés, et pour recevoir les plus riches bénédictions de Son Seigneur. la grâce.

Le livre à la cour :

C'EST CERTAINEMENT BIEN.

"Comme les ruisseaux d'hiver qui ont longtemps reposé
dans des chaînes glacées sombrement liés, quand le printemps revient
bondit à nouveau et remplit la vallée de chants et de sons; ainsi leur
printemps revint maintenant, et l'amour dissout la chaîne glacée, et les
espoirs étouffés commencèrent à brûler. ,Et Jenny était à nouveau elle-
même.

Mme Sewell.

CHAPITRE VI.

UNE RÉUNION DE LOUANGE – MORT DE LA VEUVE – JOIE
DES BIENVENUS – HORS DE L'ANNEAU DES PRIX – UN
DISCOURS D'ADieu – UN FAGGER – UN ÉTRANGE PRÉDITEUR
– DUSTY ET LE VIOLEUR – PRIANT DANS LA CELLULE – FILLE
INDIENNE – GENÈSE – SOCIÉTÉ INFIDÈLE DISSOLUE –
ŒUVRES SUIVANTES - LA BANNIÈRE DE L'AMOUR.

LE LIVRE À LA COUR :
SON CERTAIN BON.

"Ma Parole qui sort de Ma bouche, elle ne Me reviendra pas vide." EST UN.
lv. 11.

Le temps s'écoula agréablement, comme le temps le fait toujours lorsqu'il est occupé par les activités de la vie chrétienne, et amena le missionnaire au troisième anniversaire du jour où il entra pour la première fois dans la Cour du Paradis. Comme c'était devenu un jour commémoratif d'un profond intérêt pour de nombreux habitants, leur visiteur s'était arrangé avec eux pour élever un Ebenezer de louange. Lorsqu'il entra dans la place avec son vieil ami le surintendant, il reçut de toutes parts des salutations agréables. Les enfants coururent en troupeau à sa rencontre ; et comme pour montrer le bien qu'ils avaient reçu, la fille aînée du « traducteur », qui, trois ans auparavant, s'était vantée que « ses enfants ne connaissaient rien à la superstition », lui présenta une carte de récompense qu'elle avait reçue à un L'école du dimanche. Le salut était venu dans la chambre de cet homme, et il s'en réjouissait, et sa femme et sa famille en étaient réjouies. La Cour elle-même a donné des indications que de bonnes influences y avaient été à l'œuvre, car son aspect général était plus propre et les rebords des fenêtres étaient ornés de pots de fleurs et de boîtes. Le don de quelques fleurs avait fait plaisir aux pauvres venus de la campagne et avait servi de textes pour des leçons sur la valeur de l'air pur et de la propreté ; tandis que pour beaucoup, c'était une découverte que, même si l'atmosphère était fétide et noire, ils pouvaient avoir quelque chose de beau et de parfum à leurs fenêtres pendant une partie de l'année. L'apparence des gens était à peu près la même : tous avaient l'air pauvres et certains avaient des vêtements en lambeaux ; mais la police savait que les querelles avaient presque cessé, et qu'il y avait moins de dépravation et d'infractions à la loi qu'autrefois ; et mieux encore, le visiteur savait que l'influence réparatrice de la grâce avait relevé certaines familles, puisqu'il pouvait se rendre dans des pièces où la Bible était valorisée et où son enseignement avait conduit à une foi salvatrice et à une vie sainte. Le dimanche matin, comme d'habitude, les femmes allaient au marché et revenaient avec des tabliers pleins de provisions ; mais ceux-ci n'étaient pas aussi nombreux qu'autrefois, et ceux qui le faisaient montraient leur sentiment de méfait en excusant leur conduite. Une disposition pour entendre la vérité avait été créée, car la chambre de la veuve était depuis longtemps devenue trop petite et la réunion avait dû être déplacée dans des salles doubles dans une rue juste à côté. Ces preuves de bénédiction avaient conduit à organiser une réunion de louange dans la chambre de la veuve à midi, et elle était remplie d'hommes et de femmes qui avaient réussi à passer une partie de l'heure du dîner à de saints exercices. L'hymne « Louez le Seigneur, il est bon de se lever » a été chanté ; le cent quarante-cinquième Psaume a été lu, avec un bref commentaire sur les mots : « Toutes tes œuvres te loueront, ô Seigneur, et tes saints te béniront ; » et alors le langage de louange monta de cette pauvre cour comme un encens vers le trône de la grâce céleste. Le soir, un thé était offert dans la salle de réunion aux quarante personnes habituellement présentes. Deux heures furent consacrées aux relations sociales et deux heures au chant d'hymnes, à la prière et à l'audition d'adresses appropriées. Les ministres wesleyens et indépendants prirent part aux débats ; et lorsque le recteur, qui s'était joint à la fête, prononça la bénédiction, le peuple se sépara, louant et bénissant Dieu.

Il n'y avait qu'une chose qui jetait de l'ombre sur cette heureuse rencontre, c'était l'état de santé de la veuve. Tous ont remarqué que même si son bonheur était intense, ses paroles étaient peu nombreuses ; et il y eut de graves secousses de tête et des remarques anxieuses sur le fait qu'elle n'était plus comme elle depuis quelque temps. Cela était évident lorsque, comme d'habitude, le mercredi suivant, elle dînait avec le missionnaire . Cet arrangement avait été fait par considération pour elle, et afin qu'ils pussent se consulter sur les détails des travaux. Cette heure de conférence avec sa femme et la veuve était importante, car elle permettait d'acquérir une connaissance du caractère individuel (si précieuse pour ceux qui seraient sages pour gagner des âmes) et d'établir des plans d'action. En revenant à la cour, elle se tut et s'appuya lourdement sur le bras de son amie. Le mercredi suivant, elle ne put quitter sa chambre, aussi passa-t-elle une partie de la soirée à discuter doucement avec elle de l'alliance qui est ordonnée et sûre en toutes choses. En se séparant, elle dit doucement : « Je suis si heureuse et si près du ciel qu'une *bouffée* m'y emporterait ; puis, après une pause, elle ajouta : « Pour voir Jésus : le plus beau entre dix mille ! Après cela, elle devint plus faible ; mais quand son amie l'appela un soir, elle parut aller mieux, quoique somnolente. Il fit donc une courte prière et partit. De bon matin, deux femmes arrivèrent en toute hâte chez lui pour lui annoncer que la veuve était morte. Il revint en toute hâte avec eux et trouva la place en pleine agitation. Les gens se tenaient par groupes et, autour de la porte, il y avait un groupe de femmes en pleurs. Il les dépassa et entra d'un pas doux dans la chambre de la mort, alors qu'il sentait l'influence solennelle qui imprégnait la pièce. Dans le calme de la nuit, les anges étaient là et avaient ramené avec eux une âme rachetée dans les demeures éternelles des bienheureux. Les volets étaient entrouverts, et une lueur de lumière était projetée sur le lit où gisaient, comme préparées pour l'enterrement, les restes de la veuve du soldat. Prenant affectueusement la main glaciale dans la sienne, il regarda le visage qui semblait endormi calmement et sentit qu'aucune douleur de la mort n'avait été autorisée à affliger la sainte mort du saint âgé. Sur la table se trouvait la Bible ouverte, avec ses lunettes sur une page des Psaumes, et près d'elles son billet trimestriel, avec « Ruth Peters » écrit dessus. Le médecin, qui l'avait vue la veille, lui dit qu'une enquête ne serait pas nécessaire, puisqu'il pouvait donner un certificat en bonne et due forme ; la dépouille fut donc confiée aux soins de plusieurs femmes, qui l'aimaient comme une mère.

La même main bienveillante qui avait pourvu aux besoins de la veuve, assura des funérailles convenables. Ah, et c'était un enterrement honorable , car elle fut portée au tombeau par six hommes de la cour, qui quittèrent leur travail à cet effet ; et tandis que le cercueil traversait la place, suivi de plusieurs voisins , avec le missionnaire comme principal pleureur, le peuple fit de grandes lamentations sur elle. Et lorsque la terre fut jetée dans la tombe, avec la déclaration solennelle : « Terre à terre, cendre en cendre, poussière en poussière », tous sentirent qu'à la résurrection des justes, ce corps serait ressuscité et rendu semblable au corps glorieux du Christ. .

Le missionnaire s'est dépêché des funérailles pour rencontrer le membre du comté, car il avait prévu de visiter le district ce soir-là. L' honorable monsieur avait été tellement pressé de placer les garçons dans des « foyers », qu'il a décidé de voir les gens pour lesquels on lui demandait tant de faire. Le soir, quand ils entrèrent dans la cour, il y eut, dans une salle si bondée, un profond silence ; et tandis qu'ils passaient de pièce en pièce, ils devaient adresser des paroles de réconfort aux personnes qui pleuraient la perte de leur ami. Et c'étaient de douces paroles de consolation céleste que prononçait l'étranger. En quittant la place, il s'appuya un instant sur un poteau à l'entrée et dit pensivement : « J'aurais aimé que vous me parliez de cette veuve, car j'aurais aimé la connaître. Peu de temps après, il envoya au missionnaire un livre à la mémoire de sa sainte épouse (« Nos amis du ciel ») et y écrivit : « Pas la mort, dit-elle, mais la vie, la vie, la vie, l'éternité ! Et lorsque les jours de son séjour furent accomplis, il passa avec les mêmes paroles vers la rive céleste du fleuve. Et ne connaît-il peut-être pas la Veuve maintenant ? Ne serait-ce pas une des joies de l'état céleste de tenir une douce conversation avec des saints dont nous n'avons entendu parler que sur terre ? Ne serait-ce pas en effet un emploi de plaisir durable que d'élargir continuellement notre connaissance, de connaître et d'être connu de la compagnie innombrable des rachetés ?

Le déplacement de la veuve était une perte ressentie, mais le deuil était le moyen d'amener plusieurs pauvres à se abandonner à Dieu. L'ouvrier avait perdu sa main droite, et pourtant l'ouvrage était fait prospérer. Pendant plusieurs mois, la participation à la réunion a augmenté, bien qu'il y ait eu une révocation constante vers le ministère régulier. Lors d'une de ces réunions , il prit pour exposition le discours de saint Paul aux anciens de l'Église d'Éphèse. À la fin, il fit référence pour la deuxième fois aux mots : « Veillez donc et rappelez-vous que pendant l'espace de trois ans, je n'ai cessé de vous avertir nuit et jour avec des larmes ; » et après un effort doux pour annoncer la nouvelle, il dit brusquement : « Je suis sur le point de vous quitter, car le Seigneur, dans sa providence, m'a fait comprendre clairement qu'il avait un travail important à me confier ailleurs. Cette annonce a mis fin à la réunion, alors que les gens quittaient leurs sièges et l'entouraient d'expressions de véritable tristesse.

Pendant quelques jours, il y eut une visite sérieuse à la Cour, le missionnaire sentant la responsabilité de parler pour la dernière fois au peuple ; et comme preuve du pouvoir de la visite à domicile pour vaincre l'opposition à la vérité, pas une seule personne, du début à la fin de la Place, n'a prononcé un mot offensant ; tandis que beaucoup lui ont réservé un accueil chaleureux et lui ont dit au revoir en larmes. Prenons par exemple le «combattant», qui ne s'était pas tout à fait remis d'une rencontre pugilistique réussie avec un homme de Birmingham, pour dix livres par côté, car son visage était meurtri et décoloré et son bras droit handicapé. Il reçut le visiteur avec ce qui lui paraissait un sourire douloureux, puis dit d'une manière confidentielle : « Ce n'est pas monsieur , comme je deviens mou , que j'ai résolu ; mais je ne m'en suis pas remis. ce revers que vous m'avez donné à partir de ce Livre, tel que : « Un homme combattra-t-il son Créateur ? et la façon dont vous vous êtes approché était stupéfiante ; et je me dis, je les ai renversés sur les cordes, et je vais laisser pousser les moustaches et me mettre au costering ; c'est tout , n'est- ce pas ? " Le port de moustaches ", fut la réponse, " vous exclura du ring ; et vous découvrirez qu'il y a plus de bonheur à gagner honnêtement sa vie avec la bénédiction de Dieu Tout-Puissant sur vous, qu'il n'y en a dans le monde. " portant la « ceinture de champion d'Angleterre » avec sa malédiction. » "N'ai-je pas souhaité qu'il sorte du cercle magique", s'écria sa misérable épouse à l'air vulgaire, "comme vous le voyez, la sensation est horrible lorsque votre mari va être jeté et jeté contre une momie ; et vous devez être l'épouse légitime d'un combattant pour savoir ce que vous ressentez quand cela se passe. Si vous buvez beaucoup , pourquoi vous ne pouvez pas le lessiver et lui appliquer des cataplasmes , comme c'est un travail tendre : et s'il est battu, vous prend des nuffink ; et quand il bat, vous traitez des copains et des wagabons ; et l'argent, ça ne sert à rien, et ça n'a rien de chrétien comme vous le dites ; et si vous vous en tenez à lui, même si vous êtes un - allez , je traverserai des mers de sang pour vous, comme on dit .

Leur ami sourit gracieusement à cette assurance, puis s'assit, ouvrit le livre et leur lut l'histoire de Celui qui était blessé pour nos transgressions et meurtri pour nos iniquités.

La veille de son départ, le missionnaire annonça son intention de faire ses adieux au peuple le lendemain soir, à six heures, en pleine cour, et de leur présenter ensuite son successeur. Comme ils entrèrent à l'heure dite sur la place, celle-ci était si dense qu'ils se pressèrent avec difficulté jusqu'au coude du milieu. Une chaise fut tendue depuis une fenêtre, et tandis que leur ami marchait dessus, le murmure des voix éclata en une forte acclamation. En regardant autour de lui, il vit une expression de tristesse sur cette masse de visages tournés vers le haut, et près de lui se tenaient l'infidèle récupéré, le combattant, le chanteur, Tom et Bess, et d'autres pour qui il avait une affection chrétienne. Pendant quelques instants, il resta silencieux avec émotion, puis, d'une voix hésitante puis plus ferme, il dit : « Je pense, mes bons amis, que j'ai serré la main et dit au revoir à chacun de vous dans vos chambres ; mais j'ai J'ai pensé qu'il était bon que nous ayons une dernière réunion et demandions ensemble à notre Père céleste de nous bénir et de prendre soin de nous. Les quatre années que j'ai passées parmi vous ont été des années de bonheur ; au début nous ne nous comprenions pas autre, mais depuis le moment où vous avez découvert que mon seul but dans la vie était de vous conduire au Seigneur Jésus-Christ afin que vous puissiez être rendus bons et heureux, vous m'avez considéré comme votre ami. âmes. (Un cri de « Bénis le Seigneur. ») Permettez-moi, en tant que votre père en Christ, de vous implorer de considérer ce Livre Saint pendant que vous préparez votre nourriture nécessaire, — de vivre une vie de prière quotidienne et constante, en cherchant toujours à Jésus, il y en a d'autres ici qui me respectent en tant que messager du Roi, mais qui ne se soucient pas du message de miséricorde d'un Sauveur que je leur ai transmis. Vous allez aussi vite que le temps peut vous porter vers la tombe, vers l'enfer : de plus en plus vite depuis le ciel. Écoutez mes dernières paroles, alors que je vous rencontrerai lorsque les morts, petits et grands, se tiendront devant le tribunal du Christ. Détournez-vous de vos mauvaises voies, de vos habitudes d'ivresse, de votre violation du sabbat, de vos iniquités. Et au nom de Jésus, parce qu'Il est mort sur la croix pour vous sauver, demandez au Dieu Tout-Puissant de vous pardonner et de vous donner Son Saint-Esprit, afin que vous puissiez être véritablement chrétiens. " Et puis levant sa Bible de poche, et levant les yeux vers le ciel. , continua-t-il, " Vivons tous de manière à nous rencontrer dans la gloire : la Veuve est là, et quelques-uns de ce lieu l'ont déjà suivie. Détestons le péché, faisons confiance au Sauveur et luttons pour la couronne de vie. » Ici, l'émotion du peuple devint si grande que plusieurs s'exclamèrent : « Nous le ferons », et d'autres : « Que le Seigneur ait pitié de nous. » L'orateur dit alors : « Je vais maintenant présenter votre nouveau missionnaire, en lui demandant de nous lire quelque chose du bon vieux livre ; vous le verrez alors et entendrez sa voix : quand il aura fini, j'offrirai la prière ; après cela, il prendra ma place auprès de vous. Recevez-le comme un envoyé de Dieu pour vous montrer le chemin de la vie éternelle, et prouvez-moi votre amour en le traitant comme mon ami. »

L'étranger prit alors place sur la chaise et lut le cent troisième psaume, après quoi le vieil ami se leva pour offrir la prière d'adieu. Tandis que les mots « Prions » résonnaient dans la cour, les chapeaux battus et les bonnets de fourrure furent enlevés, de sorte que tous les hommes restèrent découverts et plusieurs femmes s'agenouillèrent ; tandis qu'aux fenêtres et dans la foule, beaucoup se couvraient le visage avec les mains. La prière était courte mais sincère. À la fin, le mot « Amen » fut prononcé si fort et si clairement qu'il semblait provenir d'une congrégation d'église, plutôt que de cet étrange rassemblement de fidèles ; et après la bénédiction, le mot fut prononcé avec un sentiment encore plus profond ; et puis, au milieu des larmes, des remerciements et des bénédictions du peuple, et humilié devant Dieu, à cause des bénédictions de la mission reçues, l'homme au Livre quitta la Cour du Paradis.

Cependant, il ne s'est pas désintéressé du peuple, et il ne l'a toujours pas fait jusqu'à ce jour. À intervalles réguliers, il se rendait sur place avec le missionnaire , mais à chaque fois il trouvait certains de ses vieux amis partis, et finalement, sa connaissance y devint très réduite. Parmi ceux qui sont restés, il y avait Sammy ivre (maintenant sobre). Il devint membre de la chapelle baptiste et ne rompit jamais son engagement. Sa participation aux réunions de grâce et aux réunions de tempérance était régulière et il gagna le respect des membres de l'Église et de ses compagnons abstinents. Lorsque l'ami qui l'avait arrêté sur le chemin de la ruine lui vint, il le traita avec un respect proche de la révérence. Il mourut à l'âge de soixante dix ans, après une courte maladie, au cours de laquelle il montra qu'il était apte au ciel.

Des personnes qui ont quitté la cour ont été fréquemment rencontrées dans les rues et ailleurs, et plusieurs preuves remarquables de bien ont été ainsi mises au jour ; comme, par exemple, dans le cas d'un petit homme difforme, d'âge incertain, à l'expression étrange du visage et à l'intellect plutôt faible, qui partageait un grenier à l'arrière avec un balayeur de passage et payait un shilling par semaine de loyer. Il se qualifiait de « pédé » et vivait comme bon nombre d'hommes, en fouillant les rues de Londres la nuit et tôt le matin à la recherche d'argent et de biens perdus. Ces « fageurs » peuvent être vus marchant à un rythme régulier, ou trottant doucement, jetant des regards aiguisés le long de la route et du trottoir. Ils s'arrêtent toujours aux coins où s'arrêtent les omnibus ; aux portes des théâtres et autres lieux probables. En saison, ils se dirigent tous vers le « Haymarket », lieu où l'on peut trouver des objets de valeur tels que des bagues, et lorsque les « cafés » ferment, ils rentrent chez eux en cherchant au fur et à mesure.

Notre « fageur », en tant qu'enfant de la nuit, était rarement vu de jour. Il était en effet tout à fait solitaire, car il reculait devant la dérision à laquelle son apparence disgracieuse le soumettait de la part des enfants et de ses voisins ignorants . Ils ne le voyaient donc que lorsqu'il sortait en traînant les pieds le soir ou qu'il revenait au trot tôt le matin. Pendant des mois, il refusa l' admission des missionnaires dans la chambre et se mit en colère lorsque son propriétaire, le balayeur, insistait pour recevoir les visites, et il avait l'habitude dans ces occasions de s'asseoir sur son tabouret dans un coin avec une expression boudeuse. Après un certain temps , sa confiance fut acquise, et on découvrit alors que le pauvre homme simple ignorait complètement la vérité salvatrice. Il était entré dans la vie comme « Arabe des villes », ne savait pas lire, n'était jamais allé dans un lieu de culte et n'avait même pas entendu le nom du Sauveur . Le semeur ne pensait pas, alors que la graine du royaume tombait si librement de sa main, qu'elle trouverait du bon terrain dans le cœur du pauvre « fageur ». Il devint profondément intéressé par les lectures de la Bible et, lors de la visite d'adieu, il rapprocha son tabouret et ses yeux s'éclairèrent tandis que le balayeur et lui-même écoutaient le récit de la crucifixion de saint Jean.

Près d'un an s'était écoulé après cette visite lorsqu'un groupe de huit ou dix personnes se rassembla à Oxford Circus. Il était minuit passé et il faisait un froid glacial. Le missionnaire qui passait s'approcha, et deux policiers qui le connaissaient lui dirent que l'homme bien habillé qui gisait sur le trottoir , avec une effroyable entaille au front, était en état d'alcool et était tombé contre la lampe. poste. L'homme étant abasourdi, voire grièvement blessé, il a été conseillé aux policiers de l'emmener à l'hôpital, et l'un d'eux est parti chercher une civière à cet effet. À ce moment-là, un certain nombre d'hommes et de femmes dépravés s'étaient rassemblés, dont certains profèrent des blagues grivoises, une femme suggérant « que comme cet homme était mort, ils feraient mieux de fouiller dans ses poches pour trouver de l'argent avec lequel boire à sa mémoire ». "Et s'il est mort", s'écria le Missionnaire d'une voix si forte et si solennelle que les gens furent surpris : "s'il est mort, son état éternel est fixé ; le jour de la miséricorde est passé ; et il y a une rencontre effrayante avec le Juge du ciel et Terre." Pendant quelques instants, il y eut un silence, lorsqu'un homme près de la lampe dit : « Il n'en sait rien, car personne n'est jamais revenu de l'autre monde pour nous le dire. Avant qu'une réponse puisse être donnée, un petit homme d'apparence étrange qui s'était serré dans le cercle s'écria : " Il le sait : il l'a dans son Livre. Ils ont cloué Jésus sur la croix, ils l'ont fait ; il est sorti du tombeau. " " Il l'a fait ; il est vivant et il nous sauve , il l'est ; c'est dans le livre des hommes, c'est le cas : il le sait ; " puis le petit « pédé », car c'était lui, s'éloigna au trot, comme étonné de lui-même. "Ce pauvre homme a raison", dit le missionnaire , "Le Seigneur Jésus est vivant pour sauver les pécheurs". On ne pouvait pas en dire davantage, car le policier arriva avec la civière et, tandis qu'ils emportaient le blessé, une partie de la foule le suivit, mais beaucoup de pécheurs restèrent pour entendre plus pleinement l'Évangile.

Le missionnaire suivit la direction prise par le « facker » et le trouva à Pall Mall. Ils restèrent quelque temps sous la colonnade de l'opéra, et là l'homme faible d'esprit appela Jésus, Seigneur, et répéta la simple prière qu'il avait utilisée. Quelques mois plus tard, il fut transféré à l'infirmerie, dans une pauvreté abjecte et une faiblesse mentale accrue. Parfois, cependant, il s'asseyait sur la Place de la Pauvreté (une cour de l'atelier), marmonnant à lui-même la seule grande vérité qu'il avait comprise, à savoir que Jésus crucifié était un Sauveur vivant ; et même s'il restait une lueur de raison, cela le réconfortait. La dernière fois qu'on en a entendu parler, son esprit avait complètement disparu, mais il a été pendant des années la preuve vivante que la grande vérité du salut peut être saisie aussi bien par l'intellect le plus faible que par le plus puissant.

Les « nègres » ont été rencontrés dans des circonstances très différentes. Plusieurs étés après la visite de leur loge et le sauvetage de « Black Poll », leur ami marchait sur le sable de Broadstairs en compagnie de trois dames. Ils s'arrêtèrent pour écouter un divertissement que des « nègres », formés en cercle, s'apprêtaient à donner. Comme il les connaissait et ne se souciait pas qu'ils le reconnaissent alors , il restait à l'arrière de l'auditoire assemblé. Vers la fin, il y eut un étrange « regard » entre les « artistes », et un regard dans une direction, puis ils mirent brusquement fin à leur divertissement ; et à la surprise de la compagnie et à l'horreur des trois dames (qui s'éclipsèrent), elles se précipitèrent vers leur ami et le reconnurent comme tel de la manière la plus démonstrative. " J'ai " Je suis allée voir Poll", s'est exclamé Dusty, "et elle est devenue folle et s'est mise à l'hédication , comme c'est sa nature. Et elle m'a écrit une lettre, et si je vois ouais honneur à la tombée de la nuit, je l'apporterai ; et maintenant que les dames sont sorties, nous récupérons quatre sous et six sous , et quand elles entrent, l'autre sorte sort, et nous n'obtenons que des bruns. " Pour le moment, c'était un soulagement de se débarrasser d'elles, alors un rendez-vous a été pris. sur le sable, à dix heures du soir. Les hommes, qui avaient laissé leurs instruments derrière eux, attendaient, et on passa une heure étrangement agréable avec eux. Tandis qu'ils se tenaient au bord, ou plutôt suivaient la marée descendante, le La lune projetant sa douce lumière sur les vagues ondulantes, les « nègres » écoutaient et conversaient à leur manière sur les vérités qui concernaient leur salut. La déclaration confidentielle du violoniste montrera l'influence de l'effort chrétien auprès de telles personnes. « Vous voyez , monsieur, dit-il, que ce n'est pas une affaire religieuse, mais je ne peux être qu'un « nègre », et j'ai une femme et trois enfants, qui espèrent toujours leur avenir. bouches et il faut avoir du capital à y mettre . Mais j'ai renoncé à m'enivrer et à jurer comme j'en avais l'habitude, et partout où je vais le dimanche, je me glisse pour

entendre prêcher la religion, s'il n'y en a pas. des nuffins de ce genre avant de
se produire à l'air libre, comme je préfère.

La présence des « nègres » rappelle leur proche voisine de Londres, la veuve
du forçat, et nous terminerons donc sa petite histoire. Tous les six mois,
pendant près de cinq ans, son fils, au bagne, envoyait une lettre à son
professeur. Au bout de ce temps, l'aumônier lui écrivit qu'il devait être libéré
avec un billet de congé, car sa conduite avait été très bonne. Comme on
jugeait bon de le tenir éloigné de sa mère, on lui prit une chambre près de
son maître, comme il ne cessait de l'appeler. Son cas fut signalé à un chrétien,
entrepreneur, qui promit, lorsque ses cheveux seraient poussés, de lui donner
du travail et de garder le secret de ses antécédents envers les autres. Après sa
libération, le forçat se rendit directement chez son ami, où sa mère était prête
à le recevoir ; et la rencontre fut des plus émouvantes, alors qu'elle serrait
dans ses bras et embrassait son fils, devenu grand, comme s'il avait été un
enfant. Lors d'une conversation tranquille ce soir-là, le condamné a parlé avec
émotion de la lecture sur le toit de la maison et a ajouté : "Cette nuit-là, dans
la cellule de la police, je suis resté allongé sur mon visage pendant plusieurs
heures, sanglotant et priant pour avoir pitié. Je savais que j'avais fait j'avais
tort et je ne craignais pas la punition ; tout ce que je voulais, c'était le pardon
de Dieu, et je crois qu'Il m'a pardonné le lendemain soir, alors que j'étais
allongé en prière dans la cellule de la maison de détention, car j'ai alors senti
que Jésus était mon Sauveur. , et ce fut la soirée la plus heureuse de ma vie.
À Dartmoor , j'ai supporté mon châtiment dans un esprit de prière, et je suis
heureux d'avoir été libéré afin de pouvoir manifester la louange du Sauveur .
Quelques dimanches après, alors que ses cheveux étaient suffisamment
poussés pour qu'il puisse se mêler aux autres, il fut présenté à une branche
de la Young Men's Christian Association, dont il devint membre. Il se rendit
à son travail et s'en sortit bien jusqu'au moment de sa libération complète.
Peu de temps après, ses confrères et amis chrétiens apprirent qu'il était un
condamné de retour: cela lui causa une contrariété constante et amère. Un
soir, il vint voir son « professeur » et lui dit : « Vous savez, monsieur, que j'ai
désiré être soldat et que je me serais enrôlé si je n'avais pas commis ce dernier
crime. Comme tout est connu de moi, je peux Je ne m'arrête pas chez le
constructeur et je ne sais pas où aller ; je pense donc que je prendrai le shilling
de la reine, car je peux être un aussi bon chrétien dans l'armée qu'en dehors.
Il a donné suite à cette résolution et s'est enrôlé dans un régiment alors en
service en Inde. Il écrivit plusieurs lettres à sa mère et à son professeur, leur
disant qu'il était très heureux de sa nouvelle vocation, qu'il s'était joint à une
réunion de prière de soldats et qu'il avait pris part à ses travaux. Un soir de
l'hiver suivant, la mère arriva chez le professeur dans un état des plus
pitoyables. Alors qu'elle se tenait devant la porte, sans bonnet ni châle, et en
partie couverte de neige, son visage exprimait une expression de misère
abjecte. Dans sa main, elle tenait une lettre et de grosses larmes lui montaient

aux yeux. Il était évident que son chagrin était trop profond pour être exprimé, alors son amie lui prit la lettre des mains et, en la feuilletant, découvrit qu'elle venait du sergent de couleur du régiment, pour dire « que son fils, son camarade et Christian ami, était mort de fièvre après quatre jours de maladie, et que sa fin fut une paix parfaite. La pauvre sinistrée fut emmenée dans la cuisine et assise devant le feu, une tasse de thé lui étant préparée. Une fois réchauffée et rafraîchie, son amie lui prononça des paroles réconfortantes, puis ils recherchèrent l'influence apaisante de la prière. Une heure après, elle sortit dans le froid et la neige, très réconfortée et marmonnant à elle-même à propos de son « Eddy » et du paradis. À partir de ce moment, sa silhouette s'est courbée, son audition est devenue lourde et sa santé s'est progressivement dégradée. Parfois, elle était ennuyeuse pour son ami, car il avait visiblement pris la place de son fils dans son affection. Aussi étrange qu'elle fût, elle avait l'habitude de faire appel à lui aux moments les plus inopportuns. Comme sa santé se détériorait, ces visites devenaient moins fréquentes et, lors de sa dernière maladie, elles étaient revenues. Avant sa mort, très récente, la patiente ouvrière fut récompensée de ses efforts de plusieurs années pour la conduire au Sauveur , alors qu'elle s'accrochait à lui avec toute la ferveur d'une foi simple. Jusqu'au bout, elle tint son insensé serment, car pendant trente ans elle ne porta ni bonnet ni châle.

« Sauvé dans un tribunal de Londres et rassemblé depuis l'Inde dans les demeures célestes » est le résumé de l'histoire spirituelle du jeune condamné : et comme pour illustrer le fait que Londres est le grand cœur du monde, un Indien qui a rencontré dans cette cour même, fut attiré, donna un regard vivant à Celui qui est élevé, et de la cité impériale se joignit la « grande multitude de toutes les nations, et tribus, et peuples, et langues ». C'est ainsi que cela s'est produit, -

Un matin, en entrant dans la cour, le missionnaire remarqua une petite fille indienne entourée de plusieurs autres enfants. Elle avait environ huit ans, était de teint jaune foncé, avec des cheveux noirs de jais qui pendaient sur ses épaules et à ses poignets se trouvaient d'épais bracelets d'argent. En l'interrogeant, l'enfant avec un accent particulier, dit qu'elle était venue avec ses parents de Bombay ; que son père était cuisinier et était venu à Londres pour faire des cornichons dans un grand magasin ; et qu'ils étaient venus vivre à la Cour jusqu'à ce que son père et sa mère se mettent au travail. Il entra dans la chambre avec l'enfant et y vit le père, un pur indien, habillé comme un Lascar. Il n'y avait qu'un matelas ressemblant à un hamac et quelques ustensiles de navire dans la pièce. Sur la cheminée se trouvaient de nombreuses bouteilles de poudre de curry et une petite idole en ivoire blanc, qui semblait représenter un garçon à tête d'éléphant. Alors que le visiteur entamait une conversation sur l'entreprise, il est devenu communicatif et a déclaré qu'il était originaire d'Hyderabad, mais qu'il avait vécu de nombreuses années à Bombay, où il est devenu cuisinier d'un sahib britannique, et a ensuite été employé pour préparer des cornichons pour exporter en Angleterre. Il était réticent à parler de religion, mais disait que Vishnu et Ganesa étaient des dieux grands et puissants ; qu'il avait épousé une femme métisse, dont la mère était musulmane et dont le père était un marin anglais, et qu'il tenait maintenant un logement pour marins à Bombay ; que les bracelets aux poignets de son enfant étaient faits de pièces d'argent qui portaient l'image du dieu de sa mère, et qu'elle les avait placés sur l'enfant lorsqu'elle était enfant. Il a ajouté "qu'il pensait que sa femme était chrétienne, mais qu'elle avait du respect pour Ganesa, et qu'il n'aimait pas que son enfant soit chrétien, car ils s'enivraient et brisaient les dieux". Lorsqu'on parlait du Grand Dieu unique, il *regardait* anxieusement son idole, comme s'il craignait qu'elle ne lui soit blessée ou enlevée ; puis il marmonna si fort dans une langue étrangère que le visiteur crut bon de partir.

Quelques jours après, le missionnaire fut informé que l'Indien était malade et il alla aussitôt le voir. Il le trouva si mal qu'il alla chercher un ami médecin, dont l'ordonnance lui procura un soulagement immédiat. Ce soir-là, les païens entendirent pour la première fois une simple déclaration concernant Jéhovah ; Ses œuvres, sa miséricorde et l'expiation accomplie à Jérusalem pour les péchés du monde. Comme son état s'était aggravé le lendemain matin, son ami a obtenu une lettre à l'intérieur de l'hôpital de Middlesex et l'a emmené là-bas dans un taxi. Il resta sous traitement pendant près de deux mois, pendant lesquels il reçut des visites trois fois par semaine et une instruction approfondie sur la foi chrétienne. Une fois libéré, il ne retourna pas à la cour où il n'avait vécu que quinze jours, car sa femme était arrivée et avait pris une chambre près de certains de leurs campagnards à Drury Lane. Comme il exprimait son mépris pour les idoles et son désir de salut, il fut présenté au missionnaire du district, qui lui prêta une grande attention et amena plusieurs ecclésiastiques pour l'instruire. Un jour, il courut après son vieil ami, qu'il avait vu à Holborn, et s'exclama : « Oh, sahib, Dieu au ciel est si grand, et Jésus est notre Sauveur ici ! Cette confession fit la joie de son ami, qui revint avec lui à son logement, et fut heureux de constater que l'Indien et sa femme étaient devenus réguliers dans leur fréquentation de l'église. Après une conversation sur le baptême, le missionnaire saisit le bracelet de leur petite fille, qui, depuis le moment où il entra dans la chambre, était assise avec sa main dans la sienne, et dit : « Ces ornements païens ne doivent pas rester aux poignets de votre mon enfant, maintenant que tu es chrétien. » "Enlève-les, sahib", répondit le père : "c'est beaucoup d'argent et un cadeau de mon cœur pour toi." Quelques jours plus tard, le missionnaire et sa femme les ouvrirent avec une serviette et il les possède maintenant parmi d'autres précieux souvenirs de l'œuvre chrétienne. Des dispositions avaient été prises pour le baptême de l'Indien, lorsqu'il tomba soudainement malade ; ce sacrement était cependant administré par un vicaire de l'église Saint-Gilles. Il vécut ensuite quelques mois dans de grandes souffrances, mais il se réjouit en Dieu son Sauveur et s'endormit en lui. Comme la mère était pauvre, avec deux enfants plus jeunes, et que la fille était exposée à beaucoup de mal dans ce quartier bas , le Missionnaire l'a placée dans une « maison de secours ». Elle a grandi comme une agréable fille chrétienne et est allée au service. La dernière fois qu'elle a rendu visite à son amie, tout allait bien pour elle.

Le jeune converti de l'infidélité, comme d'autres qui avaient reçu un bien spirituel, quitta les lieux pour un logement plus respectable. Il devint diligent dans sa recherche des moyens de grâce, et par l'application de son métier et une bonne utilisation de ses loisirs, il se qualifia pour une meilleure position. Il forma une classe de jeunes hommes, qui se faisaient appeler « le Club de défense de la Bible », dont le missionnaire devint président. Ils se réunissaient chaque semaine pour lire et discuter des preuves et, par accord, participaient aux discussions infidèles. En conséquence, plusieurs sceptiques de premier plan se sont convertis et les opinions des travailleurs du quartier ont été tellement influencées que le club des infidèles s'est dissous et leur « forum » de discussion est devenu si peu fréquenté qu'il a également pris fin. Ce fut une grande victoire et un motif de gratitude. Le jeune converti avait un oncle qui dirigeait une grande entreprise dans l'une des villes du Midland ; il fut si content des lettres de son neveu qu'il lui proposa un emploi, qui fut accepté avec plaisir. Il grandit rapidement et, quelques années plus tard, lorsqu'il vint à Londres pour les affaires de l'entreprise, il était devenu tellement gentleman que son ami le connaissait à peine. Peu de temps après sa nomination comme directeur d'un « département », il épousa une chrétienne, mais il continua à chanter dans la chorale de l'église et à enseigner à l'école du dimanche.

Ces cas constants ont donné de la joie à l'ouvrier chrétien et ont contribué à le soutenir dans des tâches encore plus onéreuses. Elles sont cependant peu nombreuses au regard des déceptions. Au moment du réveil à la Cour, il y avait beaucoup d'éclosion, car la recherche du salut était générale ; mais lorsqu'on cherchait des fruits, il était évident qu'un fléau spirituel avait envahi le lieu, détruisant beaucoup de bien. Le « laveur omnibus », par exemple, se confirma dans son infidélité, résista à toute bonne influence et mourut dans un état désespéré ; sa femme est devenue ivrogne et ses enfants aînés se sont ruinés. La « femme astrologique » a prospéré grâce au salaire de l'iniquité et est devenue la reine d'un repaire de Londres. En outre, le missionnaire avait l'habitude de rencontrer fréquemment ceux dont il avait autrefois espéré le salut, se tenant sur le chemin des pécheurs et assis à la place des méprisants. Il s'est en effet heurté à une opposition amère de la part de plusieurs personnes sur lesquelles il avait autrefois exercé une influence spirituelle. Peut-être que dans un conflit aussi réel que celui-ci avec les puissances des ténèbres, de tels échecs sont à prévoir ; ils ont cependant une tendance à l'humilité et conduisent à s'appuyer simplement sur les promesses, car ils prouvent que l'instrument en lui-même ne vaut que peu de valeur, que les âmes sont gagnées, non par la puissance, ni par la puissance, mais par l'Esprit de Dieu. le Seigneur. La seule consolation, cependant, dans ces découragements, est le fait que nous ne savons jamais quand germera la Parole fidèlement prononcée. Cela peut s'écouler des années plus tard, et au jour du Seigneur, de nombreuses surprises joyeuses peuvent être ressenties en découvrant des cas inconnus dans lesquels la grâce a triomphé.

Même ici, les « œuvres qui suivent » les travaux passés sont des causes de joie, et pour compléter ce récit, trois seront enregistrées.

Lorsqu'il entra pour la première fois dans la place, le missionnaire se heurta à la résistance d'un homme aliéné et de sa femme. Il était potman adjoint , ou plutôt « parasite » dans un bar à gin, dans lequel il restait plusieurs heures par jour. Sa femme faisait du ménage et des petits travaux pour la classe inférieure des commerçants et était, dans la dissipation, une compagne idéale pour son mari. Il tomba malade et l'occasion tant recherchée de lire et de raisonner avec eux fut obtenue ; le pauvre homme fit profession de pénitence, tomba rapidement et mourut. Au début de son veuvage, la femme chercha et trouva grâce. Elle a quitté la Cour, est devenue communiante et depuis lors, elle est régulièrement présente à la table du Seigneur. Elle a maintenant une croissance avancée en grâce et fait appel de temps en temps à son vieil ami, et ils ont de douces conversations ensemble sur des questions concernant le royaume des cieux.

La droite gagnait quelque chose lorsque le petit Français, qui habitait au n° 10, devenait sobre et attentif. Depuis son évasion de Paris, douze ans auparavant, il s'était établi au Bosquet, et, oubliant sa langue, il avait appris à parler l'argot de la Cour « comme un indigène ». Il vivait en cirant des meubles bon marché et était considéré par beaucoup de ses voisins comme une connaissance amusante. Ses opinions et sa vie étaient mauvaises, car il exprimait de la haine envers les ministres et les professeurs de religion, et sa langue était si corrompue que certaines personnes (plongées dans l'ignorance et le péché) l'évitaient. Lorsqu'il se rencontrait seul, il était tranquillement et patiemment instruit dans les doctrines de la religion pure ; mais lorsqu'il fut rencontré parmi d'autres, il fut mis à la défense de ses paroles infidèles et de sa mauvaise vie. Il avait enfin l'habitude de fixer son regard sur la Bible, lorsqu'elle était sortie de sa poche latérale, et d'écouter comme quelqu'un qui en ressentait la puissance. Il fut une fois arrêté par les béatitudes et demanda à plusieurs reprises qu'on les lui lise. Tout ce que nous pouvons dire de plus sur lui, c'est que sa mauvaise influence s'est neutralisée et que son âme a reçu quelques rayons de la lumière de la parole révélée.

L'autre n'est qu'une partie d'un récit, puisqu'elle concerne notre amusante connaissance, « Black Poll ». Au début, sa conduite au « Foyer » était sauvage et indisciplinée, mais à mesure que le processus de civilisation avançait, elle prouva la véracité de ce dicton des anciens selon lequel « les poulains les plus sauvages font les meilleurs chevaux, pour peu qu'ils soient correctement dressés ». " Elle a été correctement rodée et a développé un beau caractère. Rapide à apprendre et assidue au travail, elle est devenue la préférée des dames et de la matrone. Elle avait un visage agréable et une tenue vestimentaire très soignée, de sorte qu'il n'y avait aucune difficulté à subvenir à ses besoins après avoir passé près de quatre ans au « Foyer ». Elle fut reçue dans une bonne famille comme nourrice et s'en sortit extrêmement bien, étant très appréciée de sa maîtresse et aimée des enfants. Malheureusement pour elle, « Oncle Dusty » la considérait avec une affection durable ; après avoir obtenu son adresse, il s'arrêta un soir avec sa compagnie devant le manoir où elle habitait et dit au valet de pied qu'"'il savait que 'Poll' vivait là, ce qui lui faisait honneur, parce qu'il avait juste fait une femme sur elle en prenant elle hors du travail . La famille était ennuyée et la jeune fille se sentit humiliée devant ses compagnons de service et vint le lendemain consulter l'ami qui l'avait secourue. Comme elle avait pensé émigrer au Canada avec d'autres jeunes pour lesquels des arrangements aimables avaient été pris, on lui a conseillé de le faire. À son arrivée dans la colonie , elle obtint une bonne situation et, à intervalles réguliers, envoya de nombreuses lettres agréables et reconnaissantes à ses amis de la « maison » à Londres. Le dernier d'entre eux était destiné à celui qui, dans la providence de Dieu, a opéré pour elle une si grande délivrance. Elle l'y informait qu'elle était sur le point de se marier avec un jeune homme ayant de bonnes perspectives et concluait par ces mots touchants : « Lorsque, monsieur, vous m'avez rencontré dans l'escalier, Dieu a placé sa bannière sur moi, et depuis lors, elle ça a été de l'amour , et je serai toujours ta fille reconnaissante, MW"

Oui; la bannière de l'amour d'un Sauveur fut placée sur elle et sur l'ancienne cour, lorsque les chrétiens de Tunbridge Wells envoyèrent un messager de la croix à son peuple ; et cette bannière de teinte cramoisie flotte toujours au-dessus d'eux, et les travaux de restauration se poursuivent, comme en témoigne clairement l'amélioration de l'état des lieux et des gens. Il y a cependant dans ce quartier de Lisson Grove, bien que situé dans la partie occidentale de la capitale de l'Angleterre chrétienne, une vaste multitude qui n'est pas influencée par la loi de l'esprit de vie en Jésus-Christ, et dont beaucoup sont profondément enfoncés. dans l'ignorance et le péché. Dix districts missionnaires ne sont pas visités, bien que chacun contienne plus de deux mille âmes précieuses. Les commerçants chrétiens d'Edgeware Road, qui connaissent bien les nécessités spirituelles du « Grove », se sont formés en comité pour subvenir aux besoins de trois de ces districts. Ils ont besoin d'aide. L'écrivain, [1] qui est responsable du soutien et de l'extension du travail missionnaire dans cette partie de Londres, recevra avec plaisir des communications concernant le don et la réception. Il est persuadé que beaucoup de ceux qui liront ce récit partageront volontiers la joie de transmettre l'Évangile à cette multitude d'âmes précieuses ; que beaucoup contribueront à hisser la bannière de l'amour sur ces hectares d'habitations si peuplées de païens domestiques ; afin qu'une bénédiction puisse reposer sur notre nation par une augmentation de son peuple qui aime la justice et qui peut entrer avec un enthousiasme personnel dans le doux langage du poète Weitzel : -

"Oh, bénis le pays : la ville bénie,
Où le Christ le souverain se réunit !
Oh, cœurs heureux et foyers heureux.
À qui vient ce Roi en triomphe."

Le livre dans les bars :

C'EST LÉGER.

"Étonné et perplexe, il se leva,
la sueur coulait sur son front rugueux; comme un vagabond de minuit dans un bois, plus désespéré encore ses perspectives grandissent.

"La journée avançait, il ne la marquait pas, il ne sentait pas que ses joues étaient mouillées; Il se voyait comme un sot ivre, enchaîné dans les filets du diable.

"Il gémit sous sa lourde charge :
Enfin, un cri amer retentit :
'Soyez miséricordieux envers moi, oh mon Dieu, car je suis un misérable pécheur !'"

Mme Sewell.

CHAPITRE VII.

ENTRE LES BARILS – LA VRAIE LUMIÈRE BRILLANT – UN DANGER – LA LUMIÈRE DANS LA SALLE DU CLUB – LE CHANGEMENT OPÉRÉ – LA VICTOIRE OBTENUE – LE MAL A RÉSISTÉ – DE BONS CONSEILS – UN SERGENT BLANC – UN SAGE RETRAIT – LE BIEN A AUGMENTÉ.

LE LIVRE DANS LES BARS :
SA LUMIÈRE.

"Ta parole est une lampe à mes pieds et une lumière sur mon chemin." PS. cxix. 105.

VOUS voyez, maître, qu'il ne peut en être autrement ; mon pauvre mari est très malade, et à cause de la phtisie, il ne peut pas vivre longtemps. Je dois vendre pour gagner notre vie, et il est malheureux tout seul . Maintenant, même si je le dis moi-même, il est très respecté par le propriétaire et par tous les utilisateurs de cette maison, et il s'amuse toujours ici . Alors ils ont mis les deux gros tonneaux de chaque côté du petit, et avant de sortir je le prends et je le dépose confortablement, comme dans un fauteuil, et puis ses copains lui donnent des petites tasses de rhum, et ce genre de choses. de choses, et cela lui fait beaucoup de bien – et il ne sera pas privé de ses plaisirs pour des gens comme vous.

La dernière partie de ce discours a été prononcée sur un ton de défi. L'oratrice était l'épouse d'un commerçant qui vivait dans une cour voisine . La personne à qui on s'adressait était le missionnaire du district, qui, par une aimable touche de bras et un joyeux « Comment vas-tu aujourd'hui ? » arrêté leur entrée précipitée dans un gin-palace. L'homme avait environ trente ans, et comme il s'appuyait contre le pilier de marbre du « palais », s'appuyant sur son bâton, il offrait un spectacle pitoyable. La veste ample, les yeux enfoncés, la rougeur intense sur la joue et la respiration difficile indiquaient son approche proche de la tombe. Quelques mots de reproche doux et d'inquiétude pour sa sécurité spirituelle ne firent que provoquer un mouvement par lequel il fut en partie soutenu et en partie poussé contre le bar.

Alors que la porte massive aux panneaux de verre dépoli se refermait sur eux, une expression de tristesse passa sur le visage du missionnaire . Il venait tout juste de commencer son travail et, pour la première fois, il réalisait dans son intensité le « fardeau des âmes ». Quelques semaines auparavant, le comité de la mission de la ville de Londres lui avait dit : « Visitez les habitants du district qui vous a été assigné, dans le but de leur faire connaître le salut par notre

Seigneur Jésus-Christ et de leur faire du bien. par tous les moyens en votre pouvoir. » Le tribunal dans lequel ces personnes vivaient se trouvait dans le district, et il était de son devoir de chercher le salut de cet homme. En passant, il raisonnait ainsi : « Si je ne fais aucun effort pour son bien, il sera perdu ; mais que puis-je faire ? Quand je suis venu chez lui hier soir, il était abrutissant d'alcool, et cela ce sera pareil ce soir. Il est sobre maintenant ; pourquoi ne devrais-je pas lui rendre visite au bar et traiter fidèlement avec lui ? Après avoir médité la question dans la prière, il fit demi-tour et entra timidement dans le « palais ». La femme était partie, mais l'homme était là dans la position qu'elle avait décrite. Le petit tonneau était placé entre les deux grands de manière à former un siège confortable. Plusieurs hommes de sa classe se tenaient à ses côtés et, bien que tôt dans la journée, des groupes d'hommes et de femmes buvant du gin s'étaient rassemblés dans les quatre compartiments qui divisaient le bar. Le sol avait été balayé et recouvert de sciure de bois, ce qui lui donnait une apparence confortable, tandis que son espace et ses cuves de cent gallons hautement vernies, le cadre doré des panneaux de verre , les rangées lumineuses de bouteilles de vin et de spiritueux, et les mouvements actifs du propriétaire et des deux barmans rendaient le lieu attrayant et agréable aux clients misérablement vêtus.

Le malade fut visiblement surpris par l'apparition du visiteur, qui le mit à l'aise en lui disant : « Vous devez avoir beaucoup de temps pour lire, alors j'ai pensé que je pourrais vous appeler et vous donner quelques petits livres intéressants que j'avais l'intention de laisser. dans votre chambre."

Plusieurs lui furent alors remis et acceptés avec la remarque : « Je ne sais pas beaucoup lire, mais je vais demander aux gars qui lisent les journaux de me les lire.

Les hommes qui étaient là demandaient des tracts et écoutaient ensuite avec un profond intérêt pendant que le missionnaire répétait la parabole des bâtisseurs. Seules quelques remarques ont été faites à ce sujet, lorsque le propriétaire, d'un ton en colère, a assuré au visiteur que "ils n'étaient pas des imbéciles naturels pour croire à une série de mensonges inventés par les Juifs".

"Les paroles que j'ai répétées", fut la réponse calme, "ont été prononcées par le Sauveur du monde par miséricorde envers les pécheurs. Croyez-les, et votre âme vivra."

A cette époque, les clients s'étaient rassemblés dans les autres compartiments, attirés par la nouveauté de l'enseignement religieux dans un tel lieu. Le propriétaire parla doucement à plusieurs hommes qui se tenaient près du bar, et immédiatement après, l'un d'eux se dirigea vers le missionnaire , déchira les feuilles d'un tract et en fit des lumières en papier. Il alluma sa propre pipe avec l'un d'eux, observant avec dérision :

"Voici des choses utiles, chef , pour éclairer : donnez-nous-en plus."

Un rire général fut réprimé par la prompte réponse :

" Bien sûr que je le ferai, car ce sont des choses utiles. J'en ai déjà donné assez pour vous éclairer tous , c'est-à-dire de la bonne manière ; et je vais vous en donner encore et vous dire ce que je veux dire. Maintenant, il y a des gens qui sont toujours dans le noir, parce qu'ils sont aveugles, et il y a des gens qui ont toujours l'âme sombre. Ils ne voient pas avec leur esprit les belles choses qui sont dans la Bible, alors ils vivent mal. , tout comme s'il n'y avait pas de Dieu. C'est une façon misérable de vivre; et quand ils tombent malades , ils ont peur de mourir, parce que la tombe est un endroit sombre où aller. Maintenant, si un homme lit ces traités et pense à propos de ce qu'il lit, il illuminera son âme. Eh bien, à la fin de ce tract, il y a un petit extrait de la Bible qui le ferait pour vous tous : « Jésus-Christ est venu dans le monde pour sauver les pécheurs. Quand un homme croit cela, il regrette ses péchés et demande pardon à Dieu, car Jésus est mort sur la croix pour lui. Il est alors pardonné et, par le Saint-Esprit de Dieu, rendu bon et heureux. Il n'a alors aucune crainte. de la mort, parce qu'il est certain d'être au ciel avec le Sauveur pour toujours ."

D'autres remarques furent empêchées par le propriétaire qui, se frayant un chemin à travers la foule d'auditeurs enthousiastes, saisit l'orateur par le bras et, en jurant, le jeta dans la rue. Ainsi se termina la première visite missionnaire dans les débits de boissons.

Quelques jours après, la femme du marchand de fruits de mer s'approcha du missionnaire qui passait devant la cour et lui dit : « S'il vous plaît, maître, mon pauvre mari veut être religieux ; il dit qu'il est tout noir et il veut entendre un peu de lecture, et je n'ai aucune connaissance ; et il n'est pas allé au bar, comme il pensait peut-être que vous l'appelleriez.

« Je le verrai tout de suite », fut la réponse ; et le visiteur chrétien l'accompagna dans la pièce.

Avant qu'un mot de salutation puisse être prononcé, le pauvre homme s'écria, avec tout l'empressement d'un homme en détresse spirituelle : « Monsieur, j'ai été terriblement méchant dans mon temps, et c'est terrible d'être malade, et je ne sais pas quoi. prières à dire."

Le visiteur regarda avec pitié le visage pâle et soucieux de l'homme presque mourant et, s'asseyant à ses côtés, lui raconta avec des mots simples l'histoire merveilleuse et apaisante de l' amour d'un Sauveur et, avant de partir, lui apprit une quelques phrases de prière. De telles visites étaient répétées quotidiennement, car la faiblesse croissante du malade montrait que le temps pour l'instruire sur la voie du salut était vraiment court.

Lors de la dernière de ces visites, il écouta avec un intérêt captivant le récit de l'ascension du Seigneur, puis, avec un sourire de paix, s'exclama : « Il est mort pour moi, et il a tout réglé maintenant, et j'irai. à Lui."

Cette nuit-là, il est décédé ; et on a dit pendant quelque temps à la cour qu'il était mort heureux, parce qu'il était devenu chrétien dans le cabaret.

Un soir, environ treize mois après cet événement, une foule de personnes, parmi lesquelles se trouvaient de nombreux habitants respectables, se tenaient autour du gin-palace pour discuter sérieusement. C'était si différent des foules bruyantes qui se rassemblaient lorsque les ivrognes étaient expulsés, que le missionnaire , qui passait, s'enquit de la cause.

"Le propriétaire a cassé un vaisseau sanguin", fut la réponse : "trois médecins sont avec lui et nous attendons de connaître le résultat".

Après avoir déclaré que les médecins donnaient espoir de guérison, les gens se séparèrent. Pendant des jours, le bruit courut que sa vie était en danger, et lors du petit service missionnaire tenu à la Cour, des prières furent faites en sa faveur. Plusieurs matins après, la missionnaire s'enquit auprès de la servante qui se tenait à la porte particulière, de l'état de santé de son maître.

"Un peu mieux", répondit-elle; "mais il est toujours dans la salle du club, car les médecins disent qu'il serait dangereux de l'éloigner pendant quelques jours."

Agissant sous l'impulsion du moment, le missionnaire dépassa le serviteur et, avec une prière jaculatoire de succès, monta les escaliers et frappa à la porte de la salle du club.

« Entrez, » dit une voix faible ; et le visiteur entra et vit le propriétaire étendu sur un canapé, près du feu.

S'avançant doucement, il dit d'un ton calme : « Je dois vous demander, monsieur, de pardonner cet acte d'apparente grossièreté. La vérité est que depuis que j'ai entendu parler de votre maladie, j'ai prié pour vous.

Il y eut un embarras momentané, jusqu'à ce que le patient, avec une expression troublée, murmure :

"Qui vous a demandé de prier pour moi ? Je ne crois pas à la théologie."

"Personne ne me l'a demandé", fut la réponse ; "Mais si vous vous abstenez de parler, ce qui pourrait retarder votre rétablissement, je vais, en quelques mots, vous dire pourquoi une prière a été adressée à Dieu en votre faveur. Après des années d'étude de la Bible, je sais que ses déclarations sont vraies ; et alors j'ai testé ses promesses et je sais que les bénédictions sont réelles. Peut-être, par manque d'opportunité, vous n'avez pas fait celle-là et vous êtes donc privé des bénédictions maintenant que vous en avez le plus besoin. Je me suis senti tout aussi inquiet à votre sujet. comme si tu avais été un vieil ami ; et nous avons prié pour que ta vie soit épargnée et que ton âme soit sauvée.

« Cela ne sert à rien : je ne pourrai jamais croire », fut la réponse ; mais il fut prononcé si faiblement et avec une telle expression de douleur mentale et physique sur le visage qu'elle suscitait des émotions de sympathie.

"Permettez-moi", dit le visiteur, "de répéter deux passages de l'Écriture, et je vous quitterai ensuite: 'Que cette pensée soit en vous, qui était aussi en Jésus-Christ: qui, étant sous la forme de Dieu, ne l'a pas pensé vol pour être égal à Dieu ; mais s'est rendu sans réputation, et a pris la forme d'un serviteur, et a été fait à l'image des hommes ; et étant trouvé à la mode comme un homme, il s'est humilié et est devenu obéissant à la mort, la mort de la croix. C'est pourquoi Dieu l'a aussi hautement exalté et lui a donné un nom qui est au-dessus de tout nom, afin qu'au nom de Jésus tout genou fléchisse dans les cieux et sur la terre. et les choses sous terre, et que toute langue confesse que Jésus-Christ est Seigneur, à la gloire de Dieu le Père. "C'est une parole fidèle et digne de toute acceptation, que le Christ Jésus est venu dans le monde pour sauver les pécheurs. " Posant sa Bible de poche sur la table, le passage tourné vers le bas, le visiteur prit la main qui lui était offerte. , et dit : "Je laisserai ma carte : envoyez-la-moi comme ami quand vous le voudrez ; et puissiez-vous trouver la paix dans l'amour de Jésus."

Au cours de la conversation, la femme était entrée et, après le visiteur hors de la pièce, l'avait remercié de son appel. « Autrefois, j'étais religieuse », observa-t-elle ; "Mais des années avant, le bar m'a complètement ruiné ; on ne peut pas faire un commerce de gin de première classe et rester religieux."

La vieille question du profit qu'il y avait à gagner le monde et à perdre l'âme lui fut posée, et ils se séparèrent.

Trois matins après, le potman se rendit chez le missionnaire avec le message que son maître souhaitait le voir dès qu'il pourrait passer.

"Merci d'être venu", fut le salut avec lequel le propriétaire reçut le visiteur, qui s'était empressé d'obéir à sa demande : "Je veux vous demander de me pardonner de vous avoir si mal traité lorsque vous êtes entré dans le bar pour voir les pauvres " Un type qui était malade. J'étais dans l'alcool - c'est comme ça que j'en suis venu à le faire. "

« Ne pensez pas à cela », fut la réponse ; "En plus, je t'ai trouvé une excuse, car c'était une chose étrange pour moi d'entrer dans ton bar et de parler de religion."

"C'était le cas", répondit-il; "Mais après la mort de cet homme, la veuve nous disait qu'il était mort si heureux; et j'ai souvent pensé que vous faisiez alors comme si vous croyiez à l'Évangile, parce que le suivre dans mon bar, c'était chercher la brebis perdue. , et sans erreur."

Cela a introduit le sujet des preuves internes de la Bible ; et le visiteur, après avoir lu des parties du cinquième chapitre de 2 Corinthiens, a commenté les mots : « Si quelqu'un est en Christ, il est une nouvelle créature » ; montrant que parmi les piliers de preuves qui soutiennent la Bible se trouve l'expérience du fait que tous ceux qui exercent une foi salvatrice au Seigneur Jésus deviennent les possesseurs d'une paix scellée et prouvent par une vie sainte le changement de la nature intérieure.

Cette visite fut le début d'une amitié entre le maître chrétien et le publicain, qui resta malade pendant plusieurs mois. Ses objections sceptiques à l'égard de la vérité furent examinées et progressivement supprimées ; tandis que la lecture constante de cette Parole, dont l'entrée dans l'âme éclaire, provoqua progressivement un changement dans ses vues et ses sentiments. Il ne faisait aucune profession de religion, mais le changement était évident pour tous ceux qui le connaissaient. Il a surmonté l'habitude des jurons profanes et a montré de l'intérêt pour les bonnes choses. Sa présence au bar a modifié le caractère de la maison. Non seulement il réprimait les propos blasphématoires et grossiers, mais il refusait de servir les personnes qui buvaient de l'alcool et ne permettait pas aux mères avec des enfants dans les bras de se tenir debout dans le bar. Les visites du missionnaire étaient encouragées. Après avoir causé avec la famille, il allait au bar pour causer avec les hommes ; puis il visita les quatre compartiments utilisés par les clients, discutant avec eux sur la justice, la tempérance et le jugement à venir. Cet enseignement était une bénédiction pour les âmes, car le désir de connaître la vérité était manifesté par plusieurs des pires personnages du quartier . Ils acceptaient l'invitation à venir entendre la lecture des Écritures dans une pièce au fond de la cour, et comme résultat gracieux, plusieurs se sont convertis. Parmi eux se trouvaient deux femmes ivres, qui se vantaient du nombre de fois où elles avaient été enfermées ; un jeune de dix-huit ans qui avait vécu de vol ; et un compagnon cordonnier.

La bonne influence augmentait dans la famille du publicain, lorsqu'il tomba soudainement malade, et il devint évident que sa maladie était mortelle. Il resta quelque temps dans une grande faiblesse, mais il était heureux dans l'amour de Dieu. Peu avant sa mort, il dit au Missionnaire : « J'ai réglé mes affaires, car je n'ai aucun espoir de guérison ; et maintenant je dois vous demander une grande bonté : c'est que vous me promettez de vous intéresser amicalement. dans ma femme et mes enfants quand je serai parti. » Une fois la promesse donnée, il ajouta : « Je voudrais, pour mon réconfort, recevoir le sacrement de la Cène du Seigneur, parce que j'ai renoncé à mon infidélité et que je compte pour mon salut sur le sang versé et sur le mérite de Jésus ressuscité. ".

Quelques heures après, le recteur et le missionnaire entrèrent dans le palais du gin et, passant dans la chambre du malade, commémorèrent avec le publicain mourant cette offrande de lui-même par laquelle le Rédempteur procura à ses disciples un salut présent et une victoire sur la mort et le tombe.

Après le service solennel, le ministre entra dans le bar- salon et y resta quelque temps, observant avec un profond intérêt l'attention portée par divers groupes de clients à l'instruction du missionnaire . Alors qu'ils partaient ensemble, il remarqua pensivement : « Pendant que vous étiez au bar, la propriétaire m'a dit qu'en plus d'être le moyen de sauver son mari, vous aviez réformé certains des pires hommes et femmes qui soutenaient la maison. Nous sommes aux prises avec le plus grand mal dans ma paroisse, et Dieu bénit cet effort. Je souhaite que toutes ces maisons de la paroisse soient ainsi visitées.

"Votre désir, monsieur, sera exécuté en ce qui concerne le district sous ma visite", fut la réponse.

Le vieil ecclésiastique, prenant la main du visiteur laïc, dit avec émotion : « Que la bénédiction divine rende l'effort puissant, afin que l'œuvre du Rédempteur puisse s'étendre parmi ces multitudes de morts spirituels.

Le propriétaire vécut environ quinze jours après avoir commémoré la mort du Seigneur, et sa fin fut la paix. Quelques heures seulement avant son entrée au repos, il demanda que cette Écriture soit gravée sur sa pierre tombale : « Quand le Christ, qui est notre vie, apparaîtra, alors vous paraîtrez aussi avec lui dans la gloire. »

A peine un an s'était écoulé que la veuve fut contrainte de quitter l'entreprise et partit vivre dans un autre quartier de Londres. Elle est rapidement passée de la richesse à l'extrême pauvreté. Apprenant son état, le missionnaire la rechercha et fut attristé de la trouver dans une arrière-cuisine de l'East End de Londres. Il emmena chez lui ses deux petites filles, âgées de huit et dix ans, et, grâce à la gentillesse d'hommes éminents du métier, obtint leur admission à l'école des agriculteurs agréés . La veuve a obtenu un emploi comme infirmière malade et a depuis mené une vie utile et chrétienne.

Lors de la visite de cette famille, les circonstances suivantes se sont produites, qui ont donné au missionnaire une influence auprès de plusieurs avitailleurs agréés et de leurs clients.

Le vendeur de poterie d'un pub très bas juste à côté tomba gravement malade, et le propriétaire, après avoir appris qu'un chrétien avait visité une autre maison, envoya s'enquérir de lui, puis écrivit une note lui demandant d'appeler et de voir son homme. La visite fut payée, et d'autres lui succédèrent, jusqu'à ce que le jeune homme se rétablisse. Le propriétaire et sa femme étaient reconnaissants de l'attention portée à lui et, à chaque appel, l'invitaient à entrer dans leur chambre privée. Cela a conduit à une intimité si étroite qu'il a été consulté à la fois sur leurs difficultés religieuses et commerciales : celles-ci peuvent être mieux expliquées dans leurs propres mots, puisque le visiteur était assis avec eux un après-midi. " Vous voyez, monsieur, " dit le propriétaire, " que je peux tout vous dire, car vous n'êtes pas comme les gens religieux et abstinents qui parlent et écrivent contre nous, mais ne nous font jamais appel, afin qu'ils puissent comprendre notre position. "Maintenant, je ne veux pas, et des milliers d'hommes de métier ne veulent pas, faire ou servir des ivrognes. Dans notre dernière maison, nous avons perdu presque tout l'argent que ma femme et moi avons économisé au cours d'un long service; mais si j'avais cédé au vice, nous aurions pu en être là maintenant. En essayant de rendre la maison respectable, nous avons perdu les « gains » des dépravés et des ivrognes et, par conséquent, nous n'avons pas été en mesure de répondre aux demandes et avons été obligés de partir et de prendre ce classe d'affaires encore inférieure. La vérité est que les publicains, en tant que corps respectable de commerçants, ont besoin de sympathie et d'influence chrétienne, au lieu d'abus, qui ne font que nous inquiéter et nous obligent, en légitime défense , à résister plutôt qu'à aider aux réformes nécessaires. ; et puis, comme notre métier est une tentation, nous avons besoin d'influences religieuses dans nos familles : mais aucun ecclésiastique n'est jamais entré chez moi. Je me suis trompé, car j'ai pris l'habitude de « siroter », mais il est difficile de supporter les épreuves que j'ai dû traverser. nous devrions réussir dans cette affaire ; mais le commerce du dimanche m'a rendu malheureux. Pendant les quatorze années où j'ai été femme de chambre, j'allais à l'église deux fois le dimanche ; et de cette vie heureuse à servir derrière un bar est un changement terrible. Cela n'est nécessaire que pendant deux heures aux repas, lorsque l'article de consommation nécessaire peut être fourni ; et puis les querelles dans le robinet sont pour moi une misère constante, et j'aurais aimé que nous soyons complètement en dehors de cette affaire.

"Vous avez ma plus profonde sympathie", dit le missionnaire , "et je vous conseillerai comme un véritable ami. Votre consommation constante d'alcool, propriétaire, doit cesser, ou vous serez amené dans une tombe précoce, avec la malédiction prononcée contre l'ivrogne. reposant lourdement et pour l'éternité sur vous. En ce qui concerne votre femme, il est mal de l'exposer à la misère qu'une femme de sentiment chrétien doit endurer dans cette classe de maison. Mon conseil est de vous en sortir. Vous pourriez économiser suffisamment de l'épave pour prendre un petit magasin général, et vous pourriez alors vous associer comme serveur parmi vos anciennes connaissances. Le grand sujet dans cette difficulté, comme dans toutes nos épreuves, c'est la prière : vous l'avez tous deux négligée. Renseignez-vous auprès du Seigneur. , et Il vous dirigera. »

Quinze jours après cette conversation, le propriétaire et le missionnaire rencontrèrent l'agent de la maison à laquelle appartenait le commerce, et un arrangement équitable fut conclu pour céder la maison. Après avoir quitté le commerce, ils ouvrirent une petite entreprise d'épicerie, devinrent membres de l'Église et prospérèrent dans leur nouvel appel.

Un autre publicain, rencontré dans cette maison, s'est prononcé fortement contre les affaires du dimanche.

"La grogne ne sert à rien en pareille matière", observa le visiteur. "Agissez : lancez une pétition demandant au Parlement de vous fermer complètement le jour du Seigneur et demandez à l'un de vos membres de la présenter. Un mouvement de ce genre dans le commerce serait très bénéfique pour vous et pour le bien public."

"Si monsieur," répondit-il, "vous rédigez la pétition, je la signerai et j'irai avec vous chez d'autres membres du métier pour obtenir des signatures."

La demande a été accédée et quarante avitailleurs agréés ont signé la pétition pour une fermeture dominicale entière, et elle a été dûment présentée.

Le pouvoir saisissant de la Parole de Dieu était fréquemment observé dans ces bars à gin. Par exemple : une femme qui entra un soir dans le « Globe » et demanda son premier verre, fut arrêtée par le raisonnement du missionnaire avec quelques ouvriers . S'approchant de lui, une mesure en étain à la main, elle s'écria : « Vous n'avez rien à faire ici ; sortez, ou je vous jette ça. Les hommes la repoussèrent, mais il dit gentiment : « Avant de le faire, permettez-moi de vous dire quelque chose de ce livre », puis, après une pause pour trouver un passage approprié, il lut distinctement : « Ainsi parle le Seigneur. qui t'a créé... Je verserai de l'eau sur celui qui a soif, et je répandrai de l'eau sur la terre sèche. Je répandrai mon Esprit sur ta semence et ma bénédiction sur ta postérité. Quelques mots seulement furent prononcés, lorsque la femme posa la mesure sur le bar, et levant son tablier jusqu'à ses yeux, fondit en larmes et partit en s'écriant : « Oh, que j'étais encore une petite fille ! Elle n'a pas goûté le gin et n'a ensuite jamais été rencontrée dans un bar. Il était évident qu'une flèche de conviction avait jailli de la Parole de Dieu, mais chez elle comme chez des milliers d'autres, son effet ultime n'était pas connu. Encouragement, ceci, pour un travail sérieux et une simple confiance dans la puissance et la bénédiction promise lors de la proclamation de la miséricorde de Dieu en Christ ; oui, sur la déclaration de chaque vérité contenue dans sa propre Parole inspirée.

Des occasions se présentaient fréquemment pour rechercher le bien des clients aussi bien que celui des propriétaires, et celles-ci conduisirent le missionnaire à la conviction que le pub est un domaine tout à fait approprié pour les opérations missionnaires. Ce qui suit en est un exemple. Un soir, en passant devant un pub de son quartier, le visiteur remarqua une femme près de la porte qui, visiblement, pleurait, et elle avait un bébé dans les bras. Lorsqu'il lui a parlé, elle lui a dit que son mari venait d'entrer dans la buvette avec tout l'argent qu'ils avaient et qu'elle avait peur de le suivre, car il la renverserait si elle le faisait.

« Attendez ici », dit le visiteur ; puis il entra dans la maison et passa dans le robinet. Elle était remplie d'hommes bas, dont plusieurs parurent confus de les voir là. Il s'adressa cependant amicalement à l'un d'eux et lui dit : « Vous feriez mieux de faire attention, il y a quelqu'un dehors. »

"Qui cela peut-il être !" s'exclamèrent plusieurs hommes, l'air mal à l'aise.

"Un sergent blanc", fut la réponse, et l'annonce provoqua un éclat de rire. Pour expliquer la raison de cette gaieté, une digression s'impose. Eh bien, un « sergent blanc », dans le jargon des bars, est une femme qui va chercher son mari hors du pub. Ceci est considéré comme une grande offense, et les hommes qui se soumettent à un tel exercice des « droits des femmes » font l'objet de nombreuses plaisanteries de la part de leurs compagnes. Beaucoup de querelles entre mari et femme résultent de cette cause. Un lundi matin, dans un tribunal qu'il a visité, le missionnaire a vu cinq femmes aux yeux noirs, toutes reçues grâce aux efforts déployés pour ramener leur mari à la maison avec leur salaire hebdomadaire complet. L'annonce qu'un « Sergent Blanc » attendait l'un d'eux à l'extérieur était donc considérée comme une plaisanterie capitale.

Dès que leur gaieté fut calmée, le visiteur dit gravement : « Et ce « Sergent Blanc » est une femme dont tout homme pourrait être fier : d'apparence agréable et soignée dans sa tenue, avec un cher petit bébé dans ses bras ; et à mon avis, l'homme qui amènerait une telle femme à pleurer en dehors d'un public devrait baisser la tête de honte.

L'égoïsme des hommes qui, pour leur propre plaisir, agiraient de cette manière, fut exacerbé, jusqu'à ce qu'un homme se lève et quitte tranquillement la pièce. Quelques tracts furent distribués, puis le visiteur sortit également et vit l'homme s'éloigner avec le « Sergent Blanc ». Il s'est approché d'eux et a parlé gentiment à l'homme, lui disant qu'il aimerait appeler et donner des livres d'images à ses enfants. D'un ton maussade, on lui dit qu'il pouvait « faire ce qu'il voulait », et il les accompagna donc jusqu'à leur porte.

Le dimanche suivant, le visiteur a appelé et, après une conversation agréable, il a ouvert la Bible pour leur lire, lorsqu'un des enfants s'est mis à pleurer. Le père, sans dire un mot, ôta sa casquette grossière et la lança sur l'enfant avec une telle force qu'elle la fit tomber lourdement sur le sol. Le pauvre enfant se glissa dans un coin et, de peur, resta silencieux. On a lu la parabole du fils prodigue, et l'homme s'y est profondément intéressé, et l'exposition montre l'amour du Père. Au fur et à mesure que le lecteur avançait, l'homme regarda gentiment l'enfant, puis alla le prendre dans ses bras. Le visiteur était satisfait de cet acte, car cela lui montrait que l'homme pouvait être influencé pour le bien. Comme il partait, l'homme lui dit ainsi :

"Vous ne me connaissiez pas, chef , quand vous m'avez vu dans le robinet ; mais je vous connaissais comme le type qui a rendu mon ami religieux, car avec qui je jouais au lancer et au lancer quand j'étais enfant, et j'utilisais sortir en état d'ébriété après que nous soyons devenus des hommes; et quand je l'ai vu mourir , il m'a dit: "Bob, prends la religion, car ça ne sert à rien de mal se passer. " , comme Jésus-Christ est notre Sauveur ... Et ma vieille femme dira à l'homme du tract d'avoir son mot à dire avec vous sur son livre.' Eh bien, quand tu es entré dans le robinet de cette façon et que tu as parlé raisonnablement, je pense que c'est moi , et c'est mon Beck dehors ; alors j'ai mal vendu (j'ai glissé), et cela ne devrait pas me déranger si tu faisais Beck et moi religieux, que je ne devrais pas.

Le sens du mot « conversion » lui fut expliqué dans un langage simple et un rendez-vous fut pris pour un enseignement plus approfondi. Ces visites se poursuivirent pendant quelques mois, et un changement marqué pour le mieux s'était produit, jusqu'à ce qu'une nuit il cède à la tentation, s'enivre et devienne pire qu'il ne l'avait jamais été auparavant. Il a dépouillé la maison de tout confort, et tout le travail semblait avoir été perdu pour lui. Il fut cependant rencontré un après-midi alors qu'il vendait de la vaisselle et l'incita à signer l'engagement. Il l'a gardé pendant trois mois et a rechuté à nouveau. Son ami était arrivé à la conclusion que son cas était désespéré lorsqu'il reçut une visite inattendue de cet homme.

"S'il vous plaît, monsieur," dit-il avec une certaine confusion, "je viens vivre juste à côté de vous. J'ai loué une chambre avec un grenier au-dessus d'une écurie et je l'ai prise, et je me sentirai fort comme étant contre vous . , et je ne serai pas près de mes copains, car cela me ferait boire. Cela n'a pas d'importance, n'est-ce pas, que je vienne ici ?

Le pauvre homme fut félicité pour sa résolution étrange mais sage, et son ami venait les voir très fréquemment. En conséquence, les enfants ont été envoyés dans une école du dimanche et l'homme a été vu dans les places libres de l'église, propre, mais dans ses vêtements de colporteur. La réforme continua avec lui, et il devint sobre et bien conduit. Un matin, il appela son ami et lui dit : « Je ne me suis jamais soucié, monsieur, de mes enfants, car j'étais un ivrogne et je ne connaissais rien de notre âme et de notre religion, et Beck et moi voulons les jeunes enfants. être baptisés, c'est ce que nous faisons , et nous allons rester fidèles à l'église comme si nous étions renouvelés intérieurement, tout comme la religion.

Quelques jours après cette conversation, le vicaire appela et instruisit les parents et les aînés dans la foi chrétienne, puis il organisa le baptême. Alors que le missionnaire se tenait devant les fonts baptismaux avec les six enfants devant lui, il se réjouissait et rendait grâce pour le changement qui s'était produit dans la famille. Le « sergent blanc » et le colporteur ivre avaient complètement changé depuis qu'il avait vu l'un pleurer devant le cabaret et l'autre assis dans la buvette. Ils restèrent dans le quartier pendant plusieurs années et comptaient parmi les pauvres les plus respectables.

De cette manière marquée, il plut au grand chef de l'Église, qui est toujours bienveillant envers ses serviteurs qui s'efforcent de gagner des âmes, d' honorer l'effort fait pour assurer le salut du pauvre marchand de marchandises ; et les directives de sa Providence en ont également fait une porte ouverte par laquelle l'Évangile a été fait connaître à des centaines de milliers de pauvres de Londres. Le missionnaire , conformément à sa promesse au ministre, commença la visite régulière des quatorze publics et brasseries du district. Cela a été éprouvant et difficile, mais de bons résultats ont été obtenus ; et le comité de la mission de la ville de Londres, après avoir examiné les travaux, lui demanda de visiter tous les pubs d'une grande paroisse, dans le cadre de ses fonctions. Les résultats furent si satisfaisants qu'ils nommèrent des missionnaires dans la même classe de maisons dans neuf autres paroisses et s'efforcent maintenant d'étendre l'œuvre. Il est agréable de savoir que dans les bars, les bars et les salons de 3 450 des 10 340 maisons de retraite de Londres, de sérieux efforts sont déployés pour l'illumination spirituelle des hommes et des femmes qui les fréquentent. Résultat gracieux et connu, des centaines d'entre eux ont été libérés de l'ivresse et d'autres vices, et beaucoup d'entre eux sont membres d'Églises chrétiennes. L'influence exercée sur les publicains et, par leur intermédiaire, sur le commerce, a été dans de nombreux cas remarquable et bénéfique. Certaines maisons ont été entièrement fermées ; d'autres pendant tout le jour du Seigneur ; tandis que le caractère de beaucoup a été modifié pour le mieux. Bar et autres domestiques, qui forment une classe nombreuse et importante, ont reçu de grands avantages ; bon nombre d'entre eux ont été incités à quitter l'entreprise, et d'autres ont été fortifiés contre ses tentations et ses pièges. En plus de tout cela, il y a une large distribution quotidienne de tracts sur l'Évangile et la tempérance, tandis que des publications d'un haut ton chrétien et moral sont mises en circulation. On peut en effet dire qu'un nouveau champ pour l'entreprise chrétienne a été ouvert par la découverte qu'il est *possible* de lutter contre la malédiction dévastatrice de l'ivresse à sa source même, et ainsi de rassembler dans nos grandes villes de nombreuses multitudes jusqu'alors non atteintes. l'influence de l'enseignement chrétien.

Le livre dans les bars :

SA PUISSANCE SPIRITUELLE.

"Monsieur, avez-vous déjà marché le long d'une rue,
Une ruelle basse, la nuit, où se réunissent les ivrognes ! Où le palais du gin
transforme la nuit en jour, Et où les pubs et les brasseries bordent le
chemin ? Dites, avez-vous écouté " Quoi, monsieur, avez-vous entendu ?
Nos ouvriers anglais appréciaient la bière. Les clameurs grossières venaient-
elles d'hommes heureux,
ou de bêtes sauvages affolées, faisant rage dans leur tanière ? Vous avez

entendu le rire diabolique, les serments, les conflits, les malédictions
entassées sur une femme sans défense ; le chant de la misérable prostituée,
le rugissement de l'ivrogne, le violon bruyant et le bruit du sol ; vous avez
vu la mère en haillons malade et pâle, vous avez entendu les gémissements
du misérable enfant ; - c'était le sort heureux de l'Anglais : c'était la musique
au pot du pauvre : Vous l'avez entendu ? Oui, nos ouvriers fous de boisson
!
De quoi faire réfléchir un chrétien sobre !

Mme Sewell.

CHAPITRE VIII.

L'HORLOGE VA MAL – LES HOMMES DE FANTAISIE – L'HOMME
DE LA FOSSE À RAT – UN ENFANT SUR LE BARIL – UN BILLET
DE CONGÉ – UN HOMME BRUT – LA MAISON D'UN IVROLE –
UNE CHUTE ET UNE MONTÉE.

LE LIVRE DANS LES BARREAUX :
SA PUISSANCE SPIRITUELLE.

" Ainsi donc la foi vient de ce qu'on entend, et ce qu'on entend vient de la
Parole de Dieu. " ROM. X. 17.

L'annonce suivante, parue dans plusieurs journaux quotidiens, incita le
missionnaire à faire une visite d'adieu au propriétaire et aux serveurs du bar :

" *Gin Palace* à vendre, dans un bon quartier de travail et de consommation de
gin ; rapportant 240 £ par semaine au bar : installations élégantes et
substantielles. Conditions modérées. Possession immédiate", etc.

Dans ce but d'adieu, le visiteur chrétien entra tôt le dimanche soir suivant
dans le « rayon des bouteilles », mais trouva l'endroit tellement rempli de
clients que ni le propriétaire ni les hommes du bar n'eurent un moment à
perdre. Il leur serra donc simplement la main et organisa une visite pendant
les heures calmes de l'après-midi suivant, puis commença le travail
d'évangélisation parmi le peuple.

Trois cloisons hautes divisaient le bar en quatre compartiments ; et, comme
d'habitude, il y avait des portes séparées pour chacune, de sorte que les foules
de clients ne pouvaient pas se voir, bien que le bruit de leurs conversations
et de leurs disputes produisît une guerre de mots et rendit difficile une
conversation tranquille. On aurait pu penser que le rayon privé ou « rayon
bouteilles » aurait été le plus facile à visiter, tant son nom semblait inviter
l'ordre respectable des buveurs. Dans une certaine mesure, c'était le cas, mais
un jury de barmen serait certainement d'accord pour dire que cette partie
sournoise de la maison, dans laquelle tant de personnes bien habillées se
glissent pour leurs verres, est la plus lucrative et généralement la plus bondé.
Quelques semaines auparavant, le visiteur se trouvait avec un jeune homme
dans un compartiment similaire, lorsque sept femmes, épouses d'ouvriers,
entrèrent et demandèrent un litre de gin avec des verres à bière. Ils riaient de
bon cœur de ce qu'ils considéraient comme une pensée heureuse d'un de
leurs compagnons : se fréquenter pour commander une si grande quantité
d'alcool : ils étaient très déconcertés du reproche cinglant qu'ils recevaient.

Le soir de notre visite, huit ou dix hommes et femmes étaient présents. L'un d'eux, un commerçant respectable, a rejeté un tract avec la remarque suivante : « Je ne veux pas de vos absurdités religieuses, car je fais ce qui est juste entre homme et homme ; et si je ne le faisais pas , je ne serais pas gêné par d'autres personnes dans les affaires religieuses, car je sais ce qui est juste et je pourrais le faire. "L'horloge là-bas ne va pas", répondit le visiteur en regardant vers cet objet très ornemental, "et parce qu'elle est en mauvais état, elle ne répond pas à l'usage pour lequel elle a été faite, car les heures sont trop lentes. Maintenant, le propriétaire il ne tentera pas de le réparer lui-même, il ne le donnera pas non plus à un épicier ou à un maçon à cet effet : il l'enverra sans doute à celui qui l'a fabriqué , — à un horloger qui en connaît le mécanisme ; il le nettoiera et le réparera. et alors les mains iront bien. Eh bien, c'est exactement ainsi pour nous les hommes : quand nous faisons le mal, cela prouve que nous sommes impurs à l'intérieur et en mauvais état, et il ne sert à rien d'essayer de nous redresser, car nous pouvons " Ne le fais pas ; ou pour amener d'autres personnes à nous bricoler, car ils ne manqueront pas de nous aggraver. Notre ligne de conduite appropriée est d'approcher notre Créateur Tout-Puissant, avec la prière : " Crée en moi un cœur pur, oh Dieu. , et renouvelle en moi un bon esprit. Lorsque cela est fait, nous allons droit au but et glorifions Dieu dans notre corps et notre esprit, qui lui appartiennent. » Après quelques mots sur la fontaine ouverte pour le péché et l'impureté, l'orateur s'est évanoui, laissant les gens les yeux fixés sur l'horloge et leurs pensées sur le Sauveur .

Dans le compartiment suivant, environ seize ouvriers étaient rassemblés, tous sobres. Plusieurs étaient mécontents, comme le disait l'un d'eux, « d'être abordés dans un endroit comme celui de la religion ». " Eh bien, vous êtes tous dans le bâtiment, " s'écria l'intrus, " et si vous écoutez les paroles que je répète et si vous les mettez en pratique, vous serez comparés à des sages qui ont construit une maison sur un rocher : " Et la pluie est descendue, et les vents ont soufflé et ont frappé cette maison ; et elle n'est pas tombée, car elle était fondée sur un roc.'" Comme l'attention des hommes était attirée par la parabole, elle fut répétée jusqu'à la fin ; puis, sortant la Bible de sa poche, le lecteur observa : « Ce ne sont pas mes paroles : elles ont été prononcées par le Seigneur Jésus-Christ. » "Je connais beaucoup de choses sur la Bible", a déclaré l'un des hommes, "et il n'a jamais parlé comme ça." "Je l'ai déjà entendu", rétorqua un compagnon, "et c'est là." "Oui : j'ai raison", répondit l'homme au Livre ; puis, adossé au bar, il lut la parabole d'un ton clair et expressif. Il leva alors les yeux et dit gentiment : « Vous ne bâtissez pas sur ce rocher ; si vous l'étiez, vous seriez dans la maison de Dieu, au lieu de cet endroit. »

"C'est exact!" s'écrièrent plusieurs, et trois d'entre eux le suivirent dans la rue. "J'y vais dimanche prochain", dit un menuisier. "Et moi aussi", répondit son compagnon, un forgeron. "Et je vous retrouverai à ce coin et je vous accompagnerai", dit le lecteur. Cet arrangement fut confirmé par une poignée de main ; et les hommes se dirigèrent pensivement vers leurs maisons, le missionnaire entrant dans le compartiment suivant.

Plusieurs groupes de personnes se tenaient ensemble, ceux qui étaient près de la porte étant des balayeurs qui, en l'honneur de la journée, étaient en partie lavés. L'un d'eux, un jeune homme, dit que sa mère était malade et qu'il voulait que quelqu'un prie avec elle. Le visiteur a noté l'adresse et a promis d'appeler. Ce faisant, son attention était attirée sur plusieurs hommes de « fantaisie », qui discutaient à haute voix des difficultés de leur métier. Ils étaient vêtus de futaines sales, avec des mouchoirs de coton voyants autour du cou et des casquettes qui faisaient paraître leur front « méchantement bas ». L'un d'eux tenait un bouledogue par une chaîne et plusieurs chiots regardaient par les poches latérales de son manteau. Il était évidemment l'homme important du groupe, car ses compagnons écoutaient ses griefs, qu'il exprimait de la manière suivante : « Avant que Londres ne soit asséché, cela entraînera notre ruine. ici : J'ai passé toute cette journée bénie à essayer d'avoir six douzaines de rats, et je n'en ai que deux douzaines ; et c'est une ruine que leur prix soit. Je ne me plains jamais de les acheter à quatre pence pièce quand ils sont gros. et vif comme ça, je ne le fais pas, car c'est un prix raisonnable ; mais c'est assez pour faire monter les escaliers à un gars quand il doit donner un pourboire à chacun, ou onze shillings la douzaine pour eux, comme je l'ai fait cet après-midi ; et c'est C'est le drainage de Londres qui le fait, car ils sont éliminés. Et puis la semaine dernière, j'ai eu un malheur. Je suis sorti avec mon copain, comme le ratcatcher de la reine, pendant deux jours pour aller à Windsor , et j'ai laissé trois douzaines de personnes. dans la fosse basse. Eh bien, quand je reviens, mes demoiselles, comme des pédés, ont dit : « Oh mon Dieu, j'ai oublié de nourrir les rats ! Alors je suis parti, car je savais comment ça se passerait. Quand j'ai regardé dedans, il y en avait une douzaine, et ils se mangeaient tellement les uns les autres; alors j'ai jeté les trucs qui avaient été mélangés. pour eux , et ce fut la fin de leurs barbaries, car les rats sont bons comme quand ils ont beaucoup de bouffe ; mais quand le prix est élevé, c'est, comme je dis, la ruine.

" Ainsi, toute la journée, vous avez essayé d'acheter des rats, n'est-ce pas ? une jolie façon d'être sûr qu'un homme passe son dimanche ", observa le missionnaire en se tournant vers l'homme et en caressant un joli petit épagneul dont la tête reposait sur le rabat de sa poche.

« Oui, » fut la réponse acerbe : « et je ne fais aucune profession de religion, donc ce n'est pas un mal ; comme ces saints, dont l'un que je connais vous trompe contre vents et marées ; alors je fais ce qu'il faut et je claque. mon doigt, et je dis : Aucune de votre religion pour moi.

"Je vois comment c'est", répondit le visiteur. " Vous avez rencontré un faux chrétien, une contrefaçon, comme nous appelons de la mauvaise monnaie, et pour cette raison vous ne serez pas un vrai chrétien. Est-ce que c'est ce que vous voulez dire ? Si c'est le cas, c'est comme dire : " Un homme a passé une mauvaise monnaie ". je me moque de moi, donc je n'ai jamais l'intention d'en prendre un bon.'"

"C'est une énigme", répondit l'homme pensivement; " car je sais ce que sont de bons chrétiens, tout comme mon père et ma mère, tout comme les Gallois, comme moi. Ils ont fait ce qu'il fallait en ma faveur ; mais je suis parmi les gens qui se sont entendus à Londres, alors je me suis enfui de et je les ai suppliés et je les ai mis ici. Et je suis arrivé avec quelques jeunes connards à Whitechapel, et je me suis fait prendre avant le bec, ce qui n'était pas pour grand-chose; et il n'a pas donné une chance à un type, mais il a mis trois des mois durs ; et quand je suis sorti, je n'y arrivais pas, alors je suis sorti avec un type qui attrapait des oiseaux et des rats, et j'ai épousé sa fille. Et maintenant j'ai un magasin d'oiseaux à Shoreditch et une fosse à rats. , comme c'était rentable auparavant, avant que l'égouttage ne soit inventé , car les messieurs amènent leurs chiens pour qu'on leur apprenne à tuer les rats de premier ordre, et parfois ils ont un match en silence ; et ce sont des messieurs comme le font et paient, et disent car je suis le meilleur homme de la fosse aux rats qu'ils connaissent.

En réponse aux questions, l'homme de la fosse aux rats a admis qu'au cours de ses dix-huit années passées à Londres, il n'était entré qu'une seule fois dans une église, et c'était lors de son mariage. Lorsqu'on lui rappela qu'il était l'enfant de nombreuses prières et de parents allés au ciel, il s'adoucit et dit : « Si je connaissais quelqu'un d'aussi religieux, j'irais mieux ; mais je ne connais pas quelqu'un de religieux. mec, ce n'est pas le cas.

"Donnez-moi votre adresse", dit le visiteur, "et je demanderai à un missionnaire qui habite à proximité, un de mes amis, de vous rendre visite." Cela fut fait et les deux parties quittèrent le bar ensemble.

Le quatrième compartiment était rempli de personnes de la classe dégradée et désordonnée, et il était évident que plusieurs hommes dans un coin étaient excités par l'alcool. Au centre se trouvait un grand tonneau et autour de lui se tenaient trois femmes. L'une d'elles avait renversé un pot d'un litre sur le tonneau et y avait assis son petit enfant d'environ un an. Elle réclamait « un quartern et trois outs » (trois verres pour partager l'alcool), quand le missionnaire , qui sentait la difficulté d'attirer l'attention d'un tel peuple, s'approcha avec l'exclamation : « Pourquoi, qu'en penses-tu ? le Sauveur du monde était ici, il a pris un petit enfant, un joli petit enfant comme ça, et l'a assis au milieu de ses disciples, et a dit : « Si vous ne vous convertissez et ne devenez comme de petits enfants, vous n'entrerez pas. dans le royaume des cieux.'"

« Vraiment, monsieur ? s'exclamèrent plusieurs.

"Oui : il l'a fait", fut la réponse ; "et si vous m'écoutez, je vous dirai ce qu'il voulait dire."

Alors les gens se rassemblèrent autour du tonneau, et l'orateur, prenant la petite main dans la sienne, continua : "Il n'y a pas d'erreur sur l'amour d'un petit chéri comme celui-ci. Quand il vous jette ses bras autour du cou, vous savez que c'est le véritable amour. " ("C'est vrai", dit la mère en serrant l'enfant dans ses bras); "et le Sauveur voulait dire que nous, hommes et femmes, qui sommes les enfants du grand Père céleste, devons l'aimer de tout notre cœur et faire sa sainte volonté. Or, je ne pense pas que nous fassions tous cela."

"Je ne pense pas", dit un homme avec un rire grossier. "Si nous le faisions, nous ne devrions pas nous saouler ici un dimanche soir."

"Vous avez raison", répondit le visiteur. "Vous n'êtes pas comme ce joli enfant; vous êtes de mauvais enfants et vous devez, comme Jésus l'a dit, vous convertir. Le grand Père vous aime et a envoyé son Fils pour vous dire comment devenir bon et mourir pour vos péchés. " D'autres paroles d'exhortation étaient prononcées lorsque le discours fut terminé par un autre groupe de personnes se pressant dans le bar.

Il s'agissait d'une vieille femme et de trois jeunes hommes du *genre* rude. La femme, qui avait pleuré et qui avait de nouvelles mauvaises herbes sur la tête, hésitait à entrer, car l'un des hommes lui dit : « Ne t'en fais pas, maman, c'est à cela que nous allons tous . un bon homme, comme il était respecté partout. Entrez et buvez une goutte de rhum.

" Et avez-vous été, " demanda le missionnaire , " pour enterrer le mari et le père ? "

"Oui, monsieur", répondit la veuve en sanglotant. "Nous sommes mariés depuis quarante-deux ans, et c'est sa première nuit dans la tombe froide, et je suis si malheureux, et mes garçons m'ont amené pour me donner du rhum ;" puis elle sanglotait si profondément que les gens la regardaient avec pitié.

"Ne touchez pas au rhum", dit le visiteur, "mais permettez-moi de rentrer chez vous et de lire dans ce livre béni les paroles réconfortantes que le Dieu miséricordieux a dites aux veuves ;" puis ils sortirent du bar, suivis par les fils. Ils entrèrent dans une maison quelques portes plus loin et descendirent dans l'arrière-cuisine, lugubre et presque dépourvue de meubles. S'asseyant au bord du lit, le visiteur lut le récit de la veuve de Sarepta et des Écritures telles que « L'Éternel soulage l'orphelin et la veuve » ; « Que tes veuves aient confiance en moi » ; puis il lui expliqua ce que signifiait être « vraiment veuve ». Les jeunes gens étaient profondément intéressés, mais quand la prière était offerte , ils se levaient maladroitement, bien que la mère soit agenouillée ; il était évident qu'ils n'avaient jamais plié le genou en supplication. Après d'autres paroles de sympathie , la veuve fut très réconfortée et avec la promesse d'une autre visite.

Après cela, le missionnaire passa par plusieurs autres débits de boisson avec des succès variés et répandit une semence précieuse. Comme la soirée était très avancée, il entra dans un grand débit de bière, avec l'intention d'y faire une dernière visite. Une trentaine d'hommes et de femmes des classes populaires étaient debout, la plupart adossés aux murs, le propriétaire ayant retiré les sièges pour éviter que ses clients ne restent trop longtemps. En jetant un coup d'œil autour de lui, le visiteur remarqua un homme d'âge moyen qu'il n'avait pas vu depuis plusieurs années et lui demanda où il était ?

"En prison, pour agression contre une femme", a-t-il répondu. "J'ai été interné pendant quatre ans, et ce n'était pas grand-chose, car elle ne s'en remettra jamais ; et je pars six mois à l'avance avec un ticket de congé ; et c'est la boisson qui m'a poussé à le faire. , car je ne ferais de mal à personne."

« Cela ne sert à rien de le mettre à boire », fut la réponse ; "Dites la vérité et dites que c'est votre amour de la boisson, votre vice qui vous a amené à commettre le crime. Vous pouvez vous excuser maintenant, mais le jour vient où vous serez de nouveau jugé pour cela et pour chaque offense. de votre vie, car nous devons tous nous tenir devant le tribunal du Christ ; maintenant, remarquez que si vous êtes condamné par ce juge, vous ne pourrez pas vous échapper de la prison de l'enfer, dans laquelle vous serez envoyé.

Au début de cette conversation, la porte s'ouvrit et un homme d'une espèce plus basse entra. Il a écouté; mais il mit brusquement fin à la conversation en serrant le poing, et avec ce sifflement malveillant qu'ont les méchants hommes, il s'adressa au missionnaire et lui dit : « Qu'avez-vous à dire dans notre magasin, en parlant ainsi ici ? des épingles que je briserais dans ton frontispice.

L'homme au ticket de congé fronça les sourcils et, tendant son bras droit avec l'index et le pouce étendus, il eut un sursaut particulier et s'exclama : « Si vous le faites , je vous garrotterai. Et une femme dont le visiteur avait placé la sœur dans une maison de correction, craignant qu'il ne soit blessé, se précipita devant lui en poussant un demi-cri. Le rude, visiblement étonné du bon sentiment qui existait entre le maître chrétien et les personnes de sa classe, recula ; mais comme l'attention de la foule avilie dans le bar était dirigée vers lui, le visiteur leva la main et dit à haute voix : « Peu importe : je ne suis pas blessé. Mais il en était ainsi il y a des centaines d'années, lorsque le Sauveur du monde était ici. Il nourrissait les affamés, guérissait les malades et rendait la vue aux aveugles ; mais il y avait des hommes qui le frappaient avec le poing de la méchanceté et qui criaient : « Crucifie-le, crucifie-le », et alors ils l'ont cloué sur une croix.» L'orateur baissa alors la voix sur une note solennelle et continua : "Oui ; et...

"C'est pour ceux comme vous qu'il est mort, pour ceux-là qu'il a été crucifié, pour ceux-là il règne là-haut.'"

L'effet était saisissant, car cette congrégation de méchants se tenait silencieusement impressionnée ; tandis que le propriétaire et ses barmen se penchaient pour écouter. Quelques paroles plus sérieuses furent prononcées, et l'évangéliste sortit, essuyant la sueur de son front. Le brutal s'est évanoui presque au même moment par l'autre porte et, s'approchant du missionnaire , il a dit : « Je vous demande pardon, gouverneur ; mais je ne vous blesserais pas d'un cheveu.

"Je me sens bien avec toi, alors tant pis", fut la réponse aimable, renforcée par une touche amicale du bras. "Vous voyez , chef ," continua le brutal, "comme je suis un mauvais homme, comme j'ai eu un mois pour avoir battu ma vieille femme, et c'est parce que je ne suis pas hédiqué , parce que si un gars ne l'est pas il est dédicacé qu'il est nuffin .

De ce discours, il était évident que l'homme avait un désir d'instruction, et le visiteur sentait que lui transmettre cela lui donnerait un pouvoir qui pourrait conduire à une régénération morale et spirituelle ; il a donc demandé s'il aimerait savoir lire et écrire ?

"Oh, je ne devrais pas : c'est tout !"

"Eh bien, si vous avez le courage de vous en tenir à votre livre, ce qui est un travail difficile pour un homme de quarante ans, je passerai une heure avec vous une ou deux fois par semaine et je vous enseignerai."

Le pauvre rustre parut étonné, se tortilla d'une manière étrange, puis exprima ses sentiments en s'écriant : « Si c'est le cas , maître, quand je me mettrai au travail, je vous offrirai une journée à la campagne.

Son ami ne pouvait que sourire de cette singulière ébullition de sentiment de gratitude, même s'il connaissait la force de sa signification. Pour des hommes comme lui, enfermés dans la densité de la puissante ville, une journée à la campagne est la plus grande jouissance imaginable, et promettre cela montrait que l'homme avait une âme, et peut-être un goût latent pour le beau.

Comme il fallait que l'instituteur sache où habitait cet homme, il l'accompagna dans une de ces rues étroites et sales, où les gens vivent à l'aise à l'égard des voleurs : comme ils n'ont rien à voler, ils ferment leurs portes. rester ouvert toute la nuit. L'homme entra par une de ces portes ouvertes et monta l'escalier dans une obscurité épaisse ; son pas était évidemment connu, lorsqu'une femme sortit du grenier arrière, tenant à la main une bouteille noircissante dans laquelle se trouvait un morceau de bougie. Tous les doutes quant au fait qu'elle soit sa femme furent dissipés par la présentation brutale de sa nouvelle connaissance dans le langage élégant suivant : « 'Ere Sarah', 're's un homme que j'ai rencontré dans un magasin de bière. » Au grand embarras de la femme sale et en haillons, le visiteur entra dans la pièce ; et c'était une pièce déplorable, une maison d'ivrogne. Le sol était sale, sans un morceau de moquette, et plusieurs des carreaux de verre étaient brisés et recouverts de morceaux de papier brun, graissés pour laisser passer un peu de lumière. Il n'y avait qu'une chaise cassée, et un panier-tamis, recouvert d'un plateau à thé rouillé, en formait un autre. La table était évidemment la marchandise la plus sûre, car la femme invitait son visiteur à s'asseoir dessus. Il n'y avait pas de lit, mais une accumulation de chiffons dans un coin couvrait deux petits enfants sales. La pauvre femme avait ce lit écrasé. et l'expression misérable de visage si commune chez les femmes de cette classe d'hommes. Un quart d'heure de conversation la mit à l'aise et assura sa bonne volonté. Avant de partir, le visiteur, qui s'était assis sur la table, ouvrit son Bible et lecture, tandis que la femme se tenait avec sa lumière dans la bouteille noircissante d'un côté de lui, et son mari brutal mais maintenant soumis de l'autre.

Quelques soirs après, le missionnaire , comme convenu, entra dans la chambre avec le livre d'orthographe à la main pour donner la première leçon, et était heureux de trouver le brouillon à la maison et de rendre, avec un sourire agréable, son bourru. salutation de "Je pensais que vous n'arriviez pas; mais merci , monsieur , d'avoir fait cela." Il s'empara alors de l'abécédaire et répéta l'alphabet si vigoureusement que son intention de « se faire édiquer en un rien de temps » était évidente, même s'il ne l'avait pas dit. Le livre lui fut laissé et le soir de la leçon suivante, sa femme dit au professeur que "Bill avait déjà fait un A- ing , un B- ing et un B-A- ing , depuis qu'il était venu là-bas auparavant. " Les leçons se succédèrent pendant plusieurs semaines et, bien que la tâche fût désagréable pour les deux parties, le grossier s'entendit extrêmement bien et, au bout de trois mois, il fut capable de lire des livres de leçons faciles. À partir de ce moment-là, il y eut des signes d'un changement dans la famille. La règle bien comprise de la London City Mission, selon laquelle aucune visite ne peut être complétée sans la lecture ou la répétition d'une partie de la Sainte Écriture, avait été observée, et en conséquence, une grande partie de cette Parole, dont l'entrée dans l'âme éclaire, avait été lu à ce pauvre homme et à sa femme. Il y eut un changement dans leur maison, car le professeur remarqua un soir deux nouvelles chaises et un morceau de tapis ; après cela, plusieurs images criardes et un garde-boue ont été introduits, puis les chiffons ont été retirés et un cadre de lit punch and judy (une chose qui apparaît dans le coin) installé à sa place.

« Vous avancez dans le monde », observa un soir leur ami en jetant un coup d'œil autour de la pièce.

L'homme regarda sa femme avec des regards indicibles et dit : « Je devrais le penser, monsieur ; et je vais laisser le chat sortir du sac, comme on dit : ct c'est cet avant- chat . ' et un- 'elpin ' moi un soir, je sors, et alors que je passais devant le Tom et Jerry où je suis venu te chercher, des vieux copains m'ont dit : 'Entre et mouille un peu !' et je suis entré ; puis nous sommes allés dans un autre coin, et j'ai pris du gin, comme avec l'autre, je suis entré dans mon 'ed ; et quand j'ai été chassé, j'ai semé un Peeler et je me suis porté volontaire pour le combattre . Alors il me prend par le collier et m'accompagne, et ma vieille femme, comme me cherchait, s'approche et supplie l'éplucheur de ne pas me trotter, comme il fait une charge. Alors, étant « doux » art , il m'a donné à elle; et quand je me suis levé avant que j'étais sobre, et j'ai dit, je serai un chrétien, comme le dit le gentleman, qui mange des pensées de cochon , et je suis retourné vers son père ; et je serai abstinent demain. Ainsi , le matin, j'ai pris un pen'orth de café au magasin total, et j'ai espéré que mon esprit à la fille ce qui l'avait apporté; et elle l'a dit au gouverneur , et il apporte un livre, et j'ai mis un grattez-y, et je n'ai jamais eu une goutte de trucs publics depuis ; et nous avons dit que nous ne vous dirions rien avant d'avoir été abstinents pendant un mois, et c'est plus que cela maintenant.

L'homme fut félicité pour sa résolution, et lorsque la leçon fut terminée, le livre fut ouvert et la parabole du fils prodigue relue et expliquée plus en détail, puis l'autel familial fut dressé dans cette pauvre pièce, comme l'homme avec sa femme et ses enfants se sont agenouillés pour prier.

Peu de temps après, l'homme obtint un emploi dans un parc à bois, pour vider la sciure des fosses, et son avancement, voire son élévation dans l'échelle sociale, devinrent rapides. Un soir, son professeur emmena chez lui un ami très cher, le talentueux auteur des « Soins de notre père » et des « Dernières paroles de notre mère ». Atteindre une Bible de la commode (car ils avaient atteint cette dignité), il dit : « Maman, écoute-moi lire, comme j'aime bien le faire. Quand j'ai vu ce monsieur dans un bar à bière , j'étais un-Je vais l'écraser, mais il m'a appris à lire de premier ordre. Il lut ensuite le cinquième chapitre de l'Évangile de saint Matthieu ; et comme la dame le remarqua plus tard, « il l'a bien lu, car il semblait sentir la force de chaque mot ». Après cela, il témoigna d'une nature renouvelée et devint une preuve vivante que la grâce peut changer un homme rude en un homme calme et paisible, et qu'il est possible d'arracher les méchants parmi les impies, comme les tisons de l'incendie éternel.

NOTE. — Onze ans se sont écoulés depuis la visite de Mme Sewell au brut, et nous profitons de l'occasion de réviser pour une nouvelle édition, pour ajouter que l'homme et sa femme sont restés fidèles aux principes de tempérance. Il lui fallut plusieurs années avant de rejoindre une Église congrégationaliste et, comme beaucoup d'autres, il en était un membre discret, mais sa vie était juste. L'apparence de sa femme devint si altérée qu'elle obtint du travail chez Charing et leur maison possédait une apparence de réel confort. L'aînée des enfants, aperçue pour la première fois en haillons, une fille, a obtenu une place de nourrice dans une famille de commerçants, et les autres ont de bonnes chances de réussir. Preuve renouvelée de la puissance de la religion du Seigneur Jésus pour convertir l'âme, pour imposer une vie sainte et pour bénir la génération montante. Pourquoi alors quelqu'un devrait-il être perdu par manque de connaissance ? Pourquoi tout le monde ne devrait-il pas être instruit de la loi du Seigneur ? chaque individu reçoit l'appel à la repentance, à la foi et à la bienheureuse espérance.

Le livre dans les bars :

SA RÉCEPTION.

« Un temps viendra, monsieur, — si cela arrivait —
où la justice régnera dans chaque foyer, et où la connaissance bénie du
Seigneur sera
comme les grandes inondations qui débordent de la mer, et où toutes
choses nuisibles seront balayé, et la terre se réjouit d'un long jour de
sabbat ;—mais *ce* n'est pas ce moment-là. Le serpent pique,
la vipère mord , et l'ivrogne chante
dans une carrousel fou, tandis que le nom britannique est un mot pour
l'ivresse et la honte. Oh , monsieur, cher monsieur, roulez cet opprobre, et
hâtez-vous pour le glorieux jour du sabbat, où le Christ régnera dans la
justice et la paix, et où cessera toute agitation du monde. Pensez à ce
temps-là, et, pour l'amour de sa gloire, Entreprenez cette œuvre décuplée
de miséricorde."

Mme Sewell.

CHAPITRE IX.

UNE ÉTRANGE REQUÊTE – TOUCHER LE SCEPTRE – BOIRE LE DIMANCHE – FERMÉ LE DIMANCHE – OPPOSITION AGRÉABLE – LANGUES COUPABLES – UNE RÉprimande CULTE – PLUS LAIDE QU'UN GORILLE – UNE QUESTION NOUÉE – LA LETTRE DE POTMAN – L'ANNEAU DU PUGILISTE – LA BEAUTÉ DE L'ÂGE – LE REPOS EN PAIX.

LE LIVRE DANS LES BARS :
SA RÉCEPTION.

"Ceux-ci étaient plus nobles que ceux de Thessalonique, dans le sens où ils reçurent la vérité avec toute la promptitude d'esprit." ACTES XVII. 11.

TREIZE années de travail chrétien dans les lieux publics, les cafés et les maisons de nuit, au cours desquelles 465 dimanches soirs furent passés dans les bars, les robinets et les salons de ces lieux, donnèrent au missionnaire des milliers d'occasions de raisonner avec des hommes et des femmes sur la justice, la tempérance et un jugement à venir. Les incidents intéressants se produisaient constamment, et nous en sélectionnons quelques-uns dans le but de montrer que l'épée de l'Esprit, qui est la Parole de Dieu, est puissante pour vaincre l'opposition et les préjugés, et pour accomplir les grands desseins de la grâce.

LA COURONNE ET LE SCEPTRE . — Un soir, en entrant dans cette maison, le missionnaire trouva un nouveau propriétaire derrière le bar. Comme il connaissait plusieurs clients, il engagea une conversation sérieuse avec eux, mais fut arrêté par le propriétaire qui déclara que « c'était une chose abominable pour un homme de parler religion dans un cabaret » ; puis il a ordonné à l'intrus de partir. Comme l'homme était en colère, le visiteur se dirigea vers la porte, en remarquant simplement : « Nous nous connaîtrons un jour et nous améliorerons sans aucun doute notre connaissance, car je souhaite vous rendre un bon service, la meilleure chose qu'un homme puisse faire. faire pour un autre ; » et puis il a quitté la maison. Il n'avait cependant pas avancé loin dans la rue, que deux hommes coururent après lui et lui dirent que le propriétaire désirait lui parler. Le visiteur sentit qu'il s'agissait d'un mal intentionné, mais comme une occasion pouvait se présenter de s'assurer la bonne volonté de l'homme, il rentra hardiment dans le bar. À sa grande surprise, le propriétaire, avec un sourire, lui tendit un certain nombre de prospectus et lui dit : « Vous voulez me rendre un bon service, n'est-ce pas ? dans toutes les maisons d'ici, et je veux que vous mettiez un de ces journaux dans chacun de vos tracts, ce qui me ferait connaître parmi les bonnes personnes. Le missionnaire lut les billets à haute voix et ne put que se joindre aux rires produits, car ils disaient ainsi : « « Couronne et sceptre ». Le nouveau propriétaire prie d'informer le public qu'il a pris cette vieille maison établie et qu'il vend le meilleur concierge à quatre pence le litre, et le bon vieux Tom à trois pence et demi le quartern , " etc., etc. Les clients considéraient la demande de faire circuler de telles factures dans des tracts religieux était une bonne plaisanterie, mais ils s'arrêtèrent dans leur joie pour entendre la réponse du visiteur, qui se tenait debout avec les factures à la main. Cette réponse fut donnée sous la forme inattendue d'une question adressée à un groupe de marchands de fruits de mer qui se tenaient de l'autre côté du bar.

« Est-ce que vous, là-bas, savez ce qu'est un sceptre ?

"Je n'ai jamais entendu parler de ce genre d'article", fut la réponse après délibération.

Comme la question rendait visiblement perplexe de nombreux clients, le visiteur sourit et s'adressant au propriétaire, dit : « Si je ne peux pas faire circuler vos factures pour vous, j'en ferai bon usage en faisant connaître à vos clients toute la signification de votre signe. Eh bien, vous savez tous qu'une couronne est une sorte de bonnet d'or serti de joyaux et posé sur la tête des rois. Or, un sceptre est un bâton d'or, à peu près aussi long (montrant la longueur avec ses mains), et est un insigne de l'autorité royale avec laquelle gouverner et faire preuve de miséricorde. J'ai vu le sceptre de la Reine dans la Tour, et son sommet est richement orné et parsemé de pierres précieuses. Dans ce livre (qui produit la Bible de poche), il y a de belles choses sur le sceptre , et si vous le souhaitez, je vais vous lire deux courts passages. "Tous les serviteurs du roi savent que quiconque viendra vers le roi dans la cour intérieure, sans être appelé, a une seule loi qui le met à mort." , sauf ceux à qui le roi tendra le sceptre d'or , afin qu'ils vivent. " Et le roi tendit à Esther le sceptre d'or qu'il avait à la main. Alors Esther s'approcha et toucha le sommet du sceptre . " Puis fermant la Bible, il continua : " Et maintenant, propriétaire, je dois dire vous que la couronne et le sceptre m'ont amené ici. Après que le Seigneur Jésus soit mort pour nous sauver, il est ressuscité du tombeau et est monté au ciel. Il est là couronné Roi des rois, et il a le sceptre de justice et de miséricorde dans sa main. Il tend ce bâton d'or à chacun de vous, hommes pécheurs. Par la foi en Lui, vous pouvez le toucher et être sauvé ; » puis, posant plusieurs tracts sur le bar, il se dirigea vers la porte. Il se retourna cependant lorsqu'un ouvrier irlandais , qui se tenait avec plusieurs de ses compatriotes, s'exclama :

" Och , bien sûr et c'est la vérité ferroviaire ; et c'est moi-même qui le ferai, comme je ne l'ai jamais fait, et je suis complètement misérable. "

Cela fut prononcé avec une profonde émotion et un geste de prière levé qui montra que la compréhension de la beauté, ce charme du caractère irlandais, avaient fait comprendre au pauvre ouvrier la belle vérité d'un Rédempteur intronisé et pardonnant. Il fut invité à partir avec le visiteur, et ils restèrent quelque temps dans la rue, discutant de l'amour de Dieu en Jésus-Christ. L'homme a déclaré qu'il était de Tipperary et qu'il était un bon catholique, mais qu'il s'était souvent ivre et avait blessé plusieurs personnes. Malade, à la suite d'un accident survenu dans son travail, il fut détenu à l'hôpital Guy pendant quelques semaines. Là-bas, un monsieur lisait la Bible à un homme dans le lit voisin, et l'homme était très heureux, bien qu'il n'appartenait pas à la vraie foi, car il parlait toujours de Jésus et ne priait jamais le Seigneur. saints. Depuis lors, il se sentait mécontent de ses péchés, même s'il allait souvent à la messe et se confessait. La voie du salut lui fut simplement expliquée, et son adresse fut prise, avec la promesse d'un appel. Quelques jours après, on pénétra dans sa chambre dans une colonie appelée Grey's Buildings. Sa femme, qui attendait le visiteur, s'est exclamée : « En vérité, c'est votre honneur ; et n'est-ce pas Mick qui m'a parlé de votre honneur , et c'est lui-même qui a prié Jésus de lui hurler le bâton d'or. Pendant qu'ils parlaient, Mick entra et salua son ami avec un véritable sentiment irlandais ; puis ils s'assirent devant le feu et conversèrent sur la bonté de Celui qui est puissant pour sauver. Le résultat béni fut que le pauvre Irlandais fut amené à comprendre la voie du salut et, par la foi, à toucher le sceptre de la Miséricorde Infinie. Quelques mois s'écoulèrent avant qu'il ait le courage d'entrer dans une église protestante, et alors il se trouva en compagnie de son ami, qu'il rencontra sur rendez-vous. Il resta quelques minutes dehors, puis entra précipitamment. Dès lors, sa fréquentation fut régulière ; mais il dut quitter son logement, sa conversion étant connue des voisins , et il reçut plusieurs visites désagréables du curé. Il avait deux garçons qu'il envoya dans une école protestante, malgré l'opposition de sa femme. Sa connaissance dura plusieurs années et il parla avec joie du bâton d'or et de la connaissance qu'il lui donnait du Sauveur .

L'ÉLÉPHANT ET LE CHÂTEAU. — En entrant dans le bar- salon de cette maison, le propriétaire a commencé la conversation suivante avec le missionnaire, concernant le témoignage qu'il avait donné devant un comité de la Chambre des communes : « J'ai, monsieur, lu votre témoignage dans le Livre bleu, et bien que je sois d'accord avec une grande partie de ce que vous avez dit, je pense que vous vous êtes trompé sur deux points : premièrement, lorsque vous avez dit qu'il y a plus de personnes dans les pubs de Marylebone le soir du dimanche qu'il n'y en a en moyenne. toutes les églises et chapelles de cette paroisse. Deuxièmement, votre conseil de restreindre davantage notre vente dominicale, couplé à votre opinion qu'un grand nombre de nos maisons pourraient être entièrement fermées le jour du Seigneur, au profit du public et sans perte pour le publicain.

"Je ne suis pas surpris de votre opinion sur mon témoignage, mais les critiques acerbes du commerce m'ont convaincu que j'ai dit la vérité avec modération. En ce qui concerne l'épouvantable déclaration concernant le nombre de personnes qui fréquentent vos maisons le soir du dimanche, vous devez avoir remarqué que j'ai été vivement interrogé sur ce point et que je l'ai confirmé avec beaucoup de détails ; lorsque j'ai eu fini, l'inspecteur en chef de la police et d'autres personnes importantes ont été interrogés sur la question et ont confirmé ma déclaration ; après quoi le Comité " Je l'ai rapporté au Parlement comme étant incontestablement vrai. C'est donc un fait terrible, certainement vrai, pour tous les quartiers pauvres de Londres. Quant à la fermeture le dimanche et à son effet sur le commerce, je n'ai fait qu'exprimer une opinion ; mais cette opinion a été Arrivé après une conversation avec plusieurs centaines de membres de votre métier. Comme vous le savez, quarante-sept publicains de cette paroisse ont signé une pétition, priant le Parlement de vous fermer pendant tout le dimanche. Peu d'hommes connaissent mieux le métier que moi. et je suis convaincu qu'un fort sentiment contre le travail du sabbat et d'autres maux liés à cette affaire grandit parmi vous. Par exemple, plusieurs de vos voisins ferment désormais leurs maisons pendant tout le dimanche, d'autres ferment leurs débits de boissons et beaucoup s'abstiennent d'allumer les lampes éblouissantes du dehors. Cela montre votre désir d'utiliser le grand pouvoir moral que vous possédez pour le bien du peuple. Et puis, en ce qui concerne la perte résultant de la fermeture du dimanche, je suis convaincu que la parole du Livre est vraie : « Qu'en gardant ses commandements, il y a une grande récompense. » Je me contenterai cependant de raisonner avec vous d'un point de vue commercial. C'est un fait que tous ceux qui ferment supportent la perte à la légère, si perte il y a. Une maison à Shoreditch existe depuis plus de cent ans, bien que, depuis tout ce temps, les « règles » suivantes aient été imprimées sur le bar :

"'1. Personne n'a servi une seconde fois.
"'2. Aucune personne servie si elle est en état d'ébriété. "'3. Aucun juron ou langage inapproprié n'est autorisé."'4. Il est interdit de fumer." 5. Lorsque vous entrez dans un lieu d'affaires, effectuez vos transactions et vaquez à vos occupations.

"' FERMÉ LE DIMANCHE. "'

"Le propriétaire m'a dit qu'après un siècle d'expérience, il ne souhaitait pas modifier les règles. Vingt-six autres cabarets fermant le dimanche, avec lesquels j'ai discuté, m'ont dit que la perte était vraiment minime. Ils prêtent des bouteilles de différentes tailles. à leurs clients moyennant le paiement d'une petite caution, qui augmente les revenus du samedi, et comme ils économisent un septième de l'usure et de l'essence, le coût pour obtenir un sabbat de repos est vraiment minime pour beaucoup. Peut-être demeure-t-il la vieille question posée par Celui qui seul connaissait la valeur du monde qu'il a créé et de l'âme qu'il a créée, car toutes les âmes lui appartiennent : « À quoi servira-t-il à un homme de gagner le monde entier et de gagner le monde entier ? perdre sa propre âme ? Vous, ainsi que beaucoup de mes amis du métier, donnez une réponse pratique à cette question en supprimant l'ivresse, bien que cela vous fasse perdre beaucoup d'argent (car je n'ai jamais vu chez vous quelqu'un qui souffrait d'alcool) ; prolongez cette réponse en observant les C'est le jour du sabbat pour le sanctifier."

Quelques semaines après cette conversation, le missionnaire entra de nouveau dans la maison, en compagnie d'un ecclésiastique de l'île de Wight. Le propriétaire les fit entrer au bar- salon et appela sa femme. Il sortit ensuite un tableau et dit : « Depuis notre dernière conversation, monsieur, j'ai réfléchi au coût, j'ai fait imprimer ce tableau et j'ai l'intention de le mettre dehors lundi matin prochain. Cela augmentera sans aucun doute mes difficultés commerciales, mais avec l'aide de Dieu, j'espère continuer à m'en sortir. Il était écrit au tableau : « REMARQUEZ. À partir de dimanche prochain, cette maison sera fermée pendant tout le dimanche. » Ils furent félicités pour leur bonne résolution, et l'ecclésiastique, en se séparant, observa : « Vous avez dit avec sagesse que vous espériez réussir avec l'aide de Dieu : cette aide ne peut être obtenue qu'en réponse à la prière. Ne serait-il donc pas bon pour nous de réussir ? » pour rechercher la bénédiction requise ? » Sur ce, la propriétaire se leva et verrouilla la porte, et pendant que la barmaid approvisionnait les clients, ses employeurs étaient à genoux avec le missionnaire , tandis que le pasteur se livrait à la prière.

Le tableau était placé à l'extérieur de la maison et provoqua toute une sensation dans le quartier et beaucoup de plaisanteries dans le bar. La résolution fut cependant maintenue ; et après un an de fermeture dominicale, le propriétaire a exprimé sa détermination à continuer dans le bon sens, car il avait trouvé possible de diriger l'entreprise selon des principes chrétiens.

LE MAGNAT. — Une sale petite brasserie, entièrement entretenue par des gens bas et dépravés. La salle des fêtes était construite dans la cour à côté d'un terrain de quilles et on y accédait par un long passage. En y entrant un soir, le missionnaire trouva une foule d'au moins quarante jeunes voleurs, vagabonds et tyrans. Comme le bruit était grand, le seul espoir de faire le bien était de s'efforcer d'engager la conversation avec un ou deux individus. Cependant, cela a été empêché, car beaucoup d'entre eux connaissaient le visiteur et ont mis au point un dispositif pour se débarrasser de lui. Une chanson fut lancée par l'un des hommes, et le chœur fut repris par toute la troupe, qui répéta avec un effet assourdissant les mots : « C'est un bon garçon. Au fur et à mesure que la chanson avançait, la répétition devenait si bruyante que le visiteur devinait son intention de le chanter. Il comprit immédiatement la difficulté de sa position, car, s'ils avaient réussi, la même pratique aurait été adoptée dans d'autres bars, au détriment de son utilité. Il donc, au lieu de partir, s'assit au milieu d'eux d'une manière très indifférente. Le chœur dura jusqu'à ce que de nombreux chanteurs se soient mis à hurler d'une voix rauque ; Et comme les cris devenaient faibles, le visiteur se leva d'un bond et dit avec véhémence : « Et c'étaient de bons gars, mais les magistrats ordonnèrent de les battre. Et après leur avoir infligé de nombreux coups, ils les jetèrent en prison, chargeant le geôlier pour les garder en sécurité ; qui, ayant reçu une telle charge, les jeta dans la prison intérieure et leur attacha les pieds dans les ceps. »

Les mots ont changé le courant des sentiments. Presque tous ceux qui étaient présents dans la salle avaient été en prison, et ceux qui ne l'avaient pas été avaient une profonde sympathie pour eux. "Qui étaient-ils ?" "Où était-il?" et "Quel dommage!" » étaient les exclamations générales.

Après une pause qui produisit un silence absolu, l'orateur poursuivit : "Et à minuit, ils chantèrent des louanges à Dieu." Et puis, ouvrant sa Bible, il lut, d'un ton solennel et sérieux, le récit de l'emprisonnement de Paul et Silas. Lorsqu'il arriva aux mots : « Il leur servit de la nourriture et se réjouit, croyant en Dieu, avec toute sa maison », le lecteur ferma le livre et, en quelques phrases révélatrices, expliqua la nature de la foi salvatrice en Christ et le résultat. de cette foi, étant devenus de « nouvelles créatures ». Après cette visite, le travail fut facile dans cette brasserie et dans la famille du propriétaire.

LA TÊTE DU ROI . — Un après-midi, alors que le visiteur discutait avec plusieurs hommes respectables dans ce bar, le barman lui adressa l'exclamation : « Bénies soient tes lèvres ». Il fut tellement surpris par ces paroles qu'il s'approcha du jeune homme et lui demanda ce qu'il voulait dire. "Eh bien, monsieur," répondit-il, "j'entends des injures et des jurons toute la journée, jusqu'à midi, et vous êtes le seul homme qui prononce de très bonnes paroles. Eh bien, nous avons des commerçants qui sont venus ici pour Ils déjeunent, ce sont des hommes religieux connus, ils parlent de politique et de toutes sortes de choses, mais ils n'ont pas un mot à dire sur la religion. C'est comme s'ils avaient honte de reconnaître Dieu quand ils entrent ici : maintenant, vous condamnez le péché et en jurant, et j'ai donc fait la remarque : "Bénies soient tes lèvres."

"Je suis heureux que vous soyez libre", fut la réponse, "car vous avez abordé un sujet sur lequel j'ai besoin de l'aide du métier, maître et homme. Cette habitude de jurer profanément parmi le peuple est un mal criant, et vous êtes victimes de sa pollution plus que toute autre classe de commerçants, ce qui ne devrait pas et ne devrait pas être le cas. Dans cette partie de Londres , l'habitude est trop générale ; mais l'abomination est encore pire dans l'East End. J'ai avec moi un exemplaire de la *Church and State Review* , dans lequel un monsieur rend compte de ses visites de l'autre soir avec un détective. Il écrit

: "Nous nous sommes arrêtés devant une maison dans laquelle sont tournées toutes les croûtes qu'on mendie dans les rues." Tout le monde blasphémait par intervalles, sauf les femmes, qui ne s'arrêtaient jamais. Il y avait des vieillards et des vieilles femmes, tout ce qui est fait à l'image de Dieu, jusqu'au petit enfant, et la saleté de tous était égale. C'était effrayant d'entendre les mots qui sortaient des lèvres de la vieille, qui était pleine d'années et d'esprits ; mais c'était une agonie d'entendre les malédictions sortir des bouches des bébés, quand minuit était passé et que le matin était loin. Maintenant, nous avons un missionnaire qui visite les maisons là-bas, et il était profondément affligé des pollutions qui rencontraient ses oreilles ; il fit donc imprimer une carte d'environ un pied carré, et enluminée d'une double bordure bleue contenant quatre devises entre : « Soyez sobre ; « Ne jure pas du tout ; « Soyez sûr que votre péché vous découvrira ; » « Tu, Dieu, me vois . » La réquisition au centre est imprimée en caractères écarlates, formant un joli contraste avec la bordure, et se lit comme suit : « Il est respectueusement demandé aux personnes fréquentant cette maison de s'abstenir d'utiliser un langage inapproprié. » Il les emmena chez les propriétaires et, à leur honneur, près de quatre cents les placèrent dans leurs bars et robinets ; et beaucoup se sont joints de bon cœur aux efforts visant à supprimer la perversité. Bien qu'à peine un an se soit écoulé, le résultat est des plus satisfaisants ; et je voudrais introduire les cartes dans cette partie de Londres : le commerce et moi-même pouvons travailler ensemble dans cette affaire et j'espère que votre maître permettra d'en placer une dans ce bar.

"Je suis sûr qu'il le fera", fut la réponse ; "et je lui demanderai, ainsi qu'à tous les barmen que je connais, de contribuer à ce bon effort."

Une carte était placée dans ce bar, et plusieurs des bars, robinets et salons voisins en étaient ornés ; et comme « règles de la maison », un contrôle efficace était donné aux langues coupables. Un autre bien de grande importance est né de la conversation avec le barman. Les tentations particulières de la classe ont été prises en compte et un effort particulier a été fait pour les satisfaire. bien spirituel . Un testament de poche fut remis à trois cents d'entre eux, avec des remarques appropriées sur la valeur du bon livre et sur le devoir de le lire quotidiennement. L'attention de nombreux publicains était pour l'époque dirigée vers le Livre, et beaucoup en achetèrent des exemplaires plus grands. Une distribution fut alors commencée parmi les publicains et les tenanciers de cafés qui louaient des logements, et des centaines de Bibles furent placées dans leurs chambres à coucher ; le mouvement s'étendit aux hôtels (les Livres portant leurs signes en lettres dorées sur les couvertures), et se termina par un accord avec les gérants du Great Western Hotel, par lequel près d'une centaine d'exemplaires des Écritures furent placés dans leurs chambres.

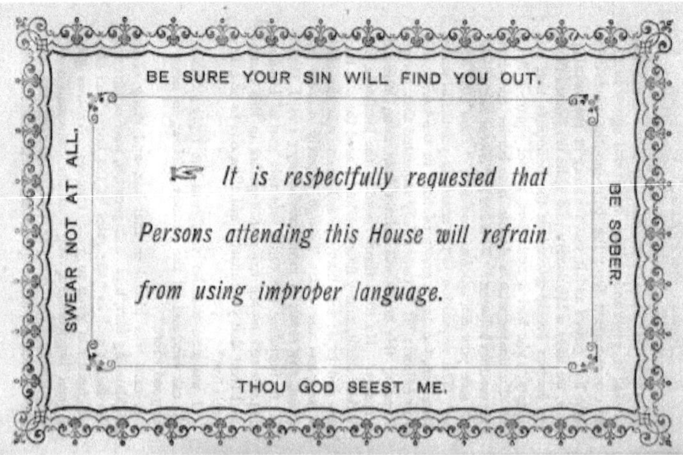

Les serveuses étaient vraiment reconnaissantes envers le mouvement Bible and Card, car leur souffrance face au langage blasphématoire et grossier était grande. L'incident suivant l'illustrera : un après-midi, le visiteur se tenait dans un palais du gin, conversant tranquillement avec les deux barmaids, lorsque trois jeunes hommes bien habillés, de style « turf », sont entrés et ont demandé « des eaux-de-vie et des sodas ». Ils conversèrent joyeusement d'un incident qui était arrivé à l'un d'eux, utilisant des mots corrompus à chaque phrase. Une rougeur profonde monta sur le visage de la jeune barmaid, qui n'était pas dans le métier depuis longtemps. Le visiteur se tourna vers l'homme et lui dit brusquement : « Mon cher, qu'est-ce qui vous arrive ?

"Je vais bien", répondit-il d'un ton interrogateur.

" Vous ne allez pas bien " fut la réponse : " mais je peux dire ce que vous avez. Quand un homme est malade, le médecin examine sa langue, et si elle est poilue , il sait que cela indique une saleté intérieure et que la langue est sale. " Le patient a besoin d'un traitement ; et c'est exactement le cas lorsque les hommes avec leur langue se souillent eux-mêmes et souillent les autres. Cela montre un état moral malade lorsque le venin d'aspic est sous la langue d'un homme. "

La réprimande sévère étonna tellement l'homme qu'il ne put donner une réponse immédiate ; mais l'un de ses compagnons dit : « Nous ne voulions aucun mal, monsieur.

Alors que les barmaids s'étaient enfuies à l'autre bout du comptoir, le visiteur changea de ton pour devenir un ton d'instruction aimable et dit : « Vous ne connaissez pas votre maladie, et je vous ferai donc plaisir en vous la signalant. pour vous." Il ouvrit ensuite sa Bible et lut : « La langue est un feu, un monde d'iniquité ; ainsi est la langue parmi nos membres, qu'elle souille tout le corps et enflamme tout le cours de la nature ; et elle s'enflamme. feu de l'enfer." Il se référa ensuite au passage « Les enfants corrupteurs » et leur dit que ce mal, ainsi que tous les autres, provenait du cœur humain corrompu ; et de ce sang qui purifie de tout péché et rend un homme entièrement sain. Les hommes, qui montrèrent un esprit très convenable, promirent de supprimer cette habitude haineuse et serraient la main de leur réprobateur.

Lors de sa prochaine visite, les barmaids le remercièrent ; et le plus jeune dit : « J'ai été élevé religieusement ; et mon grand-père, qui était ministre indépendant, m'a pressé de donner mon cœur à Dieu quand j'étais petite fille. Vous m'avez tout rappelé et je partirai. ce métier contre un service domestique, car j'ai résolu de vivre dans une nouveauté de vie.

LA GROTTE DE MERLIN . — Il y avait une incitation particulière à visiter cette maison en dehors de son ordre habituel, car des pancartes annonçaient que "Le gorille, ou homme-singe, ne s'était pas échappé, mais pouvait être vu par les clients utilisant le bar". En entrant, un dimanche soir, le missionnaire fut surpris de trouver l'endroit rempli de la plus basse catégorie d'ivrognes, principalement de Seven Dials. Leur but était de voir la peau empaillée du monstre, et eux, pour une maison si respectable, formaient une compagnie en lambeaux, sale et avilie. Le propriétaire, défavorable aux visites chrétiennes, a mis fin à une conversation très intéressante en invitant le visiteur à regarder le gorille. "Nous ne le montrons généralement pas le dimanche", observa-t-il, "mais comme vous êtes entré, nous vous rendrons service et gratifierons les gens." Et il écarta ensuite le rideau. Tous se pressèrent pour regarder le monstre ; et le missionnaire , appuyé sur le bar, le regarda quelques instants.

"Comme il le regarde !" observa l'un des hommes.

"Oui, je le suis", fut la réponse, "car j'inventais une énigme pour le propriétaire ; et j'espère qu'il y répondra à notre satisfaction générale. 'Quand un homme est-il plus laid que ce gorille ?'"

Après une petite réflexion, il répondit : « Un homme ne peut jamais être plus laid que ça, alors j'y renoncerai. »

"Oui, il le peut", répondit le visiteur avec énergie : "Quand il est ivre. Oui : un ivrogne est l'image d'une bête et le monstre d'un homme. Vêtu de haillons, le visage livide et les yeux injectés de sang. , et une haleine sale, il s'enfonce au-dessous d'une brute comme celle-là, qui a répondu à la fin de son être. Un ivrogne avilit son intellect et devient un simple animal - un batteur de femmes et un affamé d'enfants - un fléau pour ses voisins et une honte à sa famille et à son pays. Un ivrogne est frappé par la malédiction du Tout-Puissant qu'aucune brute n'a ; car étant sale et abominable - un enfant du diable - Lui, le grand Dieu, a dit que de tels n'hériteront pas de son royaume. Le propriétaire resta consterné par la chaleur de ce discours déclamatoire ; et les ivrognes semblaient cloués sur place. Des tracts étaient ensuite distribués , un passage de l'Écriture étant répété avec chacun.

Un bon groupe d'hommes et de femmes, affligés de conscience, s'étaient arrêtés dehors et attendaient le visiteur. L'une d'elles, une femme, semblait exprimer l'état général des sentiments lorsqu'elle disait : « Je ne peux plus m'en passer maintenant, maître. Je peux me passer de nourriture ; mais même si la boisson me tue, je mourrais sans elle. " Et puis elle a pleuré, comme les ivrognes sont si prêts à le faire. L'état de maladie que l'alcool avait provoqué en elle fut expliqué, et on lui dit qu'un peu de soins médicaux, une abstinence totale de boissons enivrantes et un régime alimentaire régulier, la sauveraient de la tombe de l'ivrogne et la mettraient dans la bonne position pour cherchez le pardon et la délivrance de la malédiction éternelle. Elle donna volontiers son adresse, et le visiteur promit de revenir le lendemain pour recevoir sa promesse et lui donner d'autres conseils.

Cette visite n'a pas été perdue, car la femme, qui tenait un magasin de bière dans les « Dials », s'est remise de son état d'avilissement et, avec son mari, s'est réformée moralement.

LE CHEVAL BLANC. — Le potman de cette maison était un jeune homme d'une sobriété et d'une intelligence inhabituelles. Par son style et son travail, il était à la perfection « l'homme du robinet », car son tablier court était toujours propre, sa chambre confortable et ses casseroles brillantes. Les hommes étaient souvent indisciplinés et querelleurs, mais il maintenait toujours l'ordre et surmontait la pression de la confiance avec un tel tact que son maître ne perdait jamais un client. Un grave hochement de tête et le fait de montrer du doigt une image sur le mur, qui représentait un chien nommé « Trust » étendu mort entre deux tonneaux, réglaient généralement l'affaire. Sinon , il lut l'inscription : « Le pauvre trust est mort : le mauvais salaire l'a tué ; » et il exprima d'une manière mélancolique son regret de "ne pas pouvoir aider ce chien à mourir, ou il le ferait". Comme beaucoup de ses camarades de classe, il se sentait fier de sa position, car dans la claquette, il prenait rang à égalité avec son maître dans le salon . Les habitués de la salle l'ont reconnu et, en tant que représentant de l'entreprise, ont fait appel à lui pour des questions épineuses. Une telle question se posa un soir lorsqu'un homme, qui avait l'habitude de fixer son attention sur quelque sujet contenu dans un livre qu'il portait, leur raconta que le Sauveur du monde montait au ciel dans une nuée blanche, et ajouta, disaient les anges : « Ce même Jésus, qui a été élevé d'auprès de vous au ciel, viendra de la même manière que vous l'avez vu monter au ciel » ; puis il fit l'annonce solennelle : « Voici, il vient avec des nuées, et tout œil le verra. » Les hommes qui connaissaient peu le christianisme ignoraient complètement cette grande vérité, et son énonciation produisait une réflexion et une conversation tout à fait inverse de celle qui avait habituellement lieu dans la pièce. Un homme a fait appel à « Potts », comme on l'appelait, pour savoir si cela figurait dans toutes les Bibles ; comme si c'était le cas, cela pourrait devenir réalité. Potts regarda très sagement le visiteur et dit : « Il est très probable qu'il le sache, et s'il me dit où il se trouve, je regarderai dans une Bible ce soir même et verrai s'il s'y trouve. » Il fut félicité pour sa réponse et lui parla des hommes de Bérée, « qui étaient plus nobles que ceux de Thessalonique, en ce sens qu'ils recevaient la Parole avec toute la promptitude d'esprit et qu'ils scrutaient quotidiennement les Écritures pour savoir si ces choses étaient ainsi ». Les hommes furent alors, dans un discours court mais sérieux, dirigés vers le prochain juge en tant que Sauveur actuel .

Quelques mois après cette visite, le missionnaire entra un après-midi dans la salle des fêtes, car il désirait avoir une conversation privée avec Potts. Ce digne était seul et, avec beaucoup d'efforts, écrivait une lettre.

" C'est étrange que vous soyez entré, monsieur, " observa-t-il, " alors que j'écris une lettre à ma sœur, à qui je tiens beaucoup, car nous ne sommes que deux ; et nous avons bin orphelins depuis que nous sommes très petits, et elle est femme de chambre à Maidstone ; et cela ne me dérange pas que vous lisiez la lettre, monsieur, car tout ce qu'elle contient est vrai.

Son ami parvint à lire l'épître avec quelques difficultés, car son écriture et son orthographe étaient très mauvaises. Cela commençait dans le fameux style « en espérant vous retrouver tout à fait bien car il me quitte à présent » ; puis, comme nous l'exprimons dans un langage lisible, il dit : « J'ai, ma chère sœur, décidé d'être chrétien. Un gentleman qui vient ici a rendu très clair le devoir d'être religieux, et j'ai Si vous étiez réveillé dans la nuit noire par un homme de secours dans votre chambre, vous ne comprendriez pas tout d'abord ce que cela signifie ; mais dès que vous l'auriez bien vu, vous verriez à ses vêtements et à son casque ce qu'il était, et vous le laisseriez vous sauver. Maintenant, c'est exactement ainsi que je vois Jésus-Christ ; tout en lui montre qu'il est le Sauveur , et je le laisse me sauver. Comme je Je ne peux pas maintenant être à l'aise ici, j'ai trouvé du travail chez un poissonnier et je veux que vous veniez à Londres. J'essaierai de vous trouver un bon endroit, et alors vous ne serez pas soumis aux tentations du commerce. Il fut fortifié et encouragé par la bonne résolution qu'il exécuta, et quelque temps après il apporta à son ami une aide précieuse dans la formation d'une société locale pour l'abolition du travail du dimanche .

L'ENTRAÎNEUR ET LES CHEVAUX. — Deux visites d'un grand intérêt ont eu lieu dans cette maison, quoique à de longs intervalles.

Alors que le missionnaire entrait dans le bar un soir, le propriétaire dit à voix basse : « La lutte pour le championnat commence dans la matinée, et beaucoup de PR sont dans la salle du club.

"Peux-tu me laisser passer ?"

« Cela ne sert à rien d' y aller », fut la réponse ; "mais je le ferai, si vous voulez :" puis le visiteur monta à l'étage et entra dans la pièce. Une trentaine d'hommes étaient présents, la majorité étant des membres indiscutables du ring. Comme tous les regards étaient fixés sur le nouvel arrivant, il se sentit embarrassé quant à sa manière de procéder ; en fait, il n'y avait d'autre solution que de produire ses tracts et de commencer à les distribuer. Il en avait donné environ une douzaine, lorsque les hommes les enroulèrent en boules et commencèrent à se jeter à travers la pièce en prononçant des paroles ignobles. Le distributeur comprit aussitôt que son œuvre risquait d'être méprisée et que le mal au lieu du bien pourrait résulter de cette visite. Alors, comme beaucoup lui demandaient des tracts, il les mit dans sa poche. Durant les quelques minutes où il était là, il avait remarqué un homme âgé, au visage abîmé et sans moustache, assis à une table avec deux messieurs. Il buvait dans une grande coupe en argent, ce qui indiquait qu'il était un ancien champion. Sa main était posée sur la table, et un diamant d'une grande beauté brillait à son doigt ; comme disent les lapidistes, il « donnait du feu ». Le distributeur la regarda, et s'approchant de son propriétaire, il dit d'une voix si forte que tout le monde dans la salle l'entendit : « Quelle belle bague ! Je n'ai pas vu de brillant aussi beau que celui-ci depuis longtemps : ce doit certainement être vaut cent livres. »

"Ça y est", a répondu l'ex-champion. " On dit que ça vaut cent guinées. Un gentilhomme mort et parti a parié deux mille sur moi quand j'ai battu le Slasher ; et le matin il est venu me " cossit ", comme il disait, et m'a apporté ceci. "

"C'est le bijou qui vaut son prix", a déclaré le visiteur. "Eh bien, l'or de la bague ne rapporterait pas trois livres." Tous étaient d'accord sur ce point. Et il a continué. " Eh bien, il en est ainsi de ces tracts que vous avez jetés : comme des morceaux de papier, ils coûtent peu ou rien et ne valent pas votre acceptation ; mais ils sont tous constellés d'un joyau, d'une perle de grand prix : " et puis élevant la voix à un ton clair et retentissant, il s'écria : « Le nom du Seigneur Jésus, par qui seul chaque homme dans cette pièce peut être sauvé, est sur eux, — Il est la pierre précieuse. Aucun autre nom n'est donné par lequel vous peut obtenir miséricorde. » Et puis, posant quelques tracts sur la table, il quitta la pièce d'un pas ferme. Les hommes étaient si intéressés et surpris qu'ils ne prononçaient presque pas un mot. Quelques jours plus tard, le potman a déclaré au distributeur que les pugilistes n'avaient ni détruit ni laissé de tract.

Plus de deux ans après cet événement, le missionnaire se tenait un matin au bar, en conversation avec la propriétaire, lorsqu'il remarqua, la porte du salon étant ouverte, un homme très âgé assis devant lui avec un verre de xérès. Sa barbe, qui était très longue, et ses quelques cheveux restants étaient aussi blancs que la neige battue ; et comme il s'appuyait sur sa canne à pommeau d'or, il paraissait beau, — il avait en effet cette riche beauté de l'âge qui, de son temps, est plus belle. plus belle que l'épanouissement de la jeunesse. Le visiteur s'approcha poliment et lui demanda d'accepter un petit livre. Il le reçut avec un sourire et entra librement dans une conversation qui se termina ainsi : « Et maintenant, monsieur, puis-je vous demander lequel des Pharaons a posé à un vieillard qu'on conduisait au trône ? par son fils ?"

"Certainement."

"'Quel âge as-tu ?'"

"Je viens d'avoir quatre-vingt-quatre ans."

"Un âge honorable . Mais votre réponse n'est pas aussi complète que celle donnée par le bon vieux Jacob. Il dit au roi que 'les jours des années de son pèlerinage étaient de cent trente ans' ; et il ajouta : « Les jours des années de ma vie ont été rares et mauvais, et n'ont pas atteint les jours des années de la vie de mes pères aux jours de leur pèlerinage. Il a parlé de la vie comme étant courte, car en regardant en arrière, le temps semblait avoir passé rapidement ; il a parlé de ses jours comme de « mauvais », car il avait eu sa part de soucis et de chagrins ; mais, le meilleur de tout, il a avoué aux païens Roi qu'il n'était qu'un étranger et un pèlerin sur la terre, et qu'il reconnaissait ainsi sa croyance et son espoir de se reposer dans un pays meilleur. J'espère que vous avez une foi aussi précieuse et l'assurance que vous êtes près du pays préparé. demeures, la ville d'habitation dont Dieu est le bâtisseur et le créateur ? »

"Non, je ne suis pas;" et tandis qu'il disait cela, sa voix tremblait et les larmes lui montèrent aux yeux. "Je ne suis pas chrétien et je suis très misérable. J'étais commerçant et, jusqu'à l'âge de cinquante ans, j'ai été absorbé par le seul objet de gagner de l'argent. Je me suis ensuite retiré avec une ample fortune, et pendant les vingt années suivantes, j'ai aimé et J'ai apprécié le monde et collectionné des œuvres d'art et des objets de beauté dont mes maisons sont remplies. Pendant ce temps , je n'ai jamais pensé sérieusement aux choses éternelles et je n'ai presque jamais lu ma Bible. Ces dernières années, j'ai cessé de prendre plaisir à ces choses. choses, et je suis vraiment misérable. Mon fils, qui est diplomate, lorsqu'il était en Angleterre, a amené plusieurs religieux me voir, mais je n'arrive pas à avoir la paix. Ce matin, je suis sorti me promener, et me sentant fatigué, j'ai regardé ici, et comme il n'y avait personne dans la chambre, j'ai demandé un léger rafraîchissement, et je me repose. Il semble étrange qu'un homme comme vous m'aborde ici, et cela peut être de Dieu. Échangeons des cartes et venons dîner. avec moi."

On échangea des cartes, et le lendemain les « amis du salon » dînèrent ensemble. Ils passèrent quelque temps à examiner les belles et curieuses possessions du vieux gentleman, puis ils se mirent à engager une profonde conférence spirituelle. De nombreuses pages de la Bible de poche ont été tournées et les vérités de la Parole ont été rendues manifestes. La porte de la bibliothèque fut ensuite fermée et une prière sincère et profonde fut offerte au Dieu de toute grâce.

De nombreuses visites ont suivi et l'amitié s'est cimentée. Un jour, alors que le visiteur entrait dans la salle à manger, le vieux monsieur lui saisit la main et dit : « Le nuage est dissipé : je me sens comme un petit enfant et je me repose avec réconfort sur l'amour de Dieu en Jésus ; puis il prononça le langage de la réjouissance. Pendant cinq ou six mois, il fut heureux et sa famille également. Un matin, son ami reçut une lettre profonde à bordure noire de sa fille aînée, qui séjournait avec lui dans sa maison de campagne, et elle disait : « En tant qu'ami le plus cher de mon défunt père, je vous écris pour vous informer de son départ soudain. Il était malade depuis plusieurs jours et il est tombé très malade hier matin. Nous avions trois médecins, mais ils n'ont pu lui apporter qu'un peu de soulagement, car il était visiblement mourant. Il était conscient jusqu'au bout et très heureux. Il s'est endormi. à deux heures ce matin, avec le nom de Jésus sur ses lèvres. Notre gratitude envers vous pour le profond intérêt que vous lui portez et votre aimable attention est profonde et restera pour la vie.

Le Seigneur envoya les soixante-douze "deux-douze devant sa face dans chaque ville et lieu". Dans un travail laïc efficace, le principe reste valable malgré toutes les difficultés de l'effort domestique. Les missionnaires de Londres et des autres grandes villes ont chacun un assistant responsable, leur surintendant local. Il s'est donc avéré que l'homme au Livre n'était jamais seul dans son travail, et s'il l'avait fait, il aurait été faiblement accompli. Son bien-aimé surintendant portait toute sa part de responsabilité. Au début , il lui rendit visite pour se familiariser pleinement avec la nature de son travail, puis il lui exerça une influence par la prière, avec un conseil chrétien et une sympathie soutenue. Sous Dieu, une grande partie du succès qui a eu lieu, et qui se produit encore, dans les visites du public et des cafés, est due à la direction de cet « honorable conseiller », MWR Ellis.

Et ici, il est bon d'ajouter que les secrétaires en chef de la Mission, le Révérend John Garwood et le regretté Révérend John Robinson, ont laissé une empreinte de bien sur cette branche et sur chaque branche de l'œuvre. Leur clarté de jugement et leur pleine compréhension de la volonté du comité donnaient toujours de la valeur à leurs avis ; tandis que leur dévouement à la cause du Christ à Londres stimulait le zèle et donnait de la solidité aux travaux des jeunes missionnaires. Ce témoignage peut maintenant être donné, puisque l'un d'eux a reçu l'appel ascendant du Maître ; et l'autre, après quarante ans de loyaux services, s'est retiré de ses responsabilités officielles, bien qu'il soit toujours actif en tant que directeur des affaires de la Société. Bienheureux, en effet, sont ceux qui sont appelés dès leur plus jeune âge à travailler dans l'Évangile, et qui sont honorés d'une longue vie dans les emplois les plus élevés et les meilleurs, avec une anticipation sûre du repos béni !

Le livre dans la tanière :

SA MAJESTÉ.

"Et souvent elle a béni la nuit,
Cette nuit sans étoile, Quand Mercy veillait seule, Et laissait la porte entrouverte."

Mme Sewell.

CHAPITRE X.

LA VILLE SANS SOMMEIL – TEDDIE'S DEN – UNE ÉTRANGE INVITATION – LE THÉ – UNE VISITE DE MINUIT – UNE VISITE À RAG-FAIR – DE NOMBREUX SAUVÉS – DES SMASHERS – LA MEILLEURE PARTIE CHOISIE – UNE SCÈNE DE LIT DE MORT EFFRODRANTE – UNE FORTERESSE DÉTRUITE.

LE LIVRE DANS L'ANSE :
SA MAJESTÉ.

"Car la Parole de Dieu est rapide et puissante, et plus tranchante qu'une épée à deux tranchants." HÉB. iv. 12.

LONDRES ne dort jamais. Le bruit et le vacarme de la puissante ville s'éteignent à mesure que la nuit avance et que les millions de personnes qui travaillent la journée se reposent ; mais leur repos est le signal de l'activité des autres. La protection de sa vaste accumulation de richesses et de propriétés nécessite une armée de police. L'approvisionnement de ses marchés nécessite la vigilance de milliers de personnes, tandis que son trafic nécessite un service de nuit étendu de cochers et autres. En plus de ceux-là, des ouvriers travaillant à la presse du matin et des autres fils de labeur qui gagnent leur pain quotidien la nuit, il y a la grande multitude de ceux qui

"Vivre pour pécher et pécher pour vivre"

et qui, à la tombée de la nuit, quittent leurs maisons et leurs tanières pour chercher le salaire de l'injustice. Ces deux ordres de travailleurs et de dépravés constitueraient une ville aussi grande que Birmingham, et ils ont besoin que de nombreuses maisons de nuit et de nombreux cafés soient établis pour subvenir à leurs besoins. Et ainsi les enfants de la nuit augmentent, et c'est pourquoi nous répétons l'affirmation selon laquelle « Londres ne dort jamais ».

Cette conviction a attiré l'attention du missionnaire sur les cafés et les cafés, lorsqu'il a constaté que beaucoup de ces derniers étaient fermés toute la journée, et il a été informé qu'ils n'étaient ouverts que la nuit. Comme il était de son devoir de faire connaître aux propriétaires et aux sympathisants de ces maisons la bonne nouvelle de la paix, il n'avait d'autre choix que de les visiter pendant la nuit. En faisant cet effort, il a découvert que même si les méchants ne cessaient jamais de leur méchanceté, mais pendant les heures d'obscurité donnaient libre cours à leurs mauvaises actions, les gens que le Seigneur avait établis comme ses sentinelles dans la ville dormaient et dormaient. Il existait une immense multitude qui, en vérité, préféraient les ténèbres à la lumière parce que leurs actes étaient mauvais ; mais aucun rayon du Soleil de Justice n'a été amené à pénétrer les ténèbres de l'ombre de la mort dans lesquelles ils habitaient. Ils gisaient profondément empoisonnés par les crocs du péché du serpent, mais aucun baume de Galaad ni feuille de l'arbre de vie ne leur fut offert. Captifs du diable, ils étaient liés et enchaînés par les liens de leurs iniquités, ignorant ce puissant Libérateur qui s'est manifesté pour détruire les œuvres du diable et remettre en liberté ceux qui sont liés.

Les pécheurs furent étonnés lorsque, dans le silence des veilles nocturnes, une voix se fit entendre dans les rues proclamant, avec des accents amoureux, les tendres miséricordes d'un grand *Rédempteur*. Beaucoup d'ouvriers ou de conducteurs honnêtes ont été arrêtés ou réconfortés par des paroles qui parvenaient à leurs oreilles du Livre de Vie, ou ont bénéficié du messager silencieux de miséricorde placé entre leurs mains. Beaucoup d'hommes ravagés par le péché qui avaient été amenés à sentir qu'il n'y avait pas de main pour le délivrer et qui, dans un vide désespoir, étaient prêts à chercher une prison ou une tombe aqueuse, ont entendu les douces notes du salut et ont été délivrés de la descente. dans la fosse. Il y avait cependant beaucoup d'esprits réprouvés qui, remplis de toute injustice, résistèrent au messager du roi et s'opposèrent amèrement à la vérité. Ce fut le cas dans un endroit appelé par les exclus « Teddie's Den » ; et pour illustrer la puissance du Livre, nous raconterons l'histoire religieuse de cette maison, aussi étrange que cela puisse paraître.

Il s'agissait d'une entreprise ancienne et dotée d'un lien qui lui était propre. Cela était évident, car les clients étaient si bien connus du propriétaire que leur pas, leur tape ou leur coup suffisaient pour garantir leur admission immédiate. Il n'en était pas de même du missionnaire . Lorsqu'il frappa et demanda à entrer, la seule réponse qu'il reçut fut d'un ton bourru, disant qu'ils « se taisaient ». Afin d'obtenir une entrée, il obtint alors la promesse d'un laissez-passer d'un jeune voleur de sa connaissance. Mais cela n'était pas nécessaire, car, en passant devant la porte, un dimanche matin, un peu avant deux heures, il remarqua qu'elle était entrouverte, sans doute pour aérer. C'était une opportunité rare, qu'il saisit en intervenant immédiatement. Il demanda une tasse de café et, pendant qu'on l'apportait, remarqua l'endroit et les gens. La tanière consistait en une boutique et un salon ordinaires ; le premier était garni de tables étroites, autour desquelles étaient assis une vingtaine d'hommes et de femmes ; beaucoup d'entre eux étaient penchés en avant sur leurs mains, apparemment endormis. Quelques-uns appartenaient à la classe des vagabonds et des mendiants, qui n'avaient peut-être que de quoi acheter un peu de nourriture et le droit d'y rester quelques heures ; mais la majorité appartenait évidemment à l'ordre vicieux et criminel. La pièce était extrêmement sale, et la faible lumière des vieilles lampes à huile semblait accroître sa pénombre : le ciel étoilé, cependant, était visible à travers les carrés de verre supérieurs, car la rangée de volets n'atteignait que les carreaux supérieurs. L'arrière-salle, ou « salon », avait un feu joyeux, était mieux éclairée et était sans aucun doute remplie de clients payants. Il y avait des rires et de la gaieté, mais les jurons et les blasphèmes qui parvenaient à l'oreille étaient vraiment terribles. Il était évident que ces hommes et ces femmes de la classe la plus basse tenaient un club de jurons, un divertissement si infernal que nous nous abstenons d'en décrire la description. Nous n'avons pas eu le temps d'observer davantage, car le propriétaire, un grand homme à l'air brutal, s'est approché avec le café.

Une publication illustrée lui fut offerte, avec la remarque : « Vous ne fournissez pas, je le vois, des papiers à vos clients ; je vous en donnerai donc occasionnellement.

Il prit le papier en fronçant les sourcils, le jeta par terre et, avec un juron amer, dit : « Je te connais : espèce d' espion, espèce de misérable ! et, se retournant, il ferma la porte à clé ; puis s'approchant du missionnaire, la clef saisie dans la main et tremblant de rage, il menaça de se venger. À cette démonstration de colère, les clients se levèrent de leurs sièges et se pressèrent, tandis que les gens affreux affluaient de l'arrière-boutique. Ce fut un moment terrible pour le visiteur, assis là, impuissant, au milieu de cette foule de violents et de coupables. Conscient du danger de sa position, il poussa une prière intérieure pour demander de l'aide, puis, se levant, il frappa violemment la main sur la table et, désignant les nuages par-dessus les volets, s'écria d'une voix forte : « Un GRAND BLANC LÀ, LE TRÔNE SERA DRESSÉ PARMI LES ÉTOILES . Le Sauveur qui Les morts pour les pêcheurs s'assiéront dessus, car les morts qui sont dans leurs tombes entendront sa voix et vivront. Nous y serons."

"Un grand trône blanc sera dressé parmi les étoiles, là-bas !"

À cela, toutes les langues se turent, et les gens reculèrent, regardant vers le haut ou vers son visage. C'est pourquoi, désignant les uns et les autres, il continua : « Et vous, et vous, car nous devons tous nous tenir devant le tribunal du Christ. Je ne suis ni un ennemi ni un espion, mais un serviteur du Seigneur Jésus, qui veut vous juger au dernier jour. Il est maintenant le Sauveur des ruinés et des perdus, et en son nom je vous offre miséricorde par le sang qu'il a versé pour vous sur la croix. Dans ce livre béni, il est écrit : "Quiconque croit c'est sur Lui que sera sauvé."' L'orateur se dirigea alors vers la porte, que le propriétaire ouvrit d'une main tremblante, et il sortit dans la rue froide et silencieuse.

Il y a du charme dans la solitude d'une ville endormie. Le bourdonnement de la multitude et le râle assourdissant sur les pierres sont atténués, tandis que le pas distinct du piéton et le pas plus mesuré du policier semblent être le seul lien entre les myriades endormies et les activités de la journée. Lorsque les pas lointains tombent sur l'oreille, il y a un mouvement instinctif vers les objets qui s'approchent ou s'éloignent. Le visiteur n'était pas loin de la tanière lorsqu'il entendit des pas et, en se retournant, vit le propriétaire venir vers lui ; il s'arrêta donc sous la lampe suivante et attendit son arrivée. D'une voix hésitante , il dit : « Revenez, chef . Cela ne voulait rien dire ; et un type qui vous connaît dit que tout va bien.

Les mots « Reviens » étaient comme une musique pour l'homme au Livre ; car il sentait que la porte de cet endroit terrible était ouverte et qu'il avait obtenu le pouvoir, sous la protection de cet homme méchant, d'y lire dans ses pages le jugement et la miséricorde, et au nom des noms de sauver les ruinés de destruction présente et éternelle. Il répondit donc : « Peu importe le passé, tout va bien pour moi. Je fais tout le bien que je peux pour les gens et je ne blesse personne. Je vais maintenant vous appeler en tant qu'ami. Quand cela aura-t-il lieu ?

"Vous voyez, monsieur ," répondit-il, "comme nous vivons différemment des autres, parce que notre occupation est la nuit; et nous ouvrons à midi et fermons à six heures du matin, quand nous dînons à sept heures et nous nous coucherons, puis nous nous lèverons pour le petit-déjeuner à cinq heures, comme ce serait l'heure du thé ; et si vous vous couchez cet après-midi, comme dimanche, nous aurons des bigorneaux et des muffins, et vous verrez comment Je ne suis pas un tyran comme certains, même si mon caractère ne l'est pas. vraiment raison, allus ."

La promesse fut faite, et ponctuellement à cinq heures de l'après-midi, l'invité entra dans la tanière. Elle avait été balayée, mais le sol, les tables et les murs étaient du même ton sombre. couleur , alors que l'air était offensant. La pièce du fond, dans laquelle il fut accueilli par son nouvel ami, était dans le même état, mais mieux meublée, car il y avait un vieux canapé et plusieurs chaises ; les murs étaient décorés d'une horloge hollandaise et de vieux morceaux de ferblanterie, tandis que sur la grille, qui n'avait jamais été nettoyée, se trouvaient une grande chaudière et deux bouilloires. La maison était si étroitement bâtie, que seule une lumière sombre pénétrait par les petites fenêtres latérales ; cette lumière était cependant suffisante pour montrer que la famille du propriétaire et quatre des personnes dépravées qui avaient été impressionnées lors de la visite du petit matin étaient présentes.

Il était évident que la famille était composée du propriétaire, de sa femme et d'une fille âgée d'environ douze ans. La « mademoiselle », comme on l'appelait avec une agréable familiarité, était une femme basse et grossière de quarante-cinq ans, vêtue d'une manière étrange mais coûteuse. Sa robe était en soie brune, bordée de dentelle, devant laquelle elle portait un tablier blanc tressé avec de grandes poches, semblable à celui d'un percepteur. Sa casquette était élégamment garnie d'un ruban rouge ; et sur son cou nu se trouvait un épais collier de corail à plusieurs rangs et une lourde chaîne semblable à de l'or ; ses doigts sales et sales étaient ornés d'au moins huit bagues. La petite fille était habillée à la mode.

Le thé et le café étaient prêts dans des récipients couverts de suie sur la plaque de cuisson. À un bout de la table sale se trouvait un plateau sur lequel se trouvaient des tasses et des soucoupes fêlées d'une propreté douteuse ; et sur la table elle-même se trouvait une petite pyramide de bigorneaux ; tandis que sur un tas de cendres, devant le feu, se trouvaient deux assiettes lourdement remplies de muffins et de crumpets. Ces observations furent rapidement prises et le visiteur commença à réfléchir au festin qui l'attendait. Quand le thé fut servi, il regarda avec inquiétude les tasses, se demandant laquelle lui serait infligée ; mais lorsque les muffins furent posés sur la table et qu'une généreuse quantité de bigorneaux fut poussée vers lui – les femmes arrachant les épingles de leurs robes – il fut saisi d'une soudaine perte d'appétit. L'hôte et l'hôtesse hospitaliers augmentèrent son malheur en montrant leur détermination à profiter de leurs bonnes choses. Il ne faut cependant pas s'attarder sur des horreurs telles que ce thé. Qu'il suffise que le temps qui remédie à tant de choses, si lent qu'il paraisse s'écouler à cette occasion mémorable, ait enfin mis fin au repas.

Pendant le thé, le petit groupe fut mis à l'aise et engagé dans une conversation agréable ; et quand les choses furent rangées, le visiteur posa sa Bible de poche sur la table avec la remarque : « C'est dimanche, le jour heureux, comme l'appelle mon petit garçon ; et nous devrions tous être heureux en ce jour, comme l'appelle mon petit garçon. nous nous souvenons de la bonté de Dieu et de la miséricorde du Sauveur ; après être mort pour nos péchés, il est ressuscité des morts le dimanche matin. Maintenant, comme aucun de vous n'assiste au culte divin, supposons que je vous lise à propos de lui et des paroles qu'il a prononcées. parlait?"

Il y eut un accord général, et le visiteur lut ce merveilleux chapitre commençant par ces mots : « Alors s'approchèrent de lui tous les publicains et les pécheurs pour l'entendre. Et les pharisiens et les scribes murmurèrent, disant : « Cet homme reçoit les pécheurs et mange avec eux . eux.'" Le petit groupe écouta avec une attention soutenue, et plusieurs furent émus jusqu'aux larmes par le commentaire continu qui fut fait sur les paraboles. Le propriétaire et sa femme, à leur manière étrange, assurèrent au lecteur qu'il était le bienvenu quand il voulait ; et ils se séparèrent aussi agréablement que s'ils avaient été de vieux amis. Las, mais heureux, le missionnaire entra dans la première église où il venait dans le but de rendre grâce au Seigneur dans son temple, pour la délivrance du danger et pour les miséricordes missionnaires reçues ; et il a ensuite présenté une prière pour le succès spirituel aux gardiens de cette maison de nuit et à leurs partisans.

Environ une semaine après le thé , il rendit visite à la tanière à minuit et, en entrant, le propriétaire ordonna le silence en ces termes : « Je sais cela avant monsieur, et si vous ne vous taisez pas pendant qu'il est ici, je le sais. Je vous ferai sortir d'un coup de pied et d'une secousse. Vous, brutes mal élevées , pour garder votre chapeau quand vos supérieurs entrent . » Cela suffisait pour assurer le silence, tandis que les tracts étaient livrés avec des remarques scripturaires. Il a été bien pensé que les visites devraient être courtes jusqu'à ce qu'une influence soit obtenue auprès des clients. Le missionnaire partit donc, après avoir fixé son attention sur le mot *Sauveur* et son doux sens. Il a ensuite épinglé sa carte d'adresse sur le mur et a dit : « Laissez ceci ici. Je vous ai expliqué comment obtenir le pardon de Dieu Tout-Puissant ; mais comme il peut être difficile pour certains d'entre vous de quitter une vie de péché, je serai Je suis heureux d'être l'ami de tous ceux qui sont vraiment pénitents. Certains d'entre vous pourraient être heureux que quelqu'un plaide auprès de leurs proches, et je pourrais aider d'autres à entrer dans des institutions de miséricorde.

Voir p. 206.

En réponse à cette invitation, plusieurs parias firent appel au cours de la semaine à « l'homme réformateur », comme ils se plaisaient à l'appeler, et furent secourus. Un matin de bon matin, le gardien de la maison de nuit vint lui-même, conduisant par la main une petite fille sans chaussures ni bas. Elle était horriblement sale, avec des cheveux ébouriffés , et sa robe en haillons était épinglée autour d'elle. Il l'a traînée jusqu'à la porte et a dit : « Cette fille, monsieur, est dans les rues depuis des mois, car c'est une cockney irlandaise, comme nous les appelons . Sa mère est morte et son père s'est enfui. ; et elle dort sous les escaliers où les portes sont ouvertes, et sous les voûtes avec ceux qui n'ont pas de maison ; et elle entre dans ma boutique pour des bouffes ; et une femme, qui est une mauvaise personne, veut l'emmener, et nous nous sommes disputés, et je vous l' ai amenée , et la voici.

Oui; là se tenait le pauvre enfant, un objet devant lequel il fallait frémir et éviter ; mais un objet digne de la compassion chrétienne. Pourvoir à ses besoins était une difficulté, car le missionnaire avait chargé tant d'institutions de cas qu'il savait à peine où s'adresser. Après en avoir discuté avec sa femme, il fut convenu qu'elle serait nettoyée dans l'arrière-cuisine et habillée d'un vieux vêtement de leurs enfants, pendant qu'il partirait à la recherche d'un foyer pour elle. Après des heures de labeur, son seul succès fut la promesse du directeur d'un foyer bondé de la recevoir au bout de trois jours, lorsqu'une détenue devait sortir. Il n'y avait donc aucune autre solution que de garder l'enfant pendant cette période.

Un lit lui fut fait dans la cuisine, et l'ordre fut donné que toutes les portes soient fermées à clé et qu'elle soit soigneusement surveillée. Cela ne semblait pas nécessaire, car l'enfant était timide et réservé ; mais elle se montra profondément rusée. Le lendemain matin, pendant que la famille déjeunait, elle monta à l'étage avec une clé qui avait été laissée sur la commode, et entrant dans une chambre, elle vola deux robes, dont une en bonne soie, et quinze shillings en argent. Le vol a été rapidement découvert, mais le voleur s'est enfui. Comme elle avait parlé de la saveur du "poisson juif" (cuit dans l'huile), on a supposé qu'elle irait à la foire aux chiffons, et son amie maltraitée est donc montée sur le toit d'un omnibus, dans l'espoir de la voir. en route. En cela, il fut déçu et c'est pourquoi il se promena pendant un certain temps dans la foire. Il était sur le point de partir désespéré, lorsqu'il aperçut au loin une fille de son style, mais d'apparence étrange, et en s'approchant, il découvrit que c'était elle, mais tellement changée qu'il ne put s'empêcher de rire en la saisissant. bras. Ses vêtements avaient évidemment été changés : à la place de la petite robe soignée, elle avait mis une soie bleu ciel sale, beaucoup trop grande ; elle avait aux pieds une paire de bottes vertes, et sur la tête un chapeau de paille à grosse plume rouge. Dans une main elle tenait un morceau de poisson gras et dans l'autre un parasol vert.

En réponse à la question « Qu'avez-vous fait des robes ? » elle répondit : « Je les ai donnés ici, et une femme m'a donné neuf pence pour le vêtement en soie et deux shillings pour l' autre ; et je les ai achetés et j'ai acheté ces jolis vêtements ; il y avait beaucoup de poisson, de pommes de terre et de bière, et j'allais à la gaffe.

Cette déclaration était faite d'une manière si fallacieuse qu'il semblait évident que le pauvre enfant, comme le païen, n'avait aucun sens moral. Comme il était inutile de chercher à retrouver les robes, il ne restait plus qu'à l'emmener au Refuge, où, par égard pour son amie, elle fut aussitôt reçue. On peut ajouter qu'elle a bien travaillé dans l'Institution pendant plusieurs années et qu'elle est devenue une bonne servante générale.

Cette fille était l'une des dix-sept exclues que le gardien de " Teddie's Den" a amenées au missionnaire , et qui ont toutes été sauvées ; mais bien qu'il ait été un « assistant » dans la bonne œuvre, il n'a pas obtenu lui-même le bien spirituel. Parfois, il semblait trembler lorsqu'on lisait dans le Livre des passages concernant le jugement et la miséricorde ; et il traitait le Lecteur avec respect, mais c'était tout. L'influence néfaste de son commerce et l'amour de l'alcool ôtèrent rapidement toutes les bonnes impressions, et il continua à faire le mal : « Il voyait le meilleur, mais il poursuivait le pire. » Aussi méchant qu'il soit, il montrait parfois une gentillesse tout à fait en désaccord avec son apparence et son caractère ; par exemple, lorsqu'il apprit que son ami était malade, il se rendit au marché de Covent Garden, et, entre autres choses, il y acheta une grenade et la laissa chez lui. Quelques nuits plus tard, il buvait de l'alcool, s'éloigna de sa porte et, s'appuyant contre une porte de la zone qui n'était pas fermée, il retomba sur les marches de pierre. Il s'est fracturé le crâne, est resté inconscient pendant quelques heures et est décédé dans cet état. La douleur du missionnaire fut grande ; il avait diligemment cherché le salut de cet homme et, par conséquent, il se sentait écrasé par le découragement. L'évangéliste a ses épreuves et ses chagrins, ses déceptions sont fréquentes et douloureuses, bien que pas aussi souvent évoquées qu'elles devraient peut-être l'être. C'est une chose effrayante lorsque les mots qu'il prononce deviennent « une saveur de mort qui donne la mort » ; mais il n'a pas le choix en cette matière, car l'ordre du grand Maître est : « Tu iras vers tout ce que je t'enverrai ; et tu diras tout ce que je te commanderai. »

La « mademoiselle », car personne ne semblait connaître son nom, parvint à prendre le contrôle total de la tanière, et il devint bientôt évident qu'elle était plutôt endurcie qu'adoucie par la fin misérable de son mari. Elle exprimait une véritable aversion pour l'homme dont la fidélité lui posait sans doute des difficultés, et elle gênait ses efforts pour faire le bien.

« Le maître a été idiot, observa-t-elle quelques semaines après sa mort, de vous ramener ici, car c'est une ruine. Après votre départ l' autre soir, les gens étaient tous maussades ; et maintenant, messieurs, comme beaucoup d'autres. l'argent pour acheter des friandises ne vient pas, car ils ont peur de vous rencontrer ; et j'ai un homme qui vient pour vous aider et qui fera sortir n'importe qui, et vous ne viendrez pas.

C'était sans doute sa détermination, mais le Missionnaire avait obtenu une telle puissance auprès des partisans du lieu, qu'ils l'auraient défendu de l'insulte, certainement de la violence. Tous le connaissaient comme quelqu'un capable de les secourir et comme le seul à rechercher leur bien spirituel. Aussi mauvais qu'ils fussent, ils sentaient que l'ami de l'âme était leur meilleur ami, et ils le traitaient comme tel. Tout ce que la « mademoiselle » pouvait faire alors, c'était de le garder parfois hors de l'arrière-boutique.

Un changement s'est cependant produit dans les lieux à mesure que la classe de clientèle changeait progressivement. Les dépravés sont devenus moins nombreux, tandis que la classe des criminels qualifiés a augmenté. On y rencontrait plus fréquemment des hommes de magazines et des pickpockets bien habillés, tandis que les voleurs, entre eux, parlaient de la femme comme d'une bonne « barrière » (c'est-à-dire *une* personne qui se tient entre les voleurs et les receleurs et rend la détection plus difficile). . L'incident suivant montrera la classe de clients : -

Une nuit, un ecclésiastique, aujourd'hui dignitaire de l'Église, s'y rendit avec le missionnaire . La boutique était inhabituellement pleine de jeunes et d'hommes de la classe criminelle, mais dans le coin le plus éloigné se tenait un groupe de trois personnes qui semblaient séparées du reste de la compagnie : un homme, une femme et une petite fille de douze ans. Ils se penchaient en avant comme s'ils dormaient, mais furent réveillés par les rires provoqués par la plaisante remarque du missionnaire sur « la sagesse des chouettes de la nuit ».

« Que fais-tu ici avec cet enfant ? demanda le pasteur.

"S'il vous plaît, monsieur," répondit la femme, "nous avons été très malchanceux, parce que mon mari a été malade, et tous nos bâtons ont été pris pour une partie du loyer, et nous avons mendié six pence, et avons pris du thé et sommes je reste ici jusqu'à ce qu'il fasse jour ; et si mon vieux ne trouve pas de travail demain, nous irons le lendemain à l'Union, au-dessus de Battersea.

« Vous feriez mieux d'y aller tout de suite, » répondit-il ; mais n'exposez pas l'enfant à l'air nocturne. Si vous me promettez d'économiser assez pour vous loger, si vous sortez demain soir, je vous donnerai une demi-couronne.

La promesse a été faite et l'argent donné, même si l'œil vif du visiteur expérimenté a vu aux regards échangés entre les membres de la société que la tromperie était pratiquée . L'argent n'était cependant pas perdu, car cette congrégation d'impies écoutait avec une profonde émotion les déclarations claires et aimantes de la vérité divine qui tombaient des lèvres de ce bon ministre de Jésus-Christ.

Le lendemain soir, le missionnaire est venu et a demandé à la « mademoiselle » ce qui avait été fait avec la demi-couronne.

"Nous avions une bouteille de gin avec", répondit-elle, "mais certains imbéciles n'en voulaient pas et sont sortis en disant que c'était une honte de tromper un si bon missionnaire que celui qui l'avait donnée . "

"Maintenant, dites-moi, " continua-t-il, "qui étaient cet homme, cette femme et cet enfant ? Je suis certain que ce ne sont pas des vagabonds."

"Je ne pense pas", répondit la femme en riant: "pourquoi ils sont des smashers (*c'est-à* -dire des fabricants de fausse monnaie), et ils envoient d'abord la fille qui a des sacs de mauvaise monnaie sous sa robe, et l'un d' eux arrive. " Entrez, et si tout est serein, l' autre vient, et ensuite ils font des affaires. Quand vous êtes arrivé à la porte, je leur ai fait un clin d'œil, avant de l'ouvrir, car ils étaient alors en train de vendre à ces gars. L'un valait six pennorth de shillings, et un autre un shilling de demi-couronnes, selon la qualité, comme on dit.

Une autre conversation s'ensuivit, lorsque la femme eut l'occasion de quitter la pièce pendant quelques minutes, le visiteur se tourna vers la fille et dit :

"Je suis heureux de ce que tu m'as dit il y a quelques semaines, que tu priais toujours *Dieu* de faire de toi son enfant et de te préserver du mal auquel tu es exposé. Maintenant, dis-moi si tu as décidé de servir le Seigneur. ?"

"C'est ce que j'ai, monsieur," répondit-elle, les yeux remplis de larmes. "Mère ne me quitte pas des yeux; mais depuis deux dimanches je suis à la chapelle du bas des ruelles, où je comprends tout et je continue à prier; et hier soir, ce monsieur a si bien parlé que je veux servir Jésus. tout à fait."

Elle fut encouragée dans le choix judicieux qu'elle avait fait, et l'amie partit, heureuse que son cœur, comme celui de Lydia, ait été ouvert pour recevoir la vérité.

Les monnayeurs ne furent plus rencontrés ; mais un an après, le gouverneur du château de Norwich, sur la suggestion d'un magistrat qui l'assistait dans de nombreuses œuvres de miséricorde, écrivit pour demander l'aide du missionnaire pour trouver un foyer pour une jeune fille qui, avec ses parents, avait été appréhendé pour avoir transmis de la monnaie de base. Il parut qu'ils laissèrent la jeune fille au loin, et chacun prenant une mauvaise pièce d'argent la passa aux commerçants. Ils ont été arrêtés à plusieurs reprises, mais comme aucun deuxième morceau n'a pu être trouvé sur eux , ils n'ont pas été arrêtés. Ils ont été retrouvés de Londres à Norwich, grâce à l'argent qu'ils avaient dépensé, et ont été appréhendés dans un hôtel, avec les sacs en leur possession. Les parents ont été condamnés chacun à neuf mois de travaux forcés et la jeune fille a été détenue jusqu'à ce qu'un foyer puisse lui être trouvé. Cela fut fait et elle fut transférée à Londres. Elle resta quelque temps dans la maison, puis s'enfuit ; mais plusieurs années après, elle rendit visite à la matrone et l'invita à venir voir son mari, car elle était confortablement mariée.

Plusieurs années passèrent, pendant lesquelles " Teddie's Den" fut visité avec plus ou moins de succès, jusqu'à la nuit où l'Exposition Internationale fut fermée. Le missionnaire avait organisé un thé dans le bâtiment pour mille personnes, et rentra chez lui très fatigué, pour trouver un voleur dans la maison, car là, dans la salle, était assis un homme qui avait été fréquemment condamné. Lui, avec une émotion évidente, dit : « La « mademoiselle », monsieur, a eu des problèmes toute la semaine, et elle va très mal maintenant, et elle marmonne votre nom ; et le médecin a des problèmes. encore une fois , et dit que comme on devrait vous faire appeler, je suis donc venu. » On lui dit de chercher un fiacre ; mais il était minuit lorsqu'ils arrivèrent à la maison de nuit.

Un groupe anxieux de dépravés se tenait à la porte, mais le visiteur les dépassa en silence et entra dans la pièce du fond. La scène qui se présentait était vraiment solennelle, car là, habillée sur son lit, dans les douleurs de dissolution, gisait la femme qui se vantait d'avoir tenu des tanières pendant vingt et un ans et de n'avoir pas dormi de la nuit pendant tout ce temps. temps. Elle semblait mourante, mais elle se ressaisit lorsqu'elle entendit la voix de son amie et murmura : « Pitié ! Pitié ! — Priez, priez !

"Je vous le répète, en tant que pécheur coupable, vous devez prier pour vous-même", répondit-il d'un ton lent et calme. "Le sang de Jésus peut vous sauver maintenant : demandez à Dieu en son nom de vous pardonner." Et puis la mourante, après lui, répéta de courtes prières. Après une pause, il prit sa main froide dans la sienne et, s'agenouillant, il implora pour elle pardon auprès du Dieu de toute grâce. Sa voix fut cependant stoppée par les sanglots de plusieurs femmes et jeunes voleurs entrés par le magasin. L'expression de mort sur le visage de leur vieille connaissance coupable, avec l'attitude solennelle et les paroles de prière, les a vaincus, et ils ont semblé s'agenouiller comme en contrition devant leur Créateur offensé.

Il y avait des intervalles de conscience, pendant lesquels des paroles d'espoir étaient lues dans le Livre de Vie ; et à sa demande, exprimée par des mouvements de ses mains, la prière fut de nouveau offerte. Elle perdit bientôt connaissance et expira à trois heures.

Quelques paroles de réconfort furent adressées à la fille en pleurs et aux femmes restées dans la chambre ; Et le visiteur de nuit passa alors dans la rue. Une grande foule de criminels et de dépravés s'était rassemblée depuis d'autres maisons de nuit et, au moment de son départ , ils lui ont ouvert un passage, tandis que les deux policiers tournaient leurs yeux de bœuf pour l'éclairer sur son chemin. Il recula cependant et, debout sur le seuil de la tanière, tendit sa Bible et dit : « Elle est morte et son état éternel est fixé ; cependant, vous êtes du côté de la tombe où la miséricorde peut soyez cherché et trouvé. Levez les yeux, maintenant, vers l'endroit où le Sauveur est assis, à la droite de Dieu, au-delà de ces nuages sombres. Cherchez sérieusement le salut, puis vivez pour l'heure de la mort et le jour du jugement. Il traversa alors la rue en silence, pas un mot ne parvint à ses oreilles de ce rassemblement de méchants.

Le misérable héritage revint à la fille, aujourd'hui une jeune femme de vingt ans. Avant la maladie de sa mère, elle avait été persécutée par elle parce qu'elle confessait hardiment sa foi en Christ. Une autre cause d'offense était qu'elle recevait des tracts et les déposait sur les tables avant que les clients ne soient admis. Elle montra cependant une telle affection envers sa mère, que cela adoucit sans doute son cœur dur et lui fit montrer de meilleurs sentiments envers le visiteur importun. Quelques soirs après les funérailles, elle rendit visite à son amie et, en entrant dans la pièce, fondit en larmes et dit : « Je ne peux pas, monsieur, garder cet endroit terrible ouvert, car je prie toujours, et le langage et le péché sont horrible : je vais d'abord mendier mon pain. Que dois-je faire ? »

Elle fut apaisée et une conversation tranquille eut lieu entre eux au sujet de sa position. Après avoir conféré avec sa femme, il dit : « Vous êtes dans une situation pénible, personne ne vous accepterait à son service s'il savait que vous avez été élevé dans un tel endroit. Nous ferons cependant ce que d'autres ne pourraient pas, comme Je suis assuré que le Seigneur a agi avec miséricorde envers vous. Nous avons besoin d'un serviteur et nous vous accueillerons dans notre maison. Elle, avec des expressions de gratitude, a accepté l'offre ; il écrivit donc des notes au propriétaire de la maison et à un courtier, et il l'envoya avec elles.

Le lendemain soir, le missionnaire rendit sa dernière visite à « Teddie's Den ». Une charrette à bras était à la porte et le courtier à l'intérieur. Les meubles, la vaisselle et les accessoires furent rapidement vendus et enlevés, puis le visiteur de nuit et sa défunte maîtresse partirent. C'est avec un cœur joyeux et reconnaissant qu'il ferma la porte derrière eux, car il sentait qu'une forteresse du péché et de Satan était tombée devant les notes argentées de l'Évangile de paix.

La jeune femme s'en sort bien à sa place, et fait preuve d'un caractère renouvelé. Au bout de quelques mois, son maître et sa maîtresse furent si satisfaits d'elle qu'ils la recommandèrent dans une maison de correction comme sous la direction d'une matrone. Pendant deux ans, elle a occupé ce poste à son honneur et au bénéfice spirituel de nombreux détenus, dont un qui fréquentait la tanière de ses parents. Cette femme avait été pendant des années la compagne de voleurs et, par vice, avait tellement nui à sa santé qu'elle souffrait d'une longue maladie à l'hôpital de Londres. A sa sortie, elle fut envoyée à l'Institution, et grand fut son étonnement de trouver la jeune femme qui, lorsqu'elle était petite, la servait la nuit, sous-matrone dans la maison de Mercy. D'elle, elle reçut avec joie la bonne nouvelle de Jésus recevant les pécheurs, et fut amenée à invoquer son nom, puis à se réjouir de sa miséricorde.

Un soir, la jeune assistante rendit visite à son amie et lui dit timidement : « Vous connaissez M. Untel, n'est-ce pas, monsieur ?

« Oui », fut la réponse ; "et pense bien à lui."

« Vous avez été plus qu'un père pour moi, monsieur ; et pourriez-vous s'il vous plaît me trahir ?

La fonction a été joyeusement entreprise et facilement remplie. Après le mariage, l' ami missionnaire et père lui remit une Bible, avec cette inscription: "Héritiers ensemble de la grâce de la vie". L'union est heureuse, et elle est une preuve vivante que la grâce souveraine peut élever ses sujets des plus bas abîmes et les placer parmi les princes des enfants de la lumière.

Le livre dans les rues et les maisons de nuit :

SA FORCE SILENCIEUSE.

" Semez dans les lieux sauvages et déserts,
même si aucun de vos amours ne peut le posséder ; Dieu guide le duvet du chardon.
Le vent errant a semé.
Jésus réprimandera-t-il votre faiblesse, ou qualifiera-t-il votre travail de vain ?
La parole que vous portez pour lui
reviendra à Lui encore. Sème de ton cœur au ciel, Ta force est la puissance de ton Maître, Jusqu'à ce que les lieux sauvages s'épanouissent Dans la chaleur de la lumière d'un Sauveur .

Anna Shipton.

CHAPITRE XI.

UN SALOON DORÉ — UN PLUMEUR DE PIGEONS — LE
DÉCOURAGEMENT — L'HOMME DU CAFÉ — LE DÉSTITUT —
LA SOLITUDE DE LA VILLE — LA FOLIE DE LA DISGRACE —
LE MENDIANT ET SON GARÇON — LE « REPOS DU
VOYAGEUR » — L'ÉGLISE SANS SOMMEIL — LES STANDS ET
CABINES DE CAFÉ — LE COUVERT DE LA TEMPÊTE – LA
PUISSANCE BIBLIQUE.

LE LIVRE DANS LES RUES ET LES MAISONS DE NUIT : SA FORCE SILENCIEUSE.

"La graine est la Parole de Dieu." LUC VIII. 11.

DEUX cent soixante nuits consacrées à des efforts d'évangélisation dans les rues, les buvettes et les repaires de la puissante ville, ont prouvé que la Parole de Dieu est puissante pour arrêter l'attention des plus irréfléchis, pour arrêter les coupables dans leur carrière descendante ; et que c'est la puissance de Dieu pour le salut des pécheurs qui sont tombés si bas qu'ils sont amenés, une fois restaurés, à se démarquer devant les hommes comme des miracles de miséricorde. Les déceptions étaient fréquentes et si la poursuite des travaux avait dépendu d'un succès connu, elles auraient été écrasantes. Mais il n'en était pas ainsi : le grand Maître n'envoie pas ses serviteurs à leurs propres frais. Lorsque, par sa grâce souveraine, il prend un pécheur et le place parmi ses enfants, puis, par une faveur particulière , fait de lui une roue ou un levier dans son grand mécanisme de miséricorde, il n'exige que la fidélité et non le succès. Les hommes ne peuvent remplir que le rôle d'instruments subordonnés et d'agents visibles dans le puissant processus du salut. « Dieu était en Jésus-Christ réconciliant le monde avec lui-même », mais « il nous a confié le ministère de la réconciliation ». Cette vérité devrait ôter l'indolence et l'avarice de ceux qui portent le nom du Christ. Les rachetés qui réalisent la dette qu'ils ont envers leur Seigneur devraient aspirer à être les députés et les agents de l'amour divin ; ceux-là devraient travailler , étudier et prier pour réussir, parce que le Saint-Esprit agit par des instruments adaptés à son usage, et que la toute-puissance armée de Dieu est engagée en faveur des pécheurs repentants. La grande œuvre de restauration est de Dieu, et de Dieu seulement ; et c'est donc le devoir de ses serviteurs de travailler avec autant de joie lorsqu'ils sont refusés que lorsqu'ils sont favorisés par une preuve de bénédiction.

Ces réflexions ont été suggérées lors de la collecte des matériaux pour ce chapitre. L'esprit revenait à tant d'exemples d' échecs, à une succession d'hommes et de femmes qui avaient été l'objet de beaucoup d' efforts sérieux, mais qui étaient sortis de l'influence du missionnaire sans donner le moindre espoir de leur salut. Si une partie d'entre eux était évoquée, ce serait un bilan lamentable. Nous nous limiterons donc, pour illustrer la nature de l'ouvrage, à un seul exemple.

Un ministre du Cabinet avait conféré avec le missionnaire au sujet de la législation relative aux maisons de nuit ; et comme d'autres entrevues suivraient sûrement, il crut bon de visiter tous les endroits sur lesquels la police pourrait lui donner des renseignements.

Une nuit, il suivit plusieurs messieurs habillés à la mode dans une maison près du Haymarket et se retrouva dans un salon doré, avec une salle de billard à l'étage. Les messieurs restèrent ensemble, et comme le visiteur se sentait étrange, il se dirigea vers l'extrémité supérieure et se jeta sur un canapé ; il méditait sur ce qu'il pourrait faire là, lorsqu'un homme d'âge moyen entra et fit un signe de tête familier au groupe, puis jetant un regard attentif vers l'étranger, s'approcha et prit place à l'autre bout du canapé. Après une petite réflexion, une enveloppe contenant un tract lui fut remise. Il sursauta brusquement, et le missionnaire s'écria d'un ton joyeux : « Ce n'est pas un bref ; puis tous deux rirent de bon cœur. L'attention du propriétaire et de son garçon en grande tenue, dès son entrée, était fixée sur l'étranger ; il crut donc bon de se lier d'amitié avec ce monsieur, et se pressant près de lui, il dit dans un demi-chuchotement confidentiel : « Obligez-moi de ne pas ouvrir l'enveloppe maintenant, car elle ne contient qu'un traité religieux. Tandis qu'il le regardait avec étonnement, le donateur poursuivit : « Vous pensez sans doute qu'il est absurde et chimérique de ma part de m'aventurer ici avec des tracts, mais vous respecterez mes motivations lorsque je vous dirai que j'ai visité pendant des années la classe inférieure de maisons de nuit et conféré des bienfaits à beaucoup ; et que je suis la voix de celui qui crie pendant la nuit : « Voici l'Agneau de Dieu qui enlève le péché du monde. »

"Un motif si bon justifie l'acte", répondit le monsieur. "Je vais au salon turc et je m'évanouirai avec vous."

Dans la rue, ils entamèrent une conversation agréable et un rendez-vous fut pris pour une autre nuit ; celle-ci fut conservée, et suivie de plusieurs autres, outre les rencontres fortuites. De ses amis, il s'assura que le gentleman était censé être de bonne famille, qu'il avait obtenu son diplôme à Oxford et qu'il portait le nom d'emprunt de Clifford. C'était une personne des plus fascinantes, même si son visage avait une expression dissipée et parfois malveillante. Il avait de nombreuses connaissances parmi les jeunes hommes de position, qui fréquentaient alors le Haymarket, et était souvent vu avec un gentleman, aujourd'hui décédé, qui, par mauvaise compagnie, perdit sa fortune et dut soutenir un long procès pour prouver son santé mentale. Par l'ordre inférieur des dépravés, il était considéré comme l'un des nombreux hommes nobles qu'ils appelaient « plumeurs de pigeons ».

Une nuit, le monsieur et son ami chrétien, qui s'étaient rencontrés à Haymarket, conversaient ensemble, lorsqu'il fut abordé par un jeune homme qui paraissait majeur, avec "Ah, Clifford ! comment ça va ? content de vous voir. Juste un mot à votre guise."

"Certainement, monseigneur", fut sa réponse. "Je serai avec vous dans quelques minutes : j'aurais dû vous attendre si je n'avais pas rencontré cet ami très agréable."

"En tant qu'ami de Clifford, puis-je implorer l' honneur d'offrir ma main à Votre Seigneurie ?" demanda le missionnaire .

"Certainement", répondit le jeune noble (s'il l'était), puis le visiteur chrétien lui saisit la main et la tenant avec une légère retenue, le regarda bien en face et dit : "Vous êtes en danger, monseigneur. Cette dissipation nuira à votre personne, à votre réputation, à votre fortune et peut-être à votre pays. Soyez sage. Comme un certain jeune dirigeant mentionné dans l'Évangile, approchez-vous du Seigneur Jésus et demandez : « Que dois-je faire pour hériter de la vie éternelle ? '"

Une couleur profonde monta sur le visage du jeune homme, et il s'éloigna précipitamment ; mais se retournant, comme par une impulsion soudaine, il tendit de nouveau la main à son réprobateur et dit : « Je vous remercie, monsieur ; puis il se perdit dans la foule des gais et se dissipa.

"Vous êtes en danger mon seigneur."

Quelques semaines après cet événement, le visiteur nocturne rencontra le monsieur et prit le thé avec lui dans un café. Alors qu'ils étaient assis ensemble à la petite table ronde en marbre, le missionnaire observa : « Je trouve étonnant que vous puissiez vivre une telle vie, accumulant la colère contre le jour de la colère. Dès votre enfance, vous avez connu le Saint Écritures, et je m'étonne que les textes ne remontent pas parfois à votre mémoire et ne produisent pas une attente effrayante du jugement !

" Ce n'est pas le cas, " répondit-il, " aussi étrange que vous puissiez trouver cela. Il n'y a qu'un seul sujet de mémoire qui me trouble jamais, ce sont les vers d'un hymne d'enfant que notre mère nous enseignait lorsque nous étions à genoux. à ses côtés dans la crèche,—

« Dieu Tout-Puissant, ton œil perçant traverse les ombres de la nuit ; Et nos actions les plus secrètes sont toutes ouvertes à Ta vue.

"Parfois, ces vers me traversent l'esprit aux moments les plus inopportuns et détruisent mon plaisir ; ils se sont produits lorsque vous m'avez parlé pour la première fois dans le saloon, et l'autre soir, je me suis surpris à les répéter en jouant à une partie de billard importante." La Bible de poche fut produite et les mots lus solennellement : « Il a fixé un jour où il jugera le monde avec justice par l'homme qu'il a établi ; dont il a donné l'assurance à tous les hommes en ce qu'il a élevé Lui (Jésus) d'entre les morts.

Le visiteur lui répéta alors les vers d'un Hymne du Jugement de sa propre écriture, qui évidemment produisit une profonde impression :

Roulez, roulez, vous tonnez avec une terreur terrible !
Criez, criez, anges et réveillez les morts !
Proclamer le mandat du Roi Tout-Puissant ;
L'homme, mort et vivant, sera amené au Jugement.

Levez-vous, levez-vous, millions d'argiles au repos !
Voyez, voyez, la lumière du jour éternel !
L'éclat de sa venue dore le ciel,
le manteau glorieux du Juge le plus haut.

Réjouissez-vous, réjouissez-vous, fils de Dieu rachetés !
Chantez, chantez la vertu du sang du Sauveur !
Vos Hallelujahs triomphants et bruyants chantent,
Avec une grande joie saluez votre Sauveur -Roi.

Pleurez, pleurez, négligeurs de l'amour d'un Sauveur ;
Pleurez, pleurez, ceux qui ont rejeté la Colombe Céleste ;
La miséricorde insultée t'abandonne à la loi
qui condamne à la mort et t'ordonne de ne plus espérer.

Réveillez-vous, réveillez-vous, pécheurs endormis, priez ;
Pleurez, criez pour demander miséricorde, maintenant au jour de la miséricorde ;
Fuyez vers le secret loin de la tempête et reposez
vos âmes rachetées par le sang sur la poitrine du Sauveur .

Après cette visite, il y eut plusieurs autres réunions, puis il y eut un long intervalle. En s'informant de son ami sur les divans et les salons, le visiteur apprit qu'« il n'avait pas été vu depuis un certain temps : qu'il était sans aucun doute allé sur le continent et qu'il reviendrait la saison prochaine ». Il n'était pas là l'année suivante et n'a plus jamais été revu dans ses anciens repaires.

C'était avec lui comme avec les autres : beaucoup d'efforts sans résultat apparent ; et pourtant il est possible qu'au jour du Seigneur, le bien concernant certains d'entre eux se manifeste.

Dans une catégorie de cas, on est libéré du découragement, et c'est lorsque l'ouvrier chrétien est en mesure de fortifier, d'encourager et d'assister les disciples dans leurs efforts pour rendre témoignage au Seigneur et pour faire le bien dans des circonstances déprimantes.

Il en était certainement ainsi pour un vieil homme qui tenait un stand de café dans un quartier pauvre . Son atelier consistait en une grande brouette recouverte de toile, soutenue aux coins par des morceaux de bois verticaux. À une extrémité, il y avait un petit poêle en fer, avec une grande bouilloire dessus, et une cafetière d'un côté et une théière de l'autre ; au fond se trouvait une armoire bien remplie de pain au beurre et de gâteaux aux prunes. Au centre du tumulus se trouvait un tissu blanc recouvert de tasses et de soucoupes, et en dessous se trouvaient plusieurs seaux d'eau. Il avait l'habitude de transporter toute l'entreprise dans son coin dès que l'horloge sonnait midi le soir, et de la transporter lorsque le public et les cafés ouvraient à six heures du matin. La connaissance du propriétaire fut faite de la manière suivante : Un matin glacial, vers trois heures, le missionnaire , qui tremblait du froid ressenti en quittant une maison de nuit chaude, s'approcha de l'étal et lui tendit les mains. le feu. L'agent de service s'arrêta dans le même but, et la conversation suivante eut lieu entre eux :

Teneur d'étal : "J'ai lu le livre que vous m'avez prêté, et je ne pense pas que la doctrine soit valable. La grâce souveraine est destinée au salut, et les saints élus selon le dessein divin doivent être sauvés. Personne ne peut les arracher. des mains du Sauveur . »

Policier : "Vous faites trop d'importance à votre doctrine préférée sur l'élection. Notre Seigneur est mort pour tous ceux qui ont jamais vécu ou vivront dans le monde ; et il est écrit que ce n'est pas la volonté de Dieu qu'aucun périsse, mais que tous périssent." venez à la repentance. »

« Les deux doctrines sont clairement enseignées dans la Parole divine », remarqua l'étranger ; " et, comme les couleurs de l'arc-en-ciel, elles s'harmonisent et se mélangent sur le trône où Jésus est assis. Nous faisons bien de rechercher la pleine assurance de la foi et de nous réjouir de l'alliance sûre ; mais ce faisant, témoignons de le Seigneur qui nous a rachetés, et essaie de gagner les autres en témoignant de sa grâce abondante. »

Avec un sourire heureux, les policiers recommençaient leur promenade fatiguée autour du battage, tandis que le marchand et le visiteur de nuit avaient une conversation agréable sur la grâce de notre Seigneur Jésus-Christ, apparue à tous les hommes. Cela a conduit à une amitié avec le marchand, qui était un homme de Cornouailles et un baptiste calviniste ; et à une légère connaissance du policier, qui était congrégationaliste. Plusieurs visites furent rendues au "Coffee Man", comme on l'appelait, et du travail lui fut assigné dans la grande vigne. Il reçut des tracts qu'il gardait dans son placard et fut pendant plusieurs années un précieux distributeur. Des groupes de gens dépravés, qui « rendent la nuit hideuse », entouraient son échoppe ; à ceux-là, il leur donna des tracts et leur dit la vérité avec audace. Il devint en effet une sorte de conseiller spirituel auprès des dépravés. Beaucoup de repentants parlèrent avec confiance au bon vieillard, et plusieurs furent envoyés par lui chez son ami et placés dans des institutions de miséricorde.

Il ne s'agissait pas d'un seul exemple d'hommes convertis se retrouvant occupés à des occupations nocturnes ; et c'était devenu l'objet des efforts du visiteur pour fortifier ceux-là dans la foi et les amener hardiment à témoigner de leur Seigneur au milieu des impies. Ces aides étaient précieuses et leur témoignage précieux, car le grand nombre de personnes rencontrées étaient de mauvaise réputation ou tout à fait ignobles. Beaucoup ignoraient la vraie lumière, mais il y en avait d'autres qui avaient reçu des avantages religieux et qui, en rejetant la miséricorde offerte, se considéraient indignes de la vie éternelle. Parmi cette masse d'impies se trouvaient les jeunes, les irréfléchis et les affligés, qui, facilement emmenés captifs par le diable et ses serviteurs, remplaçaient ceux qui sombraient constamment dans la perdition. Avec certains d'entre eux, le travail a été efficace pour de bon, comme le montre le cas suivant.

Une nuit, peu après onze heures, le missionnaire marchait dans Oxford Street, en compagnie d'un autre évangéliste, lorsqu'ils croisèrent une jeune fille de dix-sept ans, qui marchait lentement, comme si elle était malade. Le visiteur de nuit la regarda et fut frappé par l'expression de misère et de maladie : il semblait que les chagrins d'une vie s'étaient concentrés sur ce jeune visage. Il se tourna donc brusquement et, s'approchant d'elle, lui dit gentiment : « N'aie pas peur : je suis un homme religieux et l'ami des pauvres filles en difficulté. Maintenant, dis-moi où tu vas ?

« Dormir sous les arbres du parc, monsieur, si je peux y entrer, » répondit-elle ; " sinon, marcher toute la nuit " ; et puis elle fondit en larmes.

En réponse aux questions, elle a fait la déclaration suivante, d'une manière très véridique. Elle a déclaré : « Je suis une fille du village et je suis revenue de chez moi après avoir perdu mon seul parent il y a environ dix-huit mois. La fille d'un voisin qui était à Londres m'a trouvé un logement. C'était dans une maison d'hébergement : et je sortais rarement, car on ne m'a permis d'aller à l'église que trois fois. Tous les escaliers étaient en pierre et j'ai dû les nettoyer, ce qui, avec des montées et des descentes constantes, a provoqué une tuméfaction blanche au genou. Je suis resté aussi longtemps que j'ai pu.

" J'ai rampé, puis, comme j'avais économisé trois livres, je suis allé vivre avec la femme de ménage. Après un certain temps , j'ai été hospitalisé pendant deux mois. Je suis retourné chez la femme de ménage et j'ai essayé de me mettre à ma place, mais j'avais l'air si malade que personne ne voulait m'engager. Après que l'argent ait été dépensé , j'ai mis mes vêtements en gage et on m'a dit d'aller à l'atelier. Je suis allé à la porte, mais l'homme m'a parlé si fort que j'ai reculé, et maintenant j'ai été dans les rues pendant deux jours. Hier soir, j'ai couché avec d'autres filles sous les arbres de Hyde Park, mais elles parlaient si horriblement que j'ai peur d'y retourner. Oh ! que dois-je faire ? » et elle sanglota si fort que plusieurs personnes traversèrent de l'autre côté de la rue.

"Si votre histoire est vraie, je pourvoirai à vos besoins", dit son interrogateur : "en tout cas, je veillerai à ce que l'on s'occupe de vous ce soir." Il l'emmena ensuite dans un café où il était connu et lui paya le dîner, le lit et le petit-déjeuner. En partant, il sortit une enveloppe de sa poche, la déchira, lui en donna la moitié et dit : « Tenez-vous avec celle-ci à la main près de la fontaine de Regent's Circus demain matin à dix heures, lorsqu'une dame avec l'autre moitié vous parlera et vous conduira dans une maison.

A l'heure dite, la pauvre fille s'approcha de la fontaine, où l'attendait une matrone de la Société de Secours. Dès son arrivée au foyer, ses déclarations ont été examinées et jugées exactes. Des soins et un traitement approprié lui rendirent bientôt la santé, et une dame la reçut à son service. Trois mois plus tard, la dame est venue au bureau pour remercier la secrétaire de lui avoir envoyé une si bonne servante. Elle resta à sa place plusieurs années et témoigna d'une réelle gratitude pour la grande délivrance qui lui avait été opérée.

L'état dans lequel cette pauvre fille a été retrouvée illustre la condition solitaire de ceux qui n'ont pas d'amis dans une grande ville. Les plus misérables et les plus méritants peuvent, dans la foule, se bousculer contre les hommes et les femmes les meilleurs et les plus gentils, et pourtant sombrer dans les profondeurs les plus basses de la misère et du vice, inaperçus et négligés. D'où le devoir chrétien et la véritable philanthropie d'arrêter ces vagabonds et de les mettre en mesure de vivre pieusement, justement et sobrement dans le monde mauvais d'aujourd'hui. Le cas suivant montrera que de tels efforts ne sont pas vains et que les paroles du Livre sont puissantes pour reconquérir même les parias : -

Un matin, une jeune fille de dix-neuf ans, en haillons et d'apparence misérable, fut amenée chez le visiteur de nuit par une femme d'apparence dépravée et ivre, qui dit : « Cette jeune femme était devenue folle et s'est évanouie comme quand elle a couru dans la maison de nuit et a dit qu'elle voulait le pasteur, qui prêche comme dans la Bible dans les rues la nuit; et comme c'est votre honneur , j'ai découvert que vous viviez ici, et j'ai donc Je l'ai amenée. J'ai dû la soigner, car j'ai bon sentiment, et les hommes voulaient l'emmener à la police, car elle est folle, et je pense qu'elle devrait être emmenée à Bedlam.

L'objet de ce discours se tenait les mains devant le visage, tremblant d'émotion. Aussi sale qu'elle fût, le missionnaire et sa femme l'emmenèrent dans une chambre privée et, par des paroles apaisantes, lui arrachèrent la déclaration suivante. Elle dit : « Je suis une fille écossaise et mon père est commerçant dans de grandes affaires. De mauvaise humeur, je me suis enfuie de chez moi et j'ai été terriblement méchante. Une nuit, je vous ai entendu parler à des gens autour d'un café. - décrochage, et puis tu nous as montré la Bible, et tu as dit que chaque mot qu'elle contient se réaliserait et que Jésus reviendrait comme un voleur dans la nuit. En partant, tu as dit que "les cieux passeraient dans un grand du bruit, et que la terre serait brûlée, et que tous ceux qui rejetaient maintenant la miséricorde seraient alors bannis de la présence du Sauveur . Je me sentais si malheureux que je suis allé à mon logement et le lendemain j'ai écrit à mon père pour lui demander pardon. Il n'a pas écrit pendant deux jours et j'étais si anxieux que je suis resté des heures à chercher le facteur. Enfin, une lettre est arrivée de sa main, et les seuls mots qu'elle contenait étaient : « Vous n'êtes pas ma fille : ne m'écrivez plus jamais. Je me suis senti en colère quand je l'ai lu et j'ai marché toute la journée dans Regent's Park : quand les portes étaient fermées , je me suis caché et je me suis endormi sur l'herbe. Je me suis réveillé la nuit, comme il pleuvait, et j'étais trempé jusqu'au bout. ... En traversant le pont, je me suis mis à rire et à danser, et j'ai pensé combien il serait agréable de me noyer ; alors j'ai ôté mon bonnet et mon châle, avec l'intention de sauter dedans, quand j'ai cru t'entendre parler de miséricorde et de Jésus, et j'ai été si surpris que j'ai pris mes affaires et j'ai couru aussi vite que possible. J'ai sauté par-dessus les palissades comme si quelqu'un me poursuivait et j'ai couru jusqu'à ce que j'arrive à la maison de nuit, puis je me suis évanoui. À la fin de ce récit, elle regarda autour d'elle d'un air affolé et cria presque : « Oh, sauvez-moi, monsieur : sauvez-moi ! ne me laissez pas entrer dans le parc.

Elle fut assurée de sa sécurité et des paroles de tendresse chrétienne lui furent adressées. Après avoir pris un rafraîchissement, elle était suffisamment calme pour être envoyée en charge de la femme avec une note au directeur du Refuge pour les Indigents. Elle fut reçue et le lendemain matin, malade, elle fut transportée à l' hôpital. Son père a reçu plusieurs lettres, mais n'a pas répondu aux lettres : une jeune tante, cependant (ces bénédictions dans une famille), l'a envoyée chercher en Écosse. Une semaine plus tard, la tante envoyait une lettre très reconnaissante, contenant le paiement intégral des dépenses engagées pour le sauvetage de sa nièce ; ainsi qu'une lettre de la jeune fille, exprimant sa gratitude envers Dieu et les hommes pour sa merveilleuse délivrance d'une tombe aqueuse. Après cela, aucune autre lettre volontaire n'a été envoyée. Lorsqu'il écrivait, les réponses étaient si froides et si brèves qu'elles lui laissaient entendre que, bien que reconnaissantes, elles souhaitaient rompre avec tous ceux qui connaissaient sa terrible chute.

De tels cas d'ingratitude, et bien pires, où les plus grandes bénédictions avaient été conférées, n'étaient pas rares. Ce fut d'abord un véritable découragement pour l'homme, qui ressentait le chagrin et la lassitude de cette lutte désespérée pour les âmes ; mais finalement il se résigna à travailler comme pour le Seigneur seulement. Même alors, il se sentait parfois attristé, après avoir travaillé pour le bien d'une personne apparemment sans valeur, d'être évité une fois le bien accompli. Cela ressemblait à l'histoire évangélique des dix lépreux guéris, et un seul d'entre eux revenant rendre grâce au grand guérisseur. La proportion des ingrats est très grande ; car sur les 374 femmes, filles et garçons que le Seigneur a permis au missionnaire de sauver ou de délivrer de quelque péril ou misère, rares sont en effet ceux qui, à intervalles d'années, montrent de la gratitude. L'un d'entre eux sera évoqué ici, car le récit montre également que la bénédiction qui donne le succès repose souvent sur la persévérance dans l'effort pour faire le bien.

Par une nuit pluvieuse, un mendiant et son garçon de treize ans entrèrent dans un pub qui resta ouvert jusqu'à une heure du matin. L'homme demanda l'aumône au publicain, puis au missionnaire à qui il parlait, et dit qu'ils ne voulaient que quatre pence pour leur logement, car ils étaient venus de Chatham et étaient tous deux malades. Par pitié pour le garçon, qui chancelait de faiblesse, le visiteur les accompagna jusqu'au « Repos du Voyageur » et paya l'argent. En chemin, l'homme déclara qu'il était un soldat démobilisé et qu'il avait quitté le régiment avec de mauvais yeux ; il était presque aveugle et qu'il avait une petite pension pour la première année. Sa femme et eux-mêmes avaient plutôt bien vécu de mendicité à la campagne pendant l'été, car il portait toujours une veste rouge et avait sur lui son papier de sortie. En chemin, sa femme était tombée malade et avait été laissée à l'infirmerie ; mais il espérait qu'elle les rejoindrait bientôt. Il parut très reconnaissant lorsqu'on lui proposa de placer le garçon dans un refuge, et un appel à cet effet fut organisé pour le lendemain.

"Le Repos du Voyageur " était situé dans une petite rue, avec plusieurs cours et un passage au bout. La route était extrêmement sale lorsque le missionnaire est passé à deux heures du matin le lendemain après-midi. Les nuées d'enfants venaient du caniveau, sans chaussures, en lambeaux et sales. À de nombreuses portes, des femmes au visage dégradé étaient accroupies et fumaient de courtes pipes. Un violoniste jouait à la porte d'une brasserie basse - « The Dan O'Connell » - tandis que des hommes, des femmes et des enfants dansaient à l'intérieur et à l'extérieur sur une gigue irlandaise. De deux fenêtres se trouvaient de longues perches avec des factures en dessous, annonçant le fait agréable qu'« on pouvait se raser de près et se laver à l'intérieur pour un demi-penny ». Il s'agissait sans aucun doute de barbiers rivaux. "The Rest" était l'un des nombreux et était offensivement sale. Au fond, ou salle commune, se trouvaient deux tables et plusieurs formes, la compagnie étant composée de huit femmes et cinq hommes. Trois d'entre eux étaient près de la cheminée, l'un tenant un certain nombre de sprats sur une longue brochette, un autre un hareng rouge, et le troisième faisait frire un steak et des oignons. Ils considérèrent l'étranger avec ce qu'il savait être un regard professionnel, et une femme lui dit dans le même souffle que « la mère était à l'étage et qu'elle était très malade, et presque un squelette de faim » ; puis elle sortit de sa poche un flacon de médicament et, pour prouver à quel point elle allait mal, l'invita à le goûter. Il refusa courtoisement et monta dans la chambre, dont l'air était horriblement offensant. Une rangée de vieux matelas posés sur le sol sale formait les lits, tandis que les murs étaient terriblement sales. Mais comme le dit le « soldat » : « À quelle commodité un gars peut-il s'attendre pour deux pence , quand vous avez l'usage du feu et de l'eau ? À la grande déception du visiteur, l'homme a commencé à revenir sur sa promesse de laisser le garçon aller dans un refuge ; et lorsqu'on le pressa, il devint impertinent et dit : « Avec mes yeux injectés de sang et le garçon qui a l'air malade, nous pouvons en avoir beaucoup ; et je ne mourrai pas de faim pour lui. En partant, le lecteur rentra dans la salle commune et attira l'attention du peuple sur la parabole du bon Samaritain ; puis, brandissant la Bible de poche, il dit : "C'est ici, ainsi que bien d'autres choses que le bienheureux Jésus a dites."

Quelques semaines plus tard, le visiteur vit le garçon blotti dans un café de nuit, le père dormant profondément. Le garçon lui a dit qu'une dame d'Upper Brook Street avait été très gentille avec eux, mais que son père avait bu tout l'argent. L'adresse fut notée et le lendemain le missionnaire rendit visite à la dame qui eut la gentillesse de lui exprimer ses remerciements et ils planifièrent ensemble le sauvetage du garçon. Par des menaces et des supplications, le père fut persuadé de le laisser entrer au Refuge de Commercial Street, et le visiteur de nuit l'y conduisit en triomphe.

Le garçon réussit bien à la maison et fut initié aux mystères des deux métiers de cordonnier et de menuisier. Il a bien fait son travail et a montré un cœur reconnaissant. Il se procura un morceau de cuir d'environ neuf pouces de long, y inscrivit le nom de son ami avec du fil de cordonnier et, lors d'une de ses visites, le lui donna, tandis que les larmes de gratitude lui montaient aux yeux. Le visiteur l'a désormais parmi les précieux souvenirs de son œuvre. Pauvre garçon, il n'avait pas d'argent pour acheter un cadeau, alors il a imaginé cela pour montrer à quel point son cœur était chaleureux.

A sa sortie du Refuge, il fut apprenti chez un maître charpentier, la dame payant aimablement avec lui une petite prime. Il réussit bien et, à la fin de ses jours, entra dans un bon atelier. Il faisait parfois appel à son ami pour lui faire part des progrès réalisés. Après un long intervalle, il revint pendant une courte période et déclara qu'il était membre d'une église presbytérienne depuis dix-huit mois et qu'en donnant des tracts et par des conversations, il essayait de faire du bien aux autres. Ce fut un entretien agréable, car le jeune charpentier remercia plus chaleureusement que jamais son ami pour son sauvetage, puis ils se mirent à genoux en prière. Un exemple comme celui-ci compense tout le labeur et le chagrin du travail, et conduit à l'humiliation devant Dieu Tout-Puissant, que Lui, dans sa grande miséricorde, utilise des vases de terre pour les besoins de sa grâce.

Nous faisons une lacune dans ce chapitre, afin de faire une annonce importante, une annonce qui mérite d'être imprimée en gros caractères et blasonnée en lettres d'or ; c'est que, comme Londres ne dort jamais, de même LA GRANDE ÉGLISE DE DIEU DANS LA PUISSANTE VILLE NE DORT JAMAIS . Il y a maintenant de nombreux ouvriers pour Lui pendant la nuit, et l'appel des pécheurs à la repentance ne cesse jamais dans la cité empire. L'heureux résultat fut ainsi obtenu : les gens entendirent parler du travail du visiteur de minuit et s'y intéressèrent. Le premier d'entre eux était un ecclésiastique important, puis dans un collège d'Oxford. Il écrivit au missionnaire , lui demandant, pendant la semaine des courses de bateaux de Cambridge et d'Oxford, de remettre les lettres qu'il avait écrites à tous les jeunes messieurs qu'il pourrait trouver dans les casinos, les saloons et les maisons de nuit, portant la cravate bleu foncé. Plusieurs nuits furent ainsi occupées avec intérêt et profit.

Peu de temps après, les fondateurs du mouvement des réunions de minuit le consultèrent sur ce projet, auquel il apporta son soutien chaleureux. Dès la première nuit, il distribua les invitations et pénétra dans ce but dans des lieux où personne d'autre que lui n'osait entrer dans ce but. La grande salle était bondée, pas moins de 250 jeunes femmes étaient présentes ; et il se tenait joyeux avec un cœur priant à côté de l'hon. et le révérend Baptist Noel, alors qu'il prononçait le premier discours. Le visiteur de minuit savait qu'un mouvement était alors en train d'être inauguré qui continuerait à sauver de nombreuses personnes de la destruction et qui élèverait le ton moral de Londres. Plusieurs particuliers commencèrent alors à leur rendre visite la nuit, et le comité de la mission de la ville de Londres eut de la compassion pour leur domestique surmené et, en nommant un missionnaire dans les maisons de nuit, le soulagea de ces tâches qu'il s'était imposées. Un changement d'importance s'était cependant opéré. Son témoignage devant un comité de la Chambre des communes, ses écrits et son influence privée contribuèrent à obtenir une loi bénéfique fermant les maisons de nuit de une à quatre heures du matin. Ce fut un grand bien moral et cela a abouti à la création de centaines de stands de café dans la rue. Il y a encore beaucoup de place pour l'effort chrétien la nuit, comme le montreront clairement les extraits suivants des déclarations imprimées des deux missionnaires ainsi employés. Nous les présentons avec un extrait de « L'épée et la truelle » :

« Les missionnaires quittent invariablement leurs maisons à midi et reviennent vers huit heures du matin. Et le nombre des cochers est maintenant si grand, et leur instruction spirituelle si nécessaire, que l'effort s'est avéré être l'un des départements d'évangélisation les plus nécessaires et les plus fructueux. Il y a près de 2000 cochers de nuit. Ils sont très dociles, remarquablement heureux d'apprendre le message de l'amour de Dieu. Et en effet, les deux Missionnaires semblent généralement attachés à Désireux sincèrement de leur meilleur bien-être et se souvenant à quel point la mort doit être proche pour la plupart de ces vieillards, ces messagers de la paix aspirent à leur âme. Dans de nombreux cas, leurs efforts ont été bénis. Pauvres vieillards, dont les sillons Les larmes de la pénitence ont coulé sur leurs joues, ils ont trouvé dans le Christ la plus vraie consolation pour leurs cœurs fatigués. A l'heure de l'éclipse de la vie, car la mort du chrétien n'est rien de plus, ils ont été témoins d'une bonne confession et ont donné des témoignages brillants et glorieux. qu'ils sont nés de nouveau. »

Un missionnaire écrit :

"Les stands de café et les stands que l'on trouve partout à Londres au coin des rues et sur la voie publique, près des gares ferroviaires, etc., sont d'excellentes occasions d'utilité. Ils sont tenus par des gens qui n'ont pas d'autres moyens. de gagner leur vie, et qui vendent une tasse de café chaud et fumant pour un demi-penny, et une tranche de gâteau ou de pain et de beurre pour le même prix. Beaucoup de ces gens sont des hommes et des femmes chrétiens, et apportent une grande aide au missionnaire pour expliquer le message de miséricorde et de salut à leurs clients. Non seulement les cochers et les exclus prennent une tasse de café dans ces endroits, mais les hommes du bâtiment, les charretiers des chemins de fer et autres, vers six heures, se rassemblent en grand nombre autour d'eux. , pour obtenir ce qui leur fait du bien et leur évite d'aller au premier pub. De sorte que ces propriétaires de stands de café sont une partie vraiment utile de la communauté. Ces stands de café ont augmenté rapidement, de sorte qu'aujourd'hui environ quatre cent et on en compte soixante dans les rues de Londres la nuit. La Church of England Temperance Society en a également stationné un certain nombre dans les principales artères de jour. Nous donnons une photo de l'un d'entre eux car il contient les dernières améliorations et la meilleure utilisation de celles-ci.

" Un jour, un pugiliste m'a donné son adresse et m'a dit que, quand il était petit garçon, sa mère lui enseignait ses prières, dont il répétait certaines. Il a ajouté qu'il avait la meilleure épouse du monde, mais il l'a traitée comme une brute. J'ai parlé au pauvre garçon jusqu'à ce qu'il pleure comme un enfant, et il m'a saisi par le bras et m'a dit : « Tu rentreras chez moi ce soir. J'ai demandé à être excusé, car il était maintenant trois heures du matin. Cependant, il n'y avait pas d'alternative, alors je suis parti avec lui, bras dessus bras dessous. Il a appelé sa pauvre femme, même si je souhaitais qu'il ne le fasse pas. mais loin d'être en colère quand elle vit que mon but était d'essayer de réformer son mari, elle me remercia les larmes aux yeux. Il promit, avec l'aide de Dieu, de chercher à mener une vie nouvelle et de donner son cœur. à Dieu. Comme j'avais un testament dans ma poche, je le leur ai donné, et nous nous sommes agenouillés et avons prié pour la bénédiction de Dieu pour notre réunion. Je suis rentré chez moi en réfléchissant sur l'événement qui s'était produit, et je n'ai pas pu m'empêcher de sentir que le Seigneur avait ordonné mes pas en arrière avec l'homme. J'ai appelé depuis et j'ai découvert que de son métier, il est scieur. Il travaille maintenant à son métier, est abstinent et dans un état d'esprit plein d'espoir.

Comme certains exemples utiles m'ont été signalés à travers la lecture de la Parole de Dieu, j'ai l'intention de me référer à deux ou trois : -

"M.... est chauffeur de nuit depuis trente-six ans. En réponse à mes questions, il a dit qu'il ne se souvenait pas de la dernière fois où il était allé à l'église, et que s'il devait y aller, il était si sourd qu'il ne pouvait pas entendre. " Le pasteur. J'ai demandé : " Comment passez-vous votre temps le dimanche soir ? "En lisant *le Lloyd's Newspaper* ", fut la réponse. "Oh," dis-je, "alors vous pourriez lire un testament, si je vous en procurais un ?" "J'ose dire que je pourrais", fut la réponse. Je lui en ai pris un, qu'il a lu, et il l'a tellement aimé qu'il a rapidement laissé de côté le journal, et le Testament est devenu son compagnon constant. Bien qu'il soit sourd, pourtant il va maintenant à l'église et est dans un état d'esprit plein d'espoir et de pénitence.

"M...., pauvre homme, était toujours plein d'ennuis. Il avait perdu sa femme de mort, enterré quatre enfants et s'était cassé la jambe; et chaque fois que j'essayais de converser avec lui, il déversait son fardeau d'ennuis dans mon oreille, et je pense que personne n'a sympathisé avec lui. Je lui ai acheté une Bible et j'ai refusé pour lui Esaïe liii., et plusieurs autres parties de la Parole de Dieu, qu'il a lu. La fois suivante que je l'ai vu, je n'ai que peu entendu parler de son troubles, et le temps d'après, il dit : "Monsieur, ma Bible m'a complètement guéri des plaintes, car quand je lis ce que mon Sauveur a souffert, j'ai honte de murmurer ou de me plaindre. C'est la Bible qui m'a guéri, car Je vois que d'autres ont souffert avant moi, et qu'il ne m'est rien arrivé que ce qui est commun à tous les hommes.

"Le pauvre vieux... a dit : 'J'ai lu votre Testament tout au long et je ne sais pas ce que j'aurais dû faire quand j'étais à l'atelier sans mon livre. J'ai beaucoup pensé au Sermon de notre Seigneur sur la Montagne. , et je sens que cela me condamne, car je pensais autrefois que je n'étais pas si mauvais que les autres et que grâce à mes bonnes œuvres j'irais au ciel. Maintenant, je sens que je suis un pécheur et que je n'ai pas de bonnes œuvres. et que c'est par la justice d'autrui qu'il faut que je sois sauvé. J'ai demandé à l'aumônier de l'atelier, et il m'a tout expliqué clairement comme le jour. Je lui ai souvent expliqué la glorieuse doctrine de la justification par la foi dans l'œuvre accomplie et la justice du Seigneur Jésus-Christ, pour laquelle il est très reconnaissant.

" Un homme, nommé ———, a dit : 'Eh bien, si votre Testament n'a rien fait d'autre, il m'a tenu à l'écart du pub, et par conséquent il m'a fait du bien ; et ma femme est contente, je peux vous le dire. .' Je lui ai conseillé de continuer à lire et de rechercher l'aide du Saint-Esprit pour l'aider. »

Comme il est toujours agréable d'enregistrer une augmentation du bien, nous sommes heureux de déclarer ici qu'un deuxième missionnaire bien qualifié travaille depuis plusieurs années de nuit dans l'est et le sud de Londres, et cela avec un succès marqué. Tous les cochers de nuit et des milliers de personnes qui doivent être instruites pour sauver la vérité uniquement la nuit sont désormais visitées.

Les mots suivants, tirés de la plume de l'épouse d'un ecclésiastique (Mme Hébert), qui a soutenu cette bonne œuvre pendant des années, constitueront une conclusion très appropriée à ce chapitre : -

"Nuit après nuit, le travail s'est poursuivi, beaucoup de choses ont été faites, comme nous l'avons souvent vu, en une seule nuit, et le résultat est que beaucoup ont trouvé le repos de leur âme. Les enfants prodigues ont cherché la maison de leur Père, les affligés ont entendu la verge, les chercheurs se sont dirigés vers Jésus et l'ont trouvé ; les vieillards ont été amenés à la onzième heure et dépensent leur petit reste de vie à sa gloire qui les a appelés dans sa vigne. Rendons grâce et priez davantage. Identifions-nous davantage en esprit à nos missionnaires. C'est notre travail aussi bien que le leur. Nous ne pouvons atteindre ces pauvres cochers que par leur intermédiaire.... Le travail missionnaire ressemble tellement à l'œuvre du Christ, et une si grande bénédiction repose sur eux. Nous devons tous chercher à y prendre part à notre manière, c'est-à-dire de la manière que Dieu a pu ouvrir pour nous. Ainsi, nous sentirons non seulement que nous sommes les collaborateurs de tous ceux qui recherchent pour répandre l'Évangile, mais, comme le dit si merveilleusement saint Paul, nous serons « des ouvriers avec Lui » dont la parole ne lui reviendra pas vaine... Nous avons tous eu nos épreuves, comme ceux que nous cherchent à conduire au Dieu de toute consolation. La vie et ses trésors disparaissent, mais les choses qui ne peuvent être ébranlées demeurent. L'œuvre de Dieu nous réclame toujours. Nous pouvons toujours nous occuper des affaires de notre Père . Et qu'y a-t-il de plus édifiant et de plus apaisant au milieu des soucis, des distractions et des pertes, que la pensée qu'il existe une voie calme, sainte et stable qu'il nous a tracée, et qu'il daigne être glorifié par nous, que ce soit par notre vie, ou par notre mort ?

Le livre sur les routes :

C'EST BRISANT LES entraves.

"Il y a dans cette grande marée agitée
de soucis et de crimes humains, avec qui les mélodies du carillon éternel
demeurent;

qui portent la musique dans leur cœur, à travers les ruelles sombres et les magasins de disputes, exécutant leur tâche quotidienne avec des pieds plus occupés, parce que leurs âmes secrètes une sainte répétition de tension. "

CHAPITRE XII.

VERS ET DEPUIS LA VILLE — NOTRE OMNIBUS — BOX ET MONKEY BOARD — LE JOUR PERDU — CRAPE SUR LE FOUET — RASSEMBLEMENT NUIT DES HOMMES DE PÉBIER — ENTRAXES CASSÉES — LES VOIES D'EAU SILENCIEUSES — LA BIBLE DANS LA CABINE — L'ESPOIR DU PÉBIER.

LE LIVRE SUR LES AUTOROUTES : SON ENTRAÎNEMENT.

"Il sortit et vit un publicain, nommé Lévi, assis à la réception des douanes ; et il lui dit : Suis-moi. Et il quitta tout, se leva et le suivit." LUC v. 27, 28.

"Mon dicton est", observa le conducteur d'un omnibus à un gentleman à ses côtés, "qu'il est juste d'être sociable ; car si nous voulons avoir des amis, nous devons être nous-mêmes amicaux." « Remarque capitale, ça », pensions-nous en nous asseyant de l'autre côté de la loge plutôt surélevée, attendant l'occasion de nous joindre à la conversation. L'homme ne nous était pas tout à fait inconnu puisque, dans nos déplacements presque quotidiens vers la Cité , nous étions montés à ses côtés tour à tour avec celui d'autres chevaliers du fouet qui conduisaient des omnibus d'une des banlieues au centre de la puissante ville. Ville : la Banque.

Une fois auparavant, une courte phrase laconique avait été prononcée par lui, ce qui avait fait une impression favorable , et nous étions maintenant certains que James était un personnage, un homme doté d'une individualité. Il était certainement respecté par ses camarades, car, alors que beaucoup d'autres portaient des noms singuliers, exprimant des particularités ou du mépris, on l'appelait toujours James ; et il était certain, d'après les paroles précipitées criées par les conducteurs alors qu'ils se croisaient rapidement, qu'il osait être singulier en leur rendant le même respect. C'est ainsi que nous avons appris à connaître les prénoms ou noms de famille d'hommes que d'autres appelaient Kitty, Cranky, Boosey ; et même « Ugly Jib » – comme on appelait un homme digne en dérision d'une déformation du visage – souriait agréablement tandis que notre chauffeur, d'un ton joyeux, prononçait le mot rapide de salutation : « Belle matinée, Dan » ou « Soirée crue, Dan ». ; boutonnez bien."

Une gentillesse de caractère était également évidente dans le style avec lequel il manipulait les « rubans » ; avec un soin et une décision particuliers à l'homme, comme s'il craignait de blesser les chevaux avec le mors. Quant au fouet, c'était simplement ce qu'il appelait : « son ornement ». L'avoir utilisé avec violence sur ses amis muets ne lui était jamais venu à l'esprit. Cela était évident lors d'une nuit maussade alors que nous étions restés tard dans la ville et que nous étions le seul passager extérieur. Alors que la colline était gravie vers la fin du voyage, les chevaux ralentissèrent presque jusqu'au pas. Nous avons pensé qu'il était temps maintenant d'utiliser « l'ornement » ; et il l'a utilisé, mais d'une manière douce. En tapotant l'encolure d'un cheval, il dit d'un ton encourageant : « Maintenant, Polly, viens, monte ; » puis le passant à l'autre, il le caressa gentiment et dit : "Ça ne marchera pas, Sally ; viens, arrête-toi." Puis a suivi le « clic, clic, clic », un accomplissement de la bouche uniquement accessible par le conducteur de « bus » minutieux ; puis les chevaux, comme avec un sens humain du pouvoir de la gentillesse, prirent le collier et coiffèrent joyeusement la colline.

"Et donc vous traitez votre bétail comme des jeunes filles, n'est-ce pas ?" nous avons observé.

"Eh bien, vous voyez, monsieur," répondit-il, "comme on dit, 'l'homme qui est bon considère sa bête' ; et il répond, comme je peux garder le temps aussi bien que n'importe qui, et le contremaître du chantier ne trouve jamais à redire, car je les conduis dans un endroit tout à fait confortable, pas tous puant et tremblant comme le font certains. Chaque matin, les jolies créatures regardent autour d'elles et secouent leurs crinières, comme pour dire : « Bonjour, maître, nous allons bien nous entendre aujourd'hui. Vous voyez, monsieur, continua-t-il après une pause réfléchie, j'ai deux filles à la maison, Mary et Sarah, et ce sont de bonnes filles, même si je ne les vois pas beaucoup ; et comme je pense toujours à elles Je les mentionne aux chevaux quand je veux m'arrêter à temps, etc.

"Vos filles, je suppose, vont travailler, puisque vous les voyez si peu ?"

La réponse ne fut pas immédiatement donnée, car l'homme baissa la tête et dit avec une émotion mal dissimulée : « Non, monsieur, ils ne sont pas tout à fait assez vieux pour cela ; et j'ai entendu un dicton selon lequel il ne sert à rien de montrer son les plaies, et « ce qui ne peut être guéri doit être enduré ». Voyez-vous, je dois travailler plus d'heures par semaine que les nègres des Antilles n'ont jamais été obligés de faire. Comparé aux autres ouvriers, je fais près de deux journées de travail en une. C'est ce que j'ai fait pendant ces seize années, et très J'ai peu vu ma famille et ma maison. J'ai souvent l'impression de m'épuiser et je pense à un dicton que mon contremaître disait à propos des hommes qui demandaient un jour de repos : "Reposez-vous vraiment ! reposez-vous dans la tombe". , ça fera l'affaire pour toi."'

Cette réponse fut donnée sur un ton de désespoir qui arrêta la conversation le temps qu'il fallait pour arriver au terme du voyage. Le mot d'adieu « Bonne nuit, cocher » l'a évidemment aidé à retrouver sa gaieté habituelle, alors que nous entendions le tremblement des rênes et l'énoncé habituel : « Très bien, Sally ; allez, continuez, Polly. »

Chez nous, la gaieté ne se retrouvait pas si facilement. Les joies heureuses du foyer et de la famille semblaient approfondir plutôt que supprimer l'impression faite par le conducteur. "Il est maintenant dix heures passées", pensâmes-nous, "et le pauvre garçon a un autre voyage aller-retour vers la ville . De nouveau sur la loge à huit heures du matin jusqu'à minuit, avec peu de chances d'être dimanche; eh bien, nous parlerons à lui à ce sujet.

Quelques nuits plus tard, étant volontairement en retard, nous remontâmes à côté de notre connaissance qui parlait des proverbes et guettions une occasion de l'entraîner sur les « droits au repos » de sa classe. Cela ne tarda pas à se produire, car le cocher remarqua que ses chevaux étaient frais, « comme hier dans les écuries ».

"Et donc ils ont un jour de repos de temps en temps", avons-nous remarqué, "et vous avez un droit naturel et scripturaire à un sur sept. À quelle fréquence l'obtenez-vous ?"

«J'ai perdu le mien pendant de nombreuses années», fut la réponse; « et comme on dit quelque part, « les perdants ont toujours tort » ; Ainsi donc, cinq mille ou plus d'entre nous qui travaillons dur sur les pierres de Londres pendant tous les dimanches ont tort - bien sûr que nous l'avons - et étant dans une mauvaise affaire, nous devons en tirer le meilleur parti. car les saints et les pécheurs sont tous deux contre nous. »

"Des saints contre toi ?"

"Oui monsieur, je vous demande pardon, les saints, ou ce genre d'entre eux qui ne sont pas avancés et qui ne peuvent pas avancer sans avoir des picotements aux oreilles. Nous qui vivons toutes nos heures de veille élevées dans un bus, observons beaucoup , et qu'il y a deux sortes de chrétiens. C'est merveilleux si vous comparez dûment ce que fait la religion. Les centaines de voitures de messieurs qu'elle garde à l'intérieur, le grand nombre d'ouvriers et de citadins qui peuvent être heureux chez eux, et le nombre merveilleux qui se rend à leurs propres lieux de culte, comme il se doit. Eh bien, ces cavaliers religieux forment un groupe étrange, ils le sont en effet. Parfois ils ont honte de leurs livres de prières ou de cantiques, et parfois ils les exhibent avec audace. Mon conducteur était un Il n'y a pas si longtemps, il était un élève de l'école du dimanche et il déteste leur vue. Entre la boîte et la planche à singes, il y a une entente, des « signes et prodiges », comme je les appelle, et quand un groupe religieux entre, il met ses mains ensemble et a l'air solennel, et quand les preneurs de plaisir – nos pires ennemis – et il n'y en a pas de fin, il se frotte les mains et a l'air joyeux. Eh bien, ces cavaliers religieux du dimanche sont un groupe égoïste et minable ; il est assez courant, lorsqu'ils paient avec un shilling, qu'ils disent : « Donnez-moi une pièce de trois pence , s'il vous plaît, chef d'orchestre. Cela, vous savez, c'est pour la collection ; mais s'il peut l' aider , il ne leur donne pas, comme il est d'avis que ces gens devraient s'en tenir à leurs propres lieux de culte et ne pas mépriser la religion en soutenant le travail du dimanche . Eh bien, mais les gens du plaisir du dimanche sont des imbéciles généreux. Ils font une dure journée de travail et paient pour cela, car ils ne croient pas à la manière religieuse d'être heureux. La nuit, les hommes mettent leurs femmes et leurs enfants à l'intérieur et sortent eux-mêmes en fumant beaucoup après avoir bu. Dimanche soir dernier, deux de ces gens-là se sont levés à côté de moi, et l'un d'eux a insulté et m'a offert un cigare ; mais je lui ai dit : « On dit que « la langue souille tout le corps », et je n'ai pas envie de fumer avec un homme qui maudit. Ensuite, il m'a intimidé et a menacé de parler de moi ; et j'ai pensé ensuite que j'avais mal agi, car ce n'est pas faire mon devoir dans cet état de vie dans lequel Dieu m'a placé (comme le dit le Catéchisme) que d'offenser les cavaliers ; et comme nous, les parias – oui, je dis les parias, comme le sont les hommes qui n'ont pas de dimanche et qui n'ont pas de ministres pour s'occuper d'eux – ne pouvons pas espérer être sauvés si Dieu Tout-Puissant n'a pas pitié d'eux pour avoir accompli leur devoir. »

La dernière partie de ce discours, prononcée à intervalles réguliers entre les arrêts, était prononcée avec une expression de désespoir qui rappelait le soupir du jour du prisonnier sans espoir. Après une pause, la remarque fut lancée : « Mais, James, vous pouvez sûrement avoir un dimanche de congé quand vous le souhaitez ; cela revient simplement à perdre le salaire de la journée ; et comme je roule avec vous depuis un certain temps, j'ai eu l'idée de demander de me laisser t'accorder un dimanche, tu pourrais alors assister au culte divin ? »

"Merci gentiment, monsieur," répondit-il; "Mais je ne pourrais pas en demander plus d'un tous les deux mois environ, alors que nous sommes censés avoir un dimanche sur trois ou quatre. Je me sens vieux, et on n'aime pas un homme qui descend souvent de son bus. Le contremaître Je dirai bientôt qu'un homme plus jeune était prêt à prendre les rênes, puis l'hospice, sa disgrâce et la séparation d'avec la meilleure épouse qui ait jamais existé.

Non, monsieur, la gentillesse personnelle ne peut pas faire grand-chose pour nous, esclaves du dimanche. Non ! c'est faire sentir au public que c'est une honte pour les cavaliers, et un préjudice pour nous, pauvres gars, qui pouvons seuls le faire.

Telles étaient ses opinions ; mais nous avons eu peu après la satisfaction de savoir qu'il profitait d'un heureux sabbat chrétien, et au cours de plusieurs voyages, nous avons écouté ses remarques pittoresques sur le prédicateur et ses sermons. Il en résulta un intérêt pour son état spirituel (qui s'apparente toujours à une véritable amitié) ; et à de nombreuses reprises, des instructions concernant le salut personnel furent données. Les dix dernières minutes du voyage, où nous étions souvent seuls, ont été appréciées, car, à intervalles réguliers pendant plus d'un an, le bon conducteur écoutait, comme un petit enfant, le message de la miséricorde d'un Rédempteur. L'été et l'automne étaient ainsi passés, et pendant l'hiver nous chevauchions rarement avec lui, car ses horaires avaient été modifiés. Dans une de ces occasions , il parla froidement avec difficulté ; mais son visage buriné exprimait une paix tranquille, comme il dit : « J'ai eu un jour de congé le dimanche dernier de la semaine et je suis allé deux fois à l'église. La nuit, c'était une parole de Jésus qui était prêchée : « Venez à moi, tous ». vous qui êtes fatigués et chargés, et je vous donnerai du repos. Le sermon m'a rendu aussi heureux qu'un prince ; et après le dîner, ma Polly a lu le chapitre jusqu'au bout, là où il se trouve ; puis j'ai lu un Psaume qui est comme une prière.

Après cela, nous n'eûmes pas beaucoup d'occasions de converser, mais nous recevions fréquemment son salut (le fouet vers le chapeau) lorsque nous traversions d'autres omnibus. Un beau matin, vers la fin de l'hiver, qui avait été très rigoureux, alors que nous montions dans un bus de bonne heure, nous remarquâmes un arc de CRÊPE SUR LE FOUET et nous nous renseignâmes à son sujet. "C'est James qui conduisait ce bus", répondit l'homme avec émotion; " mais il n'est qu'un des nombreux vieux fouets qui ont été réparés cet horrible hiver. Il a passé seize heures par jour sur cette boîte pendant six semaines difficiles, et a eu un gros rhume ; et quand il a essayé de se reposer dimanche, tant de gens le voulaient qu'il a été snobé et a eu peur de perdre son fouet, et ainsi il a continué jusqu'à ce qu'il ne puisse plus le faire, puis il s'est couché et est mort en quelques jours.

Cette information surprenante produisit un sentiment de tristesse pendant le voyage et conduisit à une réflexion solennelle avec le désir de briser les chaînes et de libérer cet ordre d'esclaves du sabbat.

Ce *crêpe au fouet* parlait d'un tort causé à un homme et à une classe importante d'hommes, et cela par une habitude trop générale de violer une loi divine par amour du plaisir ou par manque de considération.

Travailler ou employer du travail le jour du Seigneur , sauf à des fins de nécessité ou de miséricorde, est un péché ; comme le commandement est : « Souviens-toi du jour du sabbat pour le sanctifier » et « Tu respecteras mes sabbats ». C'est une violation de la loi morale pour le simple plaisir d'utiliser n'importe quel type de véhicule « le jour que le Seigneur a fait » et donné pour le repos et l'adoration. Le pauvre Jacques, comme des milliers de ses camarades, fut également blessé par la négligence criminelle de soi-disant chrétiens. Ces cavaliers du dimanche causent des dommages spirituels et éternels aux fonctionnaires, ainsi que des torts temporels, car...

"Le mal est provoqué par le manque de pensée, ainsi que par le manque de cœur."

Ce *Crape sur le fouet* racontait le fait souvent répété que le corps du travailleur du dimanche repose plus tôt dans la tombe en raison de la perte du repos du sabbat. Le Créateur de notre corps a déclaré que l'arrêt du travail pendant une septième partie de notre temps était nécessaire à sa santé et à sa vigueur . Le fils du travail manuel ou cérébral, qui, par la perte ou la mauvaise utilisation du jour de repos si gracieusement accordé, altère ou ne parvient pas à restaurer ses forces, se fait ainsi du mal et blesse autrui.

Ce *crêpe au fouet* a pris la force d'un appel à l'Église, invitant au renoncement et à l'effort actif. Les fonctionnaires travailleront-ils pour notre commodité, sans personne pour prendre soin de leur âme ? Que les chrétiens qui entrent en contact amical avec eux répondent « non » en leur parlant de la miséricorde d'un Sauveur . Que les ouvriers de la vigne du Seigneur cherchent l'occasion de les instruire, tout en s'efforçant de réduire leurs heures de labeur. Aussi nombreux qu'ils soient, ils ne constituent qu'une partie d'une classe, comprenant les cochers, les employés des chemins de fer et d'autres qui souffrent de la dégradation morale de l'esclavage du sabbat. Leurs aides, par exemple les hommes qui s'occupent des chevaux, sont les hommes les plus travaillés d'Angleterre. Du petit matin jusqu'à tard le soir, ils travaillent dur toute l'année. L'un d'eux remarqua : « Déjà maudit, travail incessant et vie épuisée de bonne heure ». Un missionnaire de la ville, dans une cour qu'il visite, a fait en sorte que onze d'entre eux le rejoignent le jour du sabbat dans un vieil omnibus placé dans un coin de la cour. Il était autrefois autorisé à en transporter douze à l'intérieur. Il y fait un petit service avec eux. Il y a aussi des serviteurs du Rédempteur qui font des efforts constants pour appliquer la puissance vivifiante de la religion du Christ sur ces exclus du sabbat. Soyons participants de leurs luttes et de leurs joies jusqu'à ce que la victoire soit remportée ; jusqu'à ce que la liberté de ceux qui pleurent à cause de l'oppresseur soit assurée ; jusqu'à ce qu'aucune conscience ne soit troublée par *Crape on the Whip* indiquant que des âmes sans sabbat et négligées étaient entrées, *sans* préparation, dans la présence de Dieu.

Ce plaidoyer sincère en faveur des hommes omnibus opprimés, à travers les pages du *London City Mission Magazine* , a touché de nombreux cœurs avec une sympathie chrétienne, et bon nombre d'entre eux ont décidé que ces hommes devraient également être pris en charge spirituellement et qu'un effort devrait être fait pour améliorer leur situation. leur état. Une « dame élue » apportait son plein soutien à l'idée d'un missionnaire à ceux qui sillonnent les omnibus dans l'Ouest, tandis que la libéralité d'un gentleman abondait pour ceux du Sud, et l'aide de beaucoup en étendait les bénéfices à l'Est et au Nord de Londres.

Des accueils chaleureux et pleins d'espoir furent réservés par les hommes de l'omnibus à leurs nouveaux amis. Parmi leurs milliers, il n'y avait pas un seul membre de l'Église, un « pratiquant » ou quelqu'un influencé par la lecture des Écritures ; sauf deux ou trois qui travaillaient pour des maîtres privés des principes chrétiens. Pour ces hommes sans sabbat et au travail constant, l'Évangile qui parle de délivrance par la miséricorde de Dieu en Jésus-Christ était en effet un son joyeux, et ils étaient très heureux en attendant quelques minutes à chaque fin de leur voyage pour écouter les messagers. leur a été envoyé avec de bonnes nouvelles, et le résultat a été une bénédiction pour de nombreuses âmes et le début d'une lutte pour leur sabbat et leurs droits sociaux.

Une dame, par exemple, offrit un souper à trois cents hommes d'omnibus de l'ouest de Londres s'ils pouvaient se réunir. L'avis de Lord Shaftesbury fut suivi en la matière, et il décida qu'il serait bon de les inviter au repas en quittant le travail, de onze heures à midi et demi. Cela a été fait. Une grande pièce non meublée près de la gare de Paddington a été occupée. Leur missionnaire avait remis les invitations la veille et, à l' approche de minuit, la ruée des hommes prouva que tous les avaient acceptées. En effet, le nombre d'invités non invités dépassait le nombre d'invités, de sorte que l'abondante réserve de provisions fut bientôt évacuée. Ensuite, une plate-forme surélevée fut improvisée, et grande fut la démonstration de joie lorsque Lord Shaftesbury prit position dessus. Le spectacle était d'un intérêt passionnant, car Sa Seigneurie était entourée d'un groupe de messieurs et de ministres, dont le comte d'Aberdeen et le chanoine Fleming, et devant lui se trouvait une masse d'hommes omnibus, serrés jusqu'au fond de la pièce. L'excitation fut grande lorsque le noble seigneur annonça que « l'Homme au livre », qui a écrit « Crape sur le fouet », s'adresserait en premier à eux.

Cet orateur, qui fut bien reçu, exposa les difficultés des hommes et donna des conseils avisés sur les moyens de les éloigner. Se référant à une conversation qu'il avait eue avec un directeur de l'entreprise, il déclara que ce monsieur admettait que les hommes étaient cruellement surchargés de travail, et qu'ils étaient, à quelques exceptions près, privés de leur droit naturel et scripturaire au repos du sabbat ; mais que le mal résultait de l'augmentation du public des cavaliers du dimanche et des fautes des hommes eux-mêmes qui rivaient leurs chaînes. Ces défauts ont été fidèlement exposés, et des passages du Livre de Dieu ont été répétés et insistés sur leur attention, qui, s'ils y croyaient du fond du cœur, les conduiraient à leur Dieu et Sauveur , et briseraient ainsi ces chaînes ainsi que les plus lourdes chaînes de l'âme. les rendant heureux comme les affranchis du Christ.

Le Dr Manning, de la Tract Society, Lord Aberdeen et le chanoine Fleming, prononcèrent ensuite des discours pointus et révélateurs, après quoi le noble président clôtura la réunion en disant aux hommes qu'il était juste que leur grief de labeur constant - de longues heures sans Le repos du sabbat devrait ainsi être fait connaître, afin qu'une opinion publique saine puisse se former en leur faveur. Fort de sa longue expérience dans les efforts visant à réduire la durée du travail , il leur donna de précieux conseils et conclut par ces mots :

"Je ne trouve pas de langage assez fort pour exprimer tout ce que je ressens devant le travail constant imposé aux hommes, à l'exception du jour du

Seigneur . C'est abominable et suffisant pour appeler à la vengeance de Dieu sur le pays. Le reste du jour du Seigneur est une grande nécessité, et refuser à vous les hommes la jouissance et le repos de ce jour est non seulement une très grande cruauté, mais un péché abominable (acclamations). Je tiens à vous rappeler que ce travail que nous commençons ne peut être fait. par nous seuls ; cela doit être fait en coopération avec vous. Vous devez soutenir cet effort par des appels forts à vos employeurs, et des appels encore plus forts au public, et par une prière incessante à Dieu Tout-Puissant. Vous devez faire valoir tous les droits que vous avez , et que, par la grâce de Dieu, vous êtes déterminés à appliquer. Votre seule confiance doit être dans la bénédiction du Tout-Puissant. Vers Lui, vous devez diriger vos pensées et vos prières, et attirer Sa bénédiction sur l'effort, et prendre en considération ces paroles. qui est tombé des lèvres de nombreux martyrs protestants dans leurs grandes souffrances, -

"'Bien que le jour ne soit jamais aussi long, "Enfin , il sonne au chant du soir.'"

De grandes acclamations ont suivi, et après avoir chanté un hymne, la réunion, à laquelle s'étaient rassemblés des centaines d'hommes d'omnibus supplémentaires, s'est séparée à deux heures du matin.

Mais quel bien a résulté de cet effort et de cette rencontre ?

Eh bien, beaucoup. Les employeurs accordent à leurs esclaves du dimanche des concessions, certes légères, mais pleines d'espoir pour l'avenir. De nombreuses personnes qui utilisaient ces véhicules le jour du Seigneur ont abandonné cette pratique. Certains chauffeurs et conducteurs sont partis selon les principes du sabbat ; et, mieux encore, beaucoup d'hommes ont déjà reçu un bien spirituel.

C'était certainement le cas du vieux Ben, qui s'était rendu plusieurs milliers de fois en voiture à la Banque et qui, depuis trente-deux ans, n'avait jamais assisté au culte divin. En effet, il tournait en dérision la religion et les religieux. Le missionnaire a retenu son attention et un jour, peu après la réunion, le vieux Ben lui a dit : « J'ai lu les traités maintenant, monsieur, ainsi qu'un morceau de la Bible, et j'ai l'intention d'avoir bientôt un autre dimanche de congé. Il réussit et, le matin, pour la première fois depuis tant d'années, il assista au culte divin. Le soir, sa femme partait et il restait à la maison pour lire les Écritures. Il se retira pour se reposer inhabituellement heureux, mais pour dormir le long sommeil, comme dans le silence des veilles nocturnes, son esprit immortel était convoqué en présence de Dieu.

Il est en effet bien qu'à la fin ces hommes reçoivent des soins spirituels et que « les pieds de ceux qui portent la bonne nouvelle » se dirigent vers ceux qui sont dans la même condamnation. Or, il arriva qu'à peu près au même moment où l'attention chrétienne était dirigée vers la négligence et les besoins des hommes qui travaillent sur nos *routes bruyantes* , les routes, — une attention similaire était attirée sur ceux qui passent leur vie tranquillement sur nos *routes silencieuses* . les canaux. Ces voies navigables de la métropole s'étendent sur plusieurs centaines de kilomètres à travers et autour de la ville et de ses banlieues, et relient et mettent en communication d'autres grandes villes du pays. Ils sont continuellement traversés par des barges qui, outre beaucoup de marchandises, contiennent une nombreuse population flottante. Des familles entières habitent les petites cabanes, et elles ont été décrites par le Parlement britannique comme les plus ignorants et les plus avilis du peuple. Il fut donc décidé par les chefs de la mission de choisir dans les rangs un homme convenable et de lui demander de faire connaître l'Évangile dans les cabanes et sur les chemins de halage.

La surprise à l'écluse du canal de Grand Junction fut en effet grande lorsqu'un étranger monta à bord de chacun de leurs navires et s'adressa à eux comme s'il s'agissait d'une vieille connaissance. Il était évident au début qu'ils n'appréciaient pas le nouvel ami. Il y avait des regards suspicieux, et des allusions telles que : « Il y en a qui disent que nous sommes terriblement mauvais et qui nous rabaissent autant dans les journaux que dans le public. Le zèle de l'homme de bien était aussi pour eux un sujet de plaisanterie ; comme lorsqu'ils virent l'agilité avec laquelle il sautait du chemin de halage à la barge et de bateau en bateau, l'un dit à l'autre : « C'est un sauteur, c'est vrai. Les lectures de la Bible, les appels à la conscience, le don de Testaments et de publications illustrées, gagnèrent bientôt un chemin vers leur cœur, et en l'espace de cinq mois leur "Tract Man" devint un personnage populaire, et c'est ainsi que le fait a été découvert. M. Atkinson, ancien maire de Hull, qui surveillait les travaux, donna un thé à autant de bateliers et de leurs femmes qu'il arriva un certain soir qu'ils se trouvaient à Brentford Junction, et deux cent cinquante, directement de leurs bateaux, se rassemblèrent, et ils apparurent comme une compagnie rude.

Le thé terminé, et justice lui fut rendue, la réunion commença par leur hôte prenant la chaise, et lui, après de chaleureuses paroles de gentillesse chrétienne, demanda à l'homme qui était connu pour porter un livre avec lui de s'adresser à eux. Il le fit en leur disant « que quelques jours auparavant, il avait lu quelque chose sur une vieille théière au musée de Brighton, qu'il leur répéterait :

" 'La perte d'or est grande, " La perte de santé est encore plus grande, " La perte du Christ est une telle perte " Qu'aucun homme ne peut restaurer !'

" Et puis il leur expliqua la valeur de l'argent, et le malheur de le perdre par accident, et le péché de le perdre par l'ivresse et le vice. La valeur de la santé et la folie de la perdre par intempérance, tabagisme et négligence. habitudes.

La valeur, la préciosité de Christ en tant que Sauveur des pécheurs, et la folie, le crime, de refuser la miséricorde de Dieu par Lui. Le livre fut alors produit, et les mots lus solennellement, "Voici l'Agneau de Dieu qui enlève le péché du monde. »

Leur missionnaire fut alors appelé et les boat people le reçurent avec une démonstration de joie. Son discours était simple dans ses mots, mais plein d'affection chrétienne pour leurs âmes et de sympathie dans les épreuves de leur vocation. Il était évident qu'ils le recevaient comme leur propre « pasteur », car ils buvaient chaque mot qu'il prononçait et exprimaient avec un grand bruit leur joie de son discours. L'un d'eux se leva en effet et dit d'une langue balbutiante : « qu'il était un homme des voies navigables, et que, comme eux tous, lui et sa femme voulaient le voir souvent dans leur cabine, leur lire de la bonne Bible et leur essayez de les rendre bons, comme il savait qu'il faisait à certains d'entre eux.

À la fin, c'était encourageant de les entendre essayer de toute leur volonté de chanter « Raconte-moi la vieille, vieille histoire » et de remarquer leur révérence pendant la prière de clôture.

Après le thé, plusieurs lettres furent envoyées au Bureau. Ils étaient de style semblable, et nous en choisissons un pour montrer les progrès qui ont été faits avec ces gens rudes.

"Cher monsieur, je vous adresse ces quelques lignes pour vous remercier pour vous, rois, d'avoir envoyé un tel homme au pauvre bateau Peple . Je pense qu'il est juste l'homme pour les diriger vers le boiteux de Dieu qui enlève les péchés, il n'a pas honte de prendre sa crose et de dire au pauvre Peple un Bout Jueses Je ne peux pas grand chose mais j'espère que vous échapperez à mon mauvais redressement . Il a connu un bon Wile à Padgtion et est heureux de voir son visage à Kingsland . Pasen le seigneur bénisse son travail et donne-lui des semelles avant son ici afin

Plus rien de toi

c.—— D——.

Homme de bateau."

Nous ajouterons seulement qu'un rassemblement parmi les boat people, comme parmi les hommes omnibus, est en train d'être organisé vers le Seigneur Jésus, et à mesure qu'ils s'approchent de Lui, le Sauveur , leurs chaînes spirituelles sont brisées et les chaînes extérieures de leur appel tombent. loin. Le devoir, la compassion, le patriotisme exigent que ces milliers d'opprimés aient l'occasion d'adorer Jéhovah dans son temple et de se familiariser avec ses lois et les merveilles de sa grâce. Rappelez-vous, oh vous qui avez été choisis et appelés à former l'Église des Rachetés sur terre ; rappelez-vous que c'est votre dignité, ainsi que votre devoir, d'aider tous ceux qui sont opprimés ; partout pour proclamer la liberté du royaume « établi sur la terre » ; que les paroles ravies du prophète vous sont adressées avec un commandement royal et des promesses durables : « Vous pourrez dire aux prisonniers : Sortez ; à ceux qui sont dans les ténèbres, montrez-vous. Ils paîtront dans les chemins, et leurs pâturages seront soyez dans tous les hauts lieux... car Celui qui a pitié d'eux les conduira, même vers les sources d'eau il les guidera. [2]

Le livre pour tous :

C'EST UN BIEN UNIVERSEL.

Vous n'avez pas semé en vain !
Bien que les cieux paraissent comme de l'airain, Et que, perçant la croûte de la plaine brûlante, Vous ne scrutez pas un brin d'herbe.

Pourtant, il y a de la vie à l'intérieur, et des eaux de vie en haut : un matin, vous vous réveillerez, et le doux vert de la source s'étendra sur les champs humides.

Des larmes dans l'oeil terne et froid,De la lumière sur le front obscur,Le sourire de paix ou le soupir priant,Où se trouve maintenant le sourire moqueur.

N'êtes-vous pas allés prier ? Alors vous n'êtes pas sortis en vain : « Le Semeur, le Fils de l'homme », était là, et il possédait ce grain précieux.

CHAPITRE XIII.

RESPONSABILITÉ CHRÉTIENNE – FOI – L'HOMME MACHINE – LE MONDE INTÉRIEUR DE L'HOMME – LE PÉCHÉ RÉPRODÉ – CONVERSER SUR UN OMNIBUS – L'INFLUENCE DE LA VÉRITÉ – LA BIBLE SEULEMENT – LA COMMUNICATION ÉTABLIE – APPORTÉE PRÈS, TRÈS PRÈS.

LE LIVRE POUR TOUS :
SON BIEN UNIVERSEL.

"Et le jour du sabbat suivant, presque toute la ville s'est rassemblée pour entendre la Parole de Dieu." ACTES XIII. 44.

« CEUX qui sont sages brilleront comme l'éclat du firmament : » ceux qui ont la sagesse de Dieu dans un mystère, ou la sagesse cachée, — la connaissance qu'on ne trouve pas en sondant les œuvres de la création, ou dans les découvertes et les découvertes. développements de la science et de la philosophie. Cette sagesse vient d'en haut et est donc communiquée par Jéhovah, omniscient et éternel. Ceci, et cela seul, peut éclairer l'homme spirituellement, l'investir du pouvoir de comprendre le centre et l'infini de la vérité, et le conduire à l'atteinte de ces grâces et perfections qui seules peuvent le préparer à recevoir la gloire réfléchie et l'élever. à une place devant le trône de lumière et de pureté ineffables.

Cette sagesse (comme son homologue dans le monde naturel, le soleil) projette très largement des rayons de lumière, de beauté et de restauration. Quand Lui, l'essence de la lumière incréée, se tenait avec « la gloire qu'Il avait auprès du Père » voilée, en tant qu'Instructeur des hommes, Il prononça une vérité si puissante que partout où elle est répétée, les ténèbres s'enfuient ; partout où elle retentit avec puissance, que ce soit dans les palais des rois, dans les masures des pauvres ou dans les recoins les plus profonds de la corruption morale, la noirceur de l'ombre de la mort qui entoure l'âme immortelle se disperse comme par la voix de la Toute-Puissance. Jésus a dit : « Je suis la lumière du monde : celui qui me suit ne marchera pas dans les ténèbres, mais aura la lumière de la vie. »

L'Église militante, le sacerdoce royal, le peuple racheté, sont un ensemble d'individus appelés des ténèbres à sa merveilleuse lumière. Cette communauté des bienheureux occupe la place du Seigneur absent et doit manifester sa gloire. En tant qu'enfants du jour, ils renoncent aux choses cachées des ténèbres ; et comme des vases de miséricorde illuminés par la grâce divine, ils manifestent « la lumière du Seigneur ». Ils le font nécessairement en laissant les hommes voir leurs bonnes œuvres, en réprimandant le péché, en enseignant la justice, en faisant preuve d'un saint zèle dans leurs efforts pour accroître le royaume de la vérité et de la pureté. Possédés par la Parole de Dieu, par laquelle et par le Saint-Esprit ils sont sanctifiés, ils utilisent cette même parole à des fins de la grâce de Dieu qui apporte le salut. La Bible entre les mains du chrétien est comme la sagesse de Dieu entre les mains d'Esdras, qui les conduit « à juger » ; donner sagesse et prudence « à tous ceux qui connaissent les lois de leur Dieu, et enseigner ceux qui ne les connaissent pas ». C'est donc le devoir et le grand privilège de chaque chrétien, qu'il soit ministre ou laïc, ordonné ou non , de communiquer des vérités précieuses, d'enseigner à partir des Saintes Écritures qui peuvent rendre sage à salut, par la foi qui est en Jésus-Christ. .

Nous avons la conviction que les membres individuels de l'Église n'ont pas encore atteint la dignité de chacun disant à son prochain : « Connais le Seigneur ». Ce témoignage de Dieu n'est pas une affaire professionnelle, mais un devoir religieux. Des masses de gens dans nos grandes villes périssent par manque de connaissance, tandis que de nombreux participants à une foi précieuse se contentent de vivre sans faire un effort pour ajouter un esprit immortel de plus à ceux rachetés de la terre. Eux, hélas ! Nombreux sont ceux qui subissent le « malheur » prononcé contre ceux « qui vivent à l'aise en Sion ». Il n'y a pas de laïcs dans la théocratie de la grâce. Tous sont prêtres. Et ceux qui ont entendu l'appel de la compassion divine et se sentent abrités dans l'alliance de l'amour, il leur est ordonné de dire «Venez», ou de supporter à jamais le reproche d'être des serviteurs infidèles. Le fait de se retirer du grand conflit, de regarder au lieu de se joindre au conflit sacré, est un reproche au peuple royal, une offense à notre prochain et un refus de bénédiction à ce monde frappé par le péché. Il y a du travail pour tous dans la grande vigne, et des opportunités d'utilité se présentent constamment. Ce ne sont pas seulement ceux qui vivent dans la misère qui ont besoin de l'Évangile : les mécaniciens respectables, les classes commerçantes et professionnelles ; oui, et les instruits, et les nobles, et les princes de la terre : tous ceux qui ne sont pas passés dans le royaume de grâce ont besoin de la même vérité, de la même force réparatrice et élévatrice. S'il est donc juste d'envoyer l'Évangile de la grâce de Dieu aux ordres inférieurs, cela ne *dispense pas* du devoir d'influencer les autres classes pour qu'elles acceptent la vérité et pratiquent la sainteté. Les nécessités du monde exigent que chaque chrétien ait sur lui une Bible de poche et étudie comment bien l'utiliser. Alors le royaume de Dieu viendrait avec puissance.

Il ne fait aucun doute que l'infidélité pratique et la méchanceté des classes immédiatement supérieures à elles ont un effet des plus préjudiciables sur les couches inférieures de la société. La richesse des riches est souvent utilisée pour démoraliser les pauvres, tandis que les ouvriers qualifiés sont les principaux propagateurs du scepticisme parmi eux. Ceux donc qui se consacrent au travail et au soin d'élever les plus humbles ont un profond intérêt dans l'élévation religieuse des plus raffinés et des plus instruits, car les classes agissent avec un effet merveilleux les unes sur les autres. Ces considérations doivent être notre excuse pour consacrer ce dernier chapitre à des récits d'œuvres chrétiennes similaires parmi les plus avancés sur l'échelle sociale. Comme l'infidélité est un ennemi si terrible, nous commençons par deux exemples de guérison de son influence destructrice.

Un soir, le visiteur a eu l'occasion de se rendre dans une institution publique et s'est arrêté dans le hall pour examiner un microscope et un jeu de lentilles. L'opticien lui montra un télescope grâce auquel, dit-il, les étoiles à une grande distance pouvaient être vues et les détails définis avec précision. En réponse à la question : « Si celles qui se distinguent par l'appellation « étoiles télescopiques » et allant de la septième grandeur au-dessus pouvaient être vues par elle », il donna une réponse très intelligente, qui conduisit à une longue et agréable conversation. En partant, le visiteur remarqua « qu'il existait un instrument maintenant très utilisé par les « sages », de niveau supérieur, et appelé par le nom de « foi », — un don de Dieu, une puissance par laquelle les chrétiens pouvaient regarder à travers les nuages, au-delà des nébuleuses , jusqu'à l'endroit où Jésus est assis à la droite de Dieu.

L'opticien secoua la tête et dit qu'« il croyait à tout ce qu'il y avait de vrai dans la création, à tout ce qui pouvait être démontré ; mais que sa crédulité s'arrêtait à l'incertain ».

Le sujet fut renouvelé lors d'une autre visite et continua à intervalles de quelques mois ; de sorte qu'il fut bien instruit des principes de cette foi qui est censée « demeurer » et « demeurer » dans le vrai chrétien, et que l'incrédulité des hommes ne peut « annuler ». Au bout d'un certain temps , l'opticien quitta l'établissement et fut perdu de vue pendant près de trois ans. Il adressa alors une lettre à son ami du télescope, de l'hôpital de Middlesex, lui disant qu'il avait subi de tristes revers, et qu'il y était malade avec une éruption douloureuse ; et a ajouté : « Grâce à la miséricorde de Dieu, j'ai obtenu une foi précieuse, et j'espère toujours garder à l'esprit que je ne peux vaincre l'ennemi qu'en m'abandonnant et en dépendant entièrement du sang de l'Agneau. Je sens, mon cher ami, , quelle langue ou plume ne peut décrire : je sens que je suis préservé par notre bienheureux Sauveur de ce destin que j'ai tant mérité ; et je place maintenant toute ma dépendance sur ce nouvel Ami, et j'espère que je pourrai continuer dans la foi et me reposer. dans le Seigneur et attends. »

Lorsque le visiteur vint, il le trouva atteint d'une sorte de lèpre, couvert de plaies de la tête aux pieds. Il avait cependant l'air heureux et, au cours de la conversation, observa : « Cette remarque, monsieur, à propos du télescope lorsque vous m'avez parlé pour la première fois, a été l'étape principale de ma conversion : je n'ai jamais perdu son impression. Lorsque j'ai emballé ou déballé le instruments J'y pensais, et j'ai fini par désirer que votre déclaration soit vraie, à savoir que « le Seigneur Jésus, par la puissance de l'âme, pouvait être vu plaidant pour et sauvant les pécheurs » ; mais maintenant, béni soit Dieu, je sens que j'ai le don céleste et je prie pour qu'il augmente. Il s'est remis de sa maladie et a prouvé pendant des années sa foi par une vie sainte.

L'autre cas s'est produit lors de l'Exposition internationale. Un visiteur qui profitait fréquemment des occasions d'attirer l'attention sur quelque vérité contenue dans le bon vieux Livre, se frayait un matin un chemin à travers l'annexe des machines, lorsque sa progression fut arrêtée par une barrière. Comme c'était l'heure du rafraîchissement à midi, le tourbillon et le bruit s'arrêtèrent , les machines étant au repos. Un homme, un parfait spécimen du mécanicien anglais, était assis près du moteur et lisait l'Histoire d'Angleterre de Goldsmith. Le visiteur s'en aperçut et, lui tendant un évangile de saint Jean, dit : « Voici une partie de la grande biographie, quelques passages importants de la vie du roi maintenant couronné de nombreuses couronnes ; mais dont la vie ici était un miracle. , de la crèche au Golgotha."

"Je l'ai lu, monsieur", répondit l'homme en prenant le livre; "mais je ne peux pas croire tout ce que la Bible dit sur Jésus-Christ et sur d'autres sujets."

"Si vous avez le temps, j'aimerais savoir comment vous rejetez le témoignage que *Dieu* a rendu de son Fils ?" » dit le donateur du Livre, et la conversation suivante eut lieu :

" Eh bien, monsieur, c'est comme ça : j'étais religieux dans ma jeunesse, mais quand j'étais apprenti, mes camarades de magasin m'incitaient à suivre des cours de théologie suivis de débats. Ces discussions ébranlaient ma foi dans le système chrétien et la lecture des livres. a renforcé mes convictions."

"C'est une affaire sérieuse : s'il vous plaît, dites-moi votre principale difficulté."

"Il est de votre devoir de relier le groupe de ce moteur aux différentes machines."

"Eh bien, monsieur, en voici un : la Bible dit que tout homme, pour devenir chrétien, doit subir en lui un changement appelé conversion, qui à mon avis est simplement un changement d'opinion, avec des résultats qui pourraient être effectués par d'autres. Socrate a été rendu bon par la philosophie ; et les hommes de toutes opinions, même mahométans et hindous, ont été rendus moraux par le bien de leurs systèmes. Ce que nous devons viser, c'est un code moral parfait, libre de superstition et de tyrannie spirituelle.

« Vous devez, mon bon ami, juger d'un système par son influence générale, aussi bien que par son effet sur l'individu ; et je suppose que vous ne voudriez pas que la société revienne de l'état chrétien à l'état païen, parce qu'il peut avez été des païens moraux ; ou de vivre sous le gouvernement d'un Turc ou d'un Hindou, parce que certains individus parmi eux ont pratiqué la vertu. Maintenant, il me vient à l'esprit que vous n'êtes peut-être pas tout à fait clair dans votre vision du système chrétien que vous rejetez. Cela consiste non pas de principes moraux, qui en sont les résultats, mais d'une vie nouvelle, la communication d'influences divines. Permettez-moi d'illustrer cela par votre occupation. Il est de votre devoir de relier le groupe de ce moteur aux diverses machines ; et ainsi par un de vos actes, une masse de mécanismes inertes devient instantanément soumise à un mouvement compliqué et investie d'un grand pouvoir. Il en est ainsi du monde intérieur de l'être spirituel de l'homme, qui a ses faits aussi bien que son monde extérieur et matériel. L'homme a des pouvoirs et des capacités merveilleux, même lorsqu'il est inerte, dans un état de mort spirituelle, ressemblant à la machinerie qui nous entoure, jusqu'à ce que la force de la vapeur lui soit communiquée. L'homme dans l'état de nature est mort et incapable d'aimer *Dieu* ou d'exercer autrement les pouvoirs de son être supérieur ; mais le Créateur toujours béni, par un acte de clémence, pardonne aux pécheurs qui croient en Jésus et leur donne son Saint-Esprit. Ces personnes divinement influencées forment l'Église du Christ, et à leur sujet les paroles de ce Livre sont vraies : « Et il vous a vivifié, vous qui étiez morts dans vos offenses et vos péchés. » 'Non pas par les œuvres de justice que nous avons faites, mais selon sa miséricorde, il nous a sauvés, par le lavage de la régénération et le renouvellement du Saint-Esprit.'"

L'homme, qui avait écouté avec une attention soutenue, se leva de son siège et dit avec émotion : « Je vois tout, monsieur, comme si des écailles étaient tombées de mes yeux. J'ai eu mes machines, ma philosophie, ma science, ma Bible et toutes sortes de livres, mais je n'ai jamais prié : « Donne-moi ton Saint-Esprit. »

"Faites cette prière", dit son instructeur, "au nom du Fils bien-aimé, et vous serez doté de la puissance d'en haut, car il a dit : 'Je donnerai mon Saint-Esprit à ceux qui me le demandent.' '"

L'heure de mettre la machine en marche étant arrivée, le visiteur lui promit un livre sur l'infidélité ; et après avoir serré la main de la nouvelle connaissance, il traversa l'annexe.

Plusieurs autres visites suivirent, et comme résultat béni, l'homme crut au Sauveur et témoigna qu'il était passé de la mort à la vie. Un ecclésiastique qui visita les lieux quelques mois plus tard écrivit à son sujet : « Entre autres, j'ai parlé à un homme responsable des machines ; un Anglais franc, au visage ouvert et, comme je devrais le penser, au cœur ouvert. monsieur," dit-il, "un infidèle, jusqu'à ce qu'un monsieur me parle ici et me donne un évangile. Il m'a alors raisonné et m'a prêté un livre. Je suis maintenant persuadé que la Bible est vraie, et j'essaie être chrétien. Je pense qu'il a la racine du problème en lui. »

La promptitude avec laquelle cet homme a reçu l'Évangile est exceptionnelle. Chez les sceptiques de sa classe, les préjugés sont généralement si forts que les éliminer équivaut à percer un mur de granit ; et, après des années d'efforts, le bien semble souvent être perdu pour eux. Un tel incident est donc un grand encouragement à faire confiance au pouvoir de la vérité révélée.

La réprimande du péché est également un simple devoir chrétien, et pourtant combien peu de gens ont le courage de le faire. En outre, les personnes qui, par exemple, se rendent coupables de langage profane, non seulement montrent qu'elles ont besoin d'un bon conseil, mais leurs paroles mêmes donnent au chrétien judicieux une sorte d'introduction qui peut être utilisée avec avantage. Nous donnerons deux exemples pour illustrer cette utilisation du Livre.

Lors d'un voyage dans le Yorkshire, le visiteur perdit un matin son train à un carrefour et dut rester quelque temps dans la salle d'attente. Trois jeunes hommes entrèrent, qui se révélèrent être un avocat et deux commis de notaire. L'un d'eux, déçu de n'être pas à l'heure, parce qu'il devait comparaître devant un avocat aux assises, prononça un serment, et un autre prit le nom divin avec plus de légèreté sur ses lèvres.

« Faites attention, messieurs, observa l'inconnu, sinon vous ne découvrirez jamais le titre légal.

"Qu'est-ce que tu veux dire ?" demanda le juré.

"Juste ceci : il y a des possessions de valeur actuelle et un héritage céleste contracté et détenu directement du roi, mais les profanes et les corrompus ne seront jamais en mesure de prouver leurs droits légaux sur eux."

"C'était un lapsus, monsieur, comme je ne le jure pas", dit le jeune homme avec une certaine confusion.

« Alors faites attention, fut la réponse, à ne pas contracter une habitude aussi vile. »

Comme ils devaient attendre une heure, le réprobateur sortit sa Bible de poche et, pour les intéresser à la vérité, compara l'Ancien Testament à un tribunal, une loi sévère, dans laquelle aucun pécheur vivant ne peut être justifié ; et le Nouveau Testament à un tribunal d'équité, dans lequel la plus haute autorité légale de l'univers a déclaré les pécheurs qui croient en Jésus « justifiés de toutes choses dont ils ne pouvaient être justifiés par la loi de Moïse

». Après cela, il a lu de manière impressionnante les mots : « L'Esprit lui-même rend témoignage à nos esprits que nous sommes enfants de Dieu ; et si nous sommes enfants, alors héritiers, héritiers de Dieu et cohéritiers de Christ. » Alors que le train approchait de la gare, les jeunes hommes remercièrent leur réprimande et il y eut une chaleureuse poignée de main.

Le second cas s'est produit dans des circonstances exceptionnelles, car la conversation a eu lieu au sommet d'un omnibus. Tard, par une belle soirée d'été, un chrétien était assis à cette agréable altitude, lorsque, alors qu'ils passaient devant un club de Pall Mall, un monsieur sortit, monta au sommet et alluma son cigare. Pendant qu'ils passaient, il fit une remarque des plus déplacées au sujet de quelques gens bas qui se disputaient au coin d'une rue.

"Vos sympathies, observa l'interlocuteur, vont évidemment à ces personnes : comme on dit en chimie, il y a une attirance, une affinité entre vous."

"Merci pour la haute estime que vous m'avez faite", dit le monsieur d'un ton colérique.

« C'est une très bonne façon d'évaluer un étranger », fut la réponse, « car juger un homme de sa propre bouche est un jugement très approprié. Il n'y a que deux ordres d'hommes : les naturels ou corrompus, et ceux qui ont été rendu pur de cœur. Si vous aviez appartenu à ces derniers, ces mauvaises personnes auraient provoqué en vous une répulsion de sentiment ; au lieu de cela, vous parliez avec sympathie, et c'est pourquoi, en tant que moraliste, j'arrive à la conclusion que l'impureté vous attire au lieu de la sainteté. ".

Cette remarque fut suivie d'un long silence, lorsque le gentleman se tourna brusquement vers son réprimande et lui demanda :

"Es-tu un homme religieux ?"

"Oui je suis."

"Alors votre réprobation de mes paroles irréfléchies était très appropriée ; mais déchristianiser un homme pour une telle remarque est vraiment dommage."

"Je ne vous ai pas déchristianisé , mais j'ai donné honnêtement l'impression que vos paroles me donnaient à l'esprit. Et maintenant, en guise d'excuses pour la manière acerbe avec laquelle j'ai parlé, puis-je répondre à votre question : 'Es-tu un homme religieux ?'"

"Eh bien, oui : je suis certainement baptisé et je vais régulièrement à l'église avec ma famille ; mais après tout, je n'ai pas tout à fait raison, car il y a des mystères dans la foi qui me troublent."

"Es-tu une nouvelle créature en Jésus-Christ ?"

"Cette doctrine a sans aucun doute un sens profond et beaucoup de beauté, mais je ne peux voir que la beauté. Pour moi, ce n'est pas une réalité, car plus je vis, plus il m'est difficile de concevoir le *Dieu Tout-Puissant.* et une créature vile, une unité parmi des centaines de millions, ayant des relations sexuelles et affectant une transaction entre elles.

"Et pourtant, tel est le fait, établi par les vérités de la Vérité elle-même, qui a dit : 'Votre Père céleste donnera son Saint-Esprit à ceux qui le lui demandent.'" Et puis, pressant le bras du gentleman, l'orateur continua. , "Il en est ainsi : tout comme la matière peut influencer la matière, l'esprit peut également influencer l'esprit. Votre corps sent la prise de ma main, et il est aussi possible que votre âme soit touchée par le Saint-Esprit de Dieu et rendue consciente. de cette influence bénie.

La conversation se poursuivit et s'intensifia jusqu'à ce que l'omnibus arrivât au terme de son voyage dans le faubourg. Les passagers descendirent, puis le gentleman dit d'une manière très gracieuse : « Vous m'avez, monsieur, sagement réprimandé et rendu la vérité, qui pendant des années m'a troublé, si claire, que le devoir envers moi-même m'oblige à demander à votre amitié. , certainement pour la faveur d'une autre longue conversation.

"Je suis très occupé", fut la réponse, "mais je serai heureux de m'accorder une heure environ demain soir, si vous êtes désengagé."

"Alors je vous donnerai ma carte, et je resterai chez moi pour vous recevoir. Je n'ai qu'à vous demander, comme point d' honneur , de ne pas mentionner ma stupide remarque."

La promesse fut faite, et le monsieur remit sa carte au maître religieux, qui fut surpris du rang de l'homme à qui il avait parlé si fidèlement ; mais s'adressant à lui par son titre, il s'efforça de fixer l'Écriture dans son esprit : « Si quelqu'un est en Christ , il est une nouvelle créature : les choses anciennes sont passées ; voici, toutes choses sont devenues nouvelles. »

Le lendemain soir, la visite promise fut effectuée et l'étranger fut présenté par son nouvel ami au cercle familial. Pendant un certain temps , sa dame fut réservée (aussi bien qu'elle puisse l'être), mais après une heure de conversation sur des « choses spirituelles », elle devint géniale et gentille. Avant de partir, les serviteurs furent appelés, et le missionnaire lut et donna un bref exposé du chapitre commençant par les mots : « Et il vous a vivifié, vous qui étiez morts par vos offenses et vos péchés » ; après quoi il s'est engagé dans une prière improvisée.

Ce fut la première de nombreuses visites agréables et le début d'une amitié avec la famille qui eut ses preuves de bénédiction, certainement avec son chef, qui reçut la doctrine de la régénération dans sa plénitude. Lorsqu'un croyant est convaincu du devoir de témoigner pour Dieu, des occasions de le faire se présenteront certainement, et s'il s'en tient simplement à la Bible, la bonne volonté en résultera nécessairement. Il peut parler avec une faiblesse consciente, mais son infirmité n'a rien à voir avec l'affaire. Le secret du succès dans l'œuvre chrétienne est l'humilité devant Dieu et la douceur de la sagesse devant les hommes, unies à une foi ferme dans la vérité et la puissance de la Parole divine. Cette Parole peut être prononcée par l'homme, mais elle ne peut obtenir aucune amélioration ou force de la part de l'homme. Toute expérience en donne la preuve, et nous y ajoutons deux récits, en confirmation d'autres, qui montrent que le dépôt de passages des Saintes Écritures est suffisant pour accomplir les desseins de la grâce.

Un chrétien se trouvait dans l'atelier d'un célèbre sculpteur, occupé à dessiner les premières fontaines à eau érigées à Londres. Quand l'ordre fut donné de graver des passages de l'Écriture dans le granit solide, le sculpteur s'y opposa, sous prétexte de « conduire le vulgaire à mépriser l'Écriture, en rendant ses paroles communes ». Ce point fut discuté avec lui et la position adoptée, « que toute parole de Dieu peut conduire les pensées des hommes vers Lui, et que le respect de Sa vérité doit donc être accompagné de résultats bénéfiques ». L'ordre fut exécuté et, pendant des années, les fontaines de Londres ont en même temps rafraîchi les gens avec de l'eau pure et les ont instruits avec des paroles de sagesse céleste. Sur l'un d'eux, sur Edgeware Road, se trouve le proverbe : « La crainte du Seigneur est une source de vie ». Un soir, deux jeunes hommes passèrent devant. L'aîné était barman et l'autre était son plus jeune frère, tout juste arrivé de la campagne. Ils avaient planifié le vol du maître de cette manière : le jeune devait entrer dans le bar comme un étranger, demander de l'alcool et remettre six pence à son frère ; la monnaie pour un souverain ou un demi-souverain, selon l'argent de la caisse, devait alors lui être restituée. Cela devait se répéter plusieurs fois dans la soirée, et le lendemain ils devaient se réunir et partager le butin. Alors qu'ils passaient devant la fontaine, l'œil du jeune aperçut l'inscription : « La crainte du Seigneur est une fontaine de vie », et il la regarda avec une attention fascinée. L'enseignement reçu à l'école du dimanche et une succession d'Écritures correspondantes lui vinrent à l'esprit. Se tournant vers son frère, il dit : « Dieu nous verra et je n'ose pas commettre ce vol. Le dimanche suivant, il assista à une réunion de « l'Association chrétienne des jeunes hommes » et devint peu après un chrétien convaincu. Qui peut dire combien ont été ainsi bénis par la Sagesse faisant entendre sa voix sur la voie publique !

L'autre exemple était celui d'une opportunité saisie pour parler fidèlement à dix-huit jeunes hommes très intelligents. Ils s'étaient rassemblés dans une salle de classe de la Royal Polytechnic pour recevoir l'enseignement d'un professeur de chimie. Un chrétien eut l'occasion d'entrer dans la pièce et, après avoir été informé que plusieurs des jeunes hommes étaient des employés du télégraphe, il leur rappela que le mot « religion » en latin signifiait en réalité « relier à nouveau », la réunification d'une communication interrompue. ;" et a ajouté : « C'est notre condition à tous dans notre état naturel. La communication est coupée entre le pécheur et le *Créateur Tout-Puissant*. La foi au Seigneur Jésus et la réception du Saint-Esprit sont les seuls moyens par lesquels la communication peut être rétablie. -établi entre la créature sur terre et la Majesté offensée du ciel ; comme il est écrit : « Vous qui étiez parfois loin, vous êtes rapprochés par le sang du Christ. »

Plus d'un an après cette circonstance, un jeune homme gisait sur son lit de mort. Une phtisie rapide l'avait réduit à l'état d'ombre, et quand il sentit la fin approcher, il fit appeler le visiteur chrétien, pour le remercier d'avoir parlé si clairement de Jésus dans la salle des nombreuses sciences. Il était alors « loin », mais par la foi au Seigneur ressuscité, il avait obtenu la miséricorde et une espérance bénie de la vie éternelle. Il parlait du « réconfort de la prière » et de « sa douce attente de gloire » comme preuves que la communication avait été établie entre lui et le Père de son esprit. Peu de temps après, il s'endormit en Jésus. En lui, le grand objectif de l'Église dans tous ses travaux a été accompli. Étant ignorant, il fut chargé de sauver la vérité. Étant séparé de son *Dieu*, il était attiré par les cordes de l'amour divin ; puis, étant assuré de la vie de résurrection en Jésus, il déposa son corps mortel afin de pouvoir suivre les rachetés du Seigneur, qui entrent dans Sion avec des chants et une joie éternelle sur la tête.

Ce grand bien résultait du fait qu'une Écriture était fixée dans l'esprit de ce jeune homme : « Mais maintenant, en Jésus-Christ, vous qui étiez parfois loin, vous êtes rapprochés par le sang du Christ. » La Parole est confiée à chaque chrétien, et il est du devoir de tous de l'utiliser pour l'illumination spirituelle des autres. Tous ceux dont la communication avec le ciel n'a pas été rétablie doivent être instruits des vérités salvatrices de la Sainte Écriture. Les occasions d'instruire les intellectuels et les classes sociales supérieures des vérités grandes mais simples du salut ne doivent pas être perdues ; mais aux pauvres, l'Évangile doit être prêché. Ils furent et seront toujours l'objet de la profonde sollicitude de notre Seigneur. Il était d'une manière particulière leur Maître : pour eux comme pour les autres, il vivait, agonisait et mourut. Il ne faut pas leur permettre, comme dans nos grandes villes, de continuer dans l'ignorance et le péché, et de mourir en masse de la mort éternelle. L'Église universelle doit répondre : « Non ! Elle doit se ceindre de ses forces et transmettre le Livre de Dieu, qui répand la lumière de Son salut, dans chaque demeure obscure, afin que l'œuvre de la rédemption puisse se propager et que le peuple apprenne la justice, pour son salut et pour la louange de la gloire. de la grâce divine.

ANNEXE.

POUVEZ-VOUS INFLUER LE MONDE POUR LE CHRIST ?

Dans une large mesure, on pense que c'est possible ! Dieu, dans sa providence, *a mis à votre* portée des représentants des différentes nations du globe ; et les a placés dans la meilleure position possible pour influencer la terre entière ; de sorte que *si vous agissez sur eux, vous agissez sur le monde* !

Mais où se trouve ce grand rassemblement des représentants des nations ? Nos esprits se tournent immédiatement vers Londres, la métropole du Royaume-Uni et de la terre entière ! — la Babylone moderne ! — une ville qui compte aujourd'hui près de quatre millions d'habitants !

Êtes-vous un Écossais? Il y a à peu près autant d'Écossais et de leurs descendants à Londres qu'à Édimbourg ? Êtes-vous irlandais? Il y a plus d'Irlandais et de leurs descendants à Londres qu'à Dublin ! Êtes-vous gallois? Les Gallois et leurs descendants vivant à Londres égalent à peu près les populations réunies de six des principales villes galloises ? Ou êtes-vous anglais ? La population de six, huit ou dix villes dans certains comtés anglais représente le nombre de personnes *nées dans ces comtés* et qui vivent maintenant dans la grande ville ! Vous pouvez ainsi agir sur presque toutes les villes et villages du Royaume-Uni par l'intermédiaire de leurs propres représentants vivant actuellement à Londres.

Et si vous avez particulièrement pitié du pauvre Juif parce qu'il rejette le grand Messie, alors rappelez-vous qu'il y a plus de Juifs à Londres qu'il n'y en a en Palestine ! Si, encore une fois, vous considérez le papisme comme le grand Antichrist ; cela vous rappelle qu'il y a plus de catholiques romains à Londres qu'à Rome ! Ses 2 000 ITALIENS peuvent ici se préparer à apporter à leurs compatriotes la bonne nouvelle d'un salut achevé ! La néologie allemande et l'infidélité française sont-elles les ennemis du Rédempteur auxquels vous vous opposeriez ? On affirme que plus de 60 000 ALLEMANDS , ou leurs descendants, et environ 40 000 FRANÇAIS et leurs enfants, se trouvent désormais à Londres ! Le puissant empire russe, avec ses races slaves , sombrées dans l'ignorance ou dans les corruptions de l'Église grecque, est représenté en grand nombre à Londres ! Quelque 6 000 MAHOMÉTANS ET idolâtres des Indes orientales se trouvent également chaque année à Londres ! et *là*, en toute sécurité, on peut enseigner qu'il y a un seul Dieu et un seul sacrifice expiatoire. *On y* trouve également un grand nombre de Danois, de Hollandais, de Suédois, de Suisses, d'Espagnols, de Portugais, de Grecs, de Turcs, d'Africains, d'Arabes, de Perses, de Chinois, de Brésiliens, d'Américains, d'Indiens d'Amérique, d'Antillais et d'insulaires des mers du Sud, et probablement de toutes les autres nations sous le ciel ! Ceux-ci sont réunis par la Divine Providence, sans aucun doute, afin qu'ils puissent être instruits des œuvres merveilleuses de Dieu. CES REPRÉSENTANTS DES NATIONS DE LA TERRE SONT MIS À VOTRE PORTÉE ; ET À TRAVERS EUX, AVEC L'AIDE DE LA LONDON CITY MISSION, VOUS POUVEZ INFLUENCER LE MONDE POUR CHRIST. Hélas, que ces corps représentatifs soient entrés dans une ville dans laquelle un million et trois quarts de ses habitants ne peuvent trouver de place pour adorer Dieu dans ses églises et chapelles protestantes ! — une ville dans laquelle des myriades de ses habitants sont adonnés au crime.

LA LONDON CITY MISSION permet aux chrétiens d'agir sur les individus de toutes classes sociales et de toutes nations résidant dans cet endroit le plus important de la terre, cette *région malade*. CŒUR *du corps politique du monde* . Le simple objet de la Société est de porter l'Évangile dans chaque maison, grenier et cave, et de supplier les hommes de se réconcilier avec Dieu. Il ne connaît rien des sectes ni des partis, et ne cherche pas non plus à faire du prosélytisme autrement que pour sanctifier les méchants et les membres précieux et sans valeur de la société. Ses missionnaires, au nombre de 450, communiquent l'Évangile en vingt-trois langues, chacun à environ 2 000 personnes. Mais si chaque missionnaire employé continue à avoir environ 2 000 personnes à visiter, IL FAUDRA AU MOINS 400 MISSIONNAIRES SUPPLÉMENTAIRES POUR LA VILLE MONSTRE . Qui donc est prêt à s'efforcer — par une consécration personnelle, ou en aidant une agence prête à l'emploi, adaptée à l'œuvre et bénie dans l'accomplissement de celle-ci — d' *influencer le monde pour Christ ?*

COMITÉ DE LA MISSION DE LA VILLE DE LONDRES.
Trésorier.— Joseph Hoare, Esq.

Secrétaires.

Révérend Josiah Miller, MA   Révérend JPA Fletcher, MA

Auditeurs.

J. Herbert Tritton, Esq.	E. Brodie Hoare, Esq.
Arbuthnot, Géo., Esq.	M'Arthur , W., Esq., député

Ashton, Charles, Esq.	Marten, CH, Esq.
Barclay, J. Gurney, Esq.	Maynard, H., Esq.
Bevan, RCL, Esq.	Morris, H., Esq.
Bevan, Francis A., Esq.	Noël, l'hon. Henri.
Boulnois , WA, Esq.	Paton, R., Esq.
Buxton, JH, Esq.	Pocock, T., Esq.
Charles, Robert, Esq.	Robarts, Henry, Esq.
Clarke, Frederick, Esq.	Sheppard, John Geo., Esq.
Coles, William, Esq.	Sheppard, SG, Esq.
Denny, TA, Esq.	Smith, Basil Woodd , Esq.
Ellice, William, Esq.	Spicer, Edward, Esq.
Renard, Chas. Douglas, esq.	Tritton, C. Ernest, Esq.
Garwood, révérend J., MA,	Trotteur, Stuart, Esq.
L'hon. Membre.	Watson, JG, Esq.
Hanbury, George, Esq.	Williams, George, Esq.
Kinnaird, Seigneur.	Wood, FJ, Esq., LL.D.
Lycett, Sir Francis.	

Examinateurs de missionnaires.

Révérend H. Allon , DD	Révérend JC Harrison.
Révérend WB Carpenter, MA	Révérend S. Hebditch .
Révérend Burman Cassin, MA	Révérend WG Lewis.
Révérend JP Chown .	Révérend Peter Lorimer, DD
Révérend JH Clay, MA	Révérend A. Macmillan, BA
Révérend Flavel Cook, BA	Révérend John Matheson, MA
Révérend Frederick Cox, MA	Révérend Thomas Nolan, DD
Révérend John Edmond, DD	Révérend GW Olver .
Révérend AT Edwards, MA	Révérend Aubrey C. Price, MA

Révérend HE Fox, MA	Révérend Robert Redpath, MA
Révérend B. Gregory.	Révérend Henry Sharpe.
Révérend JG Gregory, MA	Révérend Gervase Smith, MA
Révérend DB Hankin .	Révérend GW Weldon, MA

Secrétaire de pays pour le Sud—Rév. W. Lionel Green.secrétaire de pays pour le Nord—M. Francis Palin, 15, Chichester Street, Chester.Secrétaire de district— *Ouest (partie de) et nord de Londres.* —

M. Charles M. Sawell .

Secrétaire de district — *Ouest (partie de) et Est de Londres.* —
MJM Weylland .

Secrétaire de district — *Sud de Londres.* -M. Hugh Pearson.

Comptable-M. Thomas R.Marrison .

Surintendants généraux des missionnaires.

Capitaine HJR Lowe.   Capitaine Charleton .

J. Rennie, Esq.   Capitaine Thom.

CONSTITUTION.

I. Le nom : « La London City Mission ».

II. Le but de cette institution est d'étendre la connaissance de l'Évangile parmi les habitants de Londres et de ses environs (en particulier les pauvres) sans aucune référence aux distinctions confessionnelles ou aux particularités du gouvernement de l'Église.

III. Pour atteindre cet objet, des missionnaires de caractère et de qualifications approuvés, qui se consacreront entièrement à l'œuvre, seront employés et payés par l'institution. Leur devoir sera de visiter de maison en maison dans les districts respectifs qui leur seront assignés, de lire les Écritures, d'engager des conversations religieuses et d'exhorter ceux qui vivent dans la négligence de la religion à observer le sabbat et à assister au culte public. . Ils veilleront également à ce que chacun possède les Écritures, distribueront des traités religieux approuvés et aideront à obtenir une éducation biblique pour les enfants des pauvres. Avec l'approbation du Comité, ils tiendront des réunions pour lire et expliquer les Écritures et la prière, et adopteront tous autres moyens que le Comité jugera nécessaires à l'accomplissement de la Mission.

IV. Comme l'objet de la Mission est d'étendre la connaissance de l'Évangile, c'est une loi fondamentale que les doctrines suivantes soient enseignées de manière bien visible par les agents et les publications de la Mission. Ils sont donnés « non pas dans les paroles qu'enseigne la sagesse humaine , mais dans les paroles qu'enseigne le Saint-Esprit ». [3] "Tous ont péché et sont privés de la gloire de Dieu." [4] "Au commencement était la Parole, et la Parole était avec Dieu, et la Parole était Dieu. Et la Parole s'est faite chair et a habité parmi nous." [5] "Si un homme ne naît de nouveau, il ne peut voir le royaume de Dieu." [6] "Le sang de Jésus-Christ, le Fils de Dieu, purifie de tout péché." [7] "Étant justifiés par la foi, nous avons la paix avec Dieu par notre Seigneur Jésus-Christ." [8] "Il n'y a de salut en aucun autre; car il n'y a sous le ciel aucun autre nom donné parmi les hommes, par lequel nous devons être sauvés." [9] "Sans la sainteté, personne ne verra le Seigneur." [10] "Vous êtes sanctifiés - par l'Esprit de notre Dieu." [11]

V. Les affaires générales de la mission de la ville de Londres seront dirigées par un comité composé d'un nombre égal de membres de l'Église établie et de dissidents ; et les examinateurs des missionnaires seront composés d'un nombre égal d'ecclésiastiques et de ministres dissidents, qui tous, avec les trésoriers, les secrétaires et les auditeurs, seront membres d' *office du Comité* .

VI. Les personnes souscrivant une guinée par an ; chaque donateur de 10 £ ; un exécuteur testamentaire pour le paiement d'un legs de 50 £ et plus ; et les ecclésiastiques de l' Église établie et les ministres dissidents, en tant que représentants de leurs congrégations, qui souscrivent ou collectent pour la mission la somme de 5 £ par an, seront membres de l'institution.

VII. Une Assemblée Générale se tiendra chaque année en mai (et plus souvent si nécessaire) pour nommer les membres du bureau et recevoir un rapport sur les travaux de la Mission et sur l'état des fonds. Toutes les questions proposées seront tranchées à la majorité des membres présents. La réunion sera ouverte et conclue par la prière, et le président du jour signera le procès-verbal des débats. Dans le cadre de l'assemblée annuelle, un ou plusieurs sermons seront prêchés, et un préavis devra être donné.

VIII. Les fonds de la mission, provenant des dons, legs, souscriptions, collections, etc., seront dépensés, sous la direction du Comité, pour les salaires des missionnaires, l'achat de tracts et pour faire face à toutes les dépenses nécessaires à la conduite de la mission. affaires de la Mission.

IX. Qu'aucune modification ne soit apportée à la présente Constitution, sauf lors d'une assemblée annuelle ou d'une assemblée générale spécialement convoquée par le Comité, sur une réquisition indiquant la nature de la modification, signée par cinquante des membres, et devant être tenue dans les vingt et un jours. jours suivant la réception de cette demande.

Nous donnons l'extrait suivant des discours prononcés lors de la dernière, ou quarante-troisième réunion annuelle de la London City Mission, qui s'est tenue à Exeter Hall, le jeudi 2 mai 1878 ; Lord KINNAIRD au fauteuil.

La grande assemblée ayant chanté trois couplets de l'hymne,

"Tous saluent le nom du grand Emmanuel",

le révérend JOSIAH MILLER a lu une partie de l'Écriture et a offert une prière, après quoi :

PRÉSIDENT s'est adressé à l'assemblée comme suit : –

On m'a demandé de présider cette occasion spéciale parce que je crois être l'un des membres les plus anciens de ce comité. Depuis plus de quarante ans , j'ai été autorisé à participer à ce grand et important travail, et je peux seulement dire que chaque année, à mesure qu'il avançait, je me sentais de plus en plus reconnaissant que ce travail soit florissant et progresse. Lorsqu'elle commença ses travaux à Londres, les principes sur lesquels elle fut fondée n'étaient pas aussi généralement reconnus qu'ils le sont aujourd'hui. Je me souviens bien, par exemple, de l'époque où nous devions lutter pour le principe même de l'action des laïcs dans des milieux où il serait désormais franchement reconnu . Trois principes semblent sous-tendre tout notre travail. Premièrement, cette vérité évangélique a la seule prétention d'être reconnue comme étant pleinement conforme à la Parole de Dieu et comme étant propre à persuader les hommes de se réconcilier avec Dieu. Deuxièmement, que le devoir de la proclamer n'incombe pas exclusivement aux ministres ordonnés, mais que tous les hommes partagent l'obligation qui découle du commandement divin d'aller dans le monde entier et de prêcher l'Évangile à toute la créature, et aussi d'aller dans le ruelles et haies et inviter les hommes à la fête évangélique. Et troisièmement, que les membres de l'Église unique du Christ, bien que liés à diverses dénominations, devraient s'unir dans l'œuvre d'évangélisation, manifestant ainsi dans une certaine mesure l'unité pour laquelle le Sauveur a prié et prouvant aux hommes que les points sur lesquels ils sont d'une importance bien plus profonde et durable que celles sur lesquelles ils diffèrent. La croissance constante de notre population londonienne, qui, lorsque M. Hoare et moi-même avons commencé, était d'environ un million et demi, mais qui approche maintenant rapidement les quatre millions , rend le besoin de cette Société, à certains égards, encore plus grand qu'il ne l'était. c'était quand tout a commencé. Nous pouvons être très reconnaissants que tant de choses aient été accomplies grâce à son aide, et très reconnaissants également que d'autres sociétés apparentées aient vu le jour en suivant nos traces. Mais je tiens à vous faire comprendre qu'il ne faut pas relâcher nos efforts. Peut-être qu'aucune revendication ne pourrait être plus forte que celle liée à l'évangélisation des classes spéciales, qui est la particularité de cette Société. J'ai eu le privilège, à différentes époques, de superviser de nombreux missionnaires, et spécialement ceux auprès des étrangers. Ce travail se poursuit et nous pouvons en remercier Dieu. Que devrions-nous faire maintenant sans le missionnaire de la Ville ? Dans tout moment de perplexité, lorsque de nouvelles difficultés surgissent, il faut généralement chercher l'aide d'un missionnaire expérimenté pour l'aider à démarrer un mouvement visant à soulager un besoin spirituel évident. Ma propre expérience est qu'il a plu à Dieu d'une manière merveilleuse d'utiliser cette société pour l'avancement de son royaume. Il ne faut cependant pas chercher à monopoliser. Il y a les lecteurs des Écritures et, par-dessus tout, il y a cette merveilleuse instrumentation de la femme biblique et de l'infirmière biblique. L'idée de ceux-ci nous a été retirée. Nous avons été les pionniers du travail. Dieu l'a béni et il semble prospérer. Il existe des domaines de travail parmi notre population croissante qui, sans une telle agence, nous feraient trembler pour notre grande ville. J'avais espéré voir ici notre excellent ami M. Garwood, dont les travaux ont été parfaitement infatigables. Mais bien qu'il soit absent physiquement, il est avec nous en esprit. Il a été très rafraîchissant au cours de la dernière année de le voir constamment assister à nos comités , un ami aussi sérieux et chaleureux qu'il l'a toujours été dans sa jeunesse. Puisse-t-il longtemps nous être épargné, pour nous faire bénéficier de ses sages conseils. Je dois maintenant demander au secrétaire de lire le rapport. C'est une question qui suscite un profond intérêt et j'espère que vous y accorderez toute votre attention.

Le révérend JPA FLETCHER a ensuite lu un résumé du rapport de la Société pour l'année écoulée.

L'évêque de SODOR et MAN :— Monseigneur, je dois proposer la première résolution :—

"Que le rapport, dont un résumé a maintenant été lu, soit adopté, imprimé et distribué sous la direction du Comité."

J'aurais manqué de gratitude si je n'avais pas répondu immédiatement à l'aimable invitation qui m'a été adressée, me demandant de prendre part aux débats d'aujourd'hui ; car je repenserai toujours avec plaisir à mes liens avec la City Mission lorsque j'étais un ecclésiastique en activité à Londres. Ce matin seulement, alors que j'allais à cette réunion, j'ai rencontré un monsieur qui m'a dit : « Où vas-tu ? À laquelle des réunions vas-tu assister ? J'ai dit : « Je vais à l'anniversaire de la Mission de la Ville. "Oh," dit-il, "mais ce n'est pas une société de l'Église d'Angleterre." "Non", dis-je, "mais c'est un de mes vieux amis ; c'est une société non sectaire." Lorsque j'étais pasteur travaillant à Londres, la City Mission m'a apporté son soutien dans deux paroisses ; et maintenant que je suis devenu évêque, je ne refuserai pas d'apporter mon soutien à la Mission de la Ville. La vérité est qu'il y a suffisamment de place dans cette vaste ville de Londres pour toutes les sociétés qui travaillent à la diffusion de la vérité de Dieu. Nous pourrions nous permettre d'avoir deux fois plus de sociétés ; et si le nombre de tous les missionnaires de la ville , des lecteurs de l'Écriture, des femmes de la Bible et des visiteurs du district était quadruplé, il y aurait assez de place pour tous, et nous en aurions besoin de plus. Mais le bénéfice de telles sociétés ne réside pas seulement dans leur travail d'évangélisation – dans le fait qu'elles portent l'Évangile de la grâce de Dieu aux masses – mais je suppose qu'il se trouve avant tout dans le fait qu'elles unissent les chrétiens. les gens ensemble pour l'œuvre du Seigneur. C'est ce que nous souhaitons particulièrement aujourd'hui. L'ennemi poursuit son œuvre avec la plus grande activité. Le peuple du Seigneur doit être uni, et je me réjouis du fonctionnement de telles sociétés, car elles rassemblent les chrétiens et les unissent dans le grand objectif commun de l'avancement du royaume du Rédempteur. Cela fait maintenant quelques années que j'ai commencé à travailler pour ma première paroisse à Londres. J'ai reçu un district de 10 000 habitants dans la paroisse de Marylebone, coupée de St. Mary's, Bryanston Square. Il n'y avait pas de gens riches dans le quartier et j'ai dû faire face à de nombreuses difficultés pour me mettre au travail. J'ai eu l'aide d'un lecteur de la Bible, d'un travailleur pastoral et de trois femmes bibliques, mais cela n'était toujours pas suffisant. Au fur et à mesure que nous poursuivions notre travail, nous avons trouvé un missionnaire de la ville qui travaillait dans un coin du district et nous avons constaté qu'il avait mis la main sur les personnes que nous recherchions. J'ai senti : « Cela ne fonctionnera jamais, parce que nous nous marchons sur les talons. » Je suis donc allé au Comité de la Société et je leur ai représenté le cas. J'ai dit : « Nous avons un objectif commun ; nous voulons seulement apporter l'Évangile aux masses. Je suis malheureusement dans cette position : je ne peux pas dépasser mes limites. Je suis lié par le système paroissial (un très bon système également). Maintenant, j'assumerai la surveillance du missionnaire si vous me permettez de le faire. Le Comité a immédiatement déclaré qu'il le ferait, et à partir de ce moment-là, j'ai commencé à travailler de bon cœur en relation avec la Mission de la Ville. Mais ce n'était pas la fin de ma connexion. On m'a demandé d'entreprendre ce que je crois être une partie la plus importante du travail de la Société ; On m'a demandé de devenir l'un des examinateurs des missionnaires de la Ville . Je dis que c'est peut-être la partie la plus importante de tout le travail, car notre succès dépend dans une large mesure des hommes que nous choisissons pour poursuivre le travail. De nos jours, les hommes ont tendance à se lancer dans ce genre de travail alors que tout le reste échoue. Eh bien, cela ne suffira jamais. Nous ne devons pas entreprendre ce travail simplement en tant que profession. Nous voulons des hommes contraints par l'amour du Christ ; nous voulons que des hommes ayant une connaissance précise de la Parole de Dieu aillent s'adresser aux masses populaires ; et si nous n'avons pas cette classe d'hommes comme missionnaires de notre ville , l'œuvre échouera tôt ou tard. Nous pouvons avoir cinq cents missionnaires de la Ville, mais à moins qu'ils ne soient des hommes de Dieu, à moins qu'ils ne connaissent la Parole de Dieu, ils n'accompliront jamais l'œuvre de Dieu. C'est donc avec le plus grand plaisir que je repense à mes liens avec cette Société. J'ose dire qu'il y a maintenant avant moi des missionnaires qui sont passés entre mes mains. J'espère qu'ils ne m'ont pas trouvé très sévère ; mais s'ils l'ont fait, je peux leur dire que je n'ai été sévère dans mon examen d'eux que parce que j'étais soucieux du bien de la Société. La question qui nous est posée ce matin, me semble-t-il, est la suivante : comment pouvons-nous nous inciter les uns les autres à nous intéresser davantage à l'œuvre ? Je crois qu'il y a trois choses qui sont nécessaires. Nous avons besoin avant tout d'un sens profond de notre responsabilité devant Dieu ; nous avons besoin, deuxièmement, d'un sens aigu du péché aux yeux de Dieu ; et, enfin, nous avons besoin d'un sentiment vif de la présence et de la puissance de Dieu parmi nous. Je crois que ces trois choses sont nécessaires, et cette conviction est étayée par une référence à trois des plus grandes missions urbaines mentionnées dans la Parole de Dieu. Nous avons devant nous une œuvre grandiose concernant

Londres, la plus grande ville du monde que l'on ait jamais vue, mais je ne pense pas que nous devions nous enfuir avec l'idée que Londres est pire que d'autres endroits ; la seule chose est que nous avons tant de mal rassemblés, avec ses sept ou huit mille rues et ses près de quatre millions d'habitants. C'est un endroit formidable, mais après tout, je ne considère pas Londres comme pire que d'autres endroits. C'est pour ainsi dire le cœur du monde. Le sang coule de Londres à travers le monde et, par conséquent, si nous voulons traiter avec le monde extérieur, nous devons nous occuper du cœur. Nous devons porter l'Évangile sur les masses de Londres, et alors nous accomplirons une œuvre puissante pour le monde. Nous avons besoin de trois grands éléments essentiels pour mener à bien ce travail, et je voudrais justifier cela par une brève référence à trois des plus grandes missions urbaines dont nous parlons dans la Parole de Dieu. J'ai dit, en premier lieu, que nous avons besoin d'un véritable sens de notre responsabilité devant Dieu. La partie de l'Écriture qui nous a été lue nous rappelle Ninive et la mission dans cette ville. C'était une ville vaste, un peu à l'échelle de Londres, mais dont la méchanceté était montée jusqu'au ciel. Dieu a ordonné à son prophète Jonas d'aller l'appeler à la repentance, mais il est monté à bord du bateau et a essayé de fuir la présence de Dieu. Il descendit dans la cabine et s'endormit. Ce n'est que lorsqu'une tempête envoyée par Dieu le réveilla - ce ne fut que lorsque le capitaine posa la main sur son épaule et dit : " Que veux-tu dire, ô dormeur ? Lève-toi, invoque ton Dieu ", qu'il fut réveillé par un sens de sa responsabilité. Je crois qu'il y en a beaucoup dans la condition de Jonas, et ce n'est que lorsque le monde leur lance un appel qu'ils sont réveillés. Car vous remarquerez que ce n'est pas un homme de Dieu qui a éveillé Jonas au sens de sa responsabilité, mais c'est un homme du monde, le capitaine du navire, un païen. Chers amis, le monde veut que nous lui parlions. Il y a des gens autour de nous qui veulent que nous leur apportions l'Évangile. Ils savent quels sont nos privilèges et nos bénédictions. Mais comment ça se passe avec beaucoup ? Ils fuient simplement la présence de Dieu ; ils descendent sur les flancs du navire et s'endorment. Nous avons donc besoin avant tout, dans notre mission dans cette grande ville, d'un véritable sens de notre responsabilité et de notre devoir devant Dieu. Mais permettez-moi de vous rappeler une autre ville d'un caractère tout à fait différent, dotée de tous les privilèges d'ordre religieux : la ville de Jérusalem. Bien que cette ville disposait de toutes les bénédictions que Dieu pouvait lui accorder, le peuple rejetait Dieu dans tout son amour, sa grâce et sa bonté. Leur méchanceté était peut-être d'une autre nature, mais elle était aussi grande aux yeux de Dieu que celle de Ninive. Le Seigneur Jésus-Christ lui-même est venu en tant que grand missionnaire dans cette ville, la ville de son amour. Il regarda la ville et pleura sur elle ; ses péchés, sa méchanceté, son rejet de l'amour de Dieu, lui arrachèrent les larmes aux yeux, et il dit : « Si tu avais connu, même toi, au moins en ce jour, les choses qui appartiennent à ta paix ! mais maintenant elles sont caché à tes yeux. » Et en pensant à cela, j'apprends le deuxième grand élément essentiel pour nous : un sens aigu du péché. Oh! si vous réalisez de plus en plus la méchanceté de cette grande Ville, vous seriez de plus en plus contraints de travailler, afin de faire connaître aux autres ce Sauveur qui vous a été si précieux. Enfin, permettez-moi de vous référer à une autre mission : la mission dans la ville de Corinthe. C'était le centre du monde commercial ; par elle coulaient toutes les richesses de l'Orient et de l'Occident ; et comme elle était célèbre pour sa richesse, elle était également célèbre pour son vice. On nous parle de l'apôtre Paul visitant cette ville pour la première fois et étant découragé ; mais on nous dit que le Seigneur est apparu à Paul dans une vision et lui a dit : « Ne crains pas, Paul ; n'aie pas peur ; je suis avec toi. J'ai beaucoup de monde dans cette ville. » Il a donc été encouragé dans son travail. Il a avancé dans la cause du Seigneur avec ses mains renforcées, avec l'assurance bénie que le Seigneur était avec lui. Permettez-moi, en conclusion, de vous rappeler quelle œuvre glorieuse est accomplie dans cette Société. Si nous sommes seulement fidèles à Dieu, Dieu sera fidèle à nous. Sa promesse est sûre. Son peuple sera rassemblé. En considérant les divers découragements, difficultés et épreuves auxquels nous devons faire face, nous pouvons avancer avec espoir et une ferme assurance, en nous souvenant de cette promesse bénie, selon laquelle Il nous a préparé une ville.

Le révérend Dr. MANNING (secrétaire de la Religious Tract Society) :— Il y a dix minutes, mon nom figurait en dernier sur la liste des orateurs. Bien entendu, cela signifiait que je ne devais pas parler du tout ; c'était la conclusion claire et évidente de la place dans laquelle j'ai été placé, et il est juste de dire que j'ai été mis dans cette position à ma propre demande urgente, n'ayant pas le temps de préparer quoi que ce soit à vous dire aujourd'hui. En l'absence de M. Waddy , j'ose, de manière très inattendue, me tenir dans la brèche pour appuyer la résolution si habilement présentée par l'évêque de Sodor et Man. L'autre jour, je lisais les mémoires du regretté chirurgien auditif et métaphysicien à peine moins éminent, feu James Hinton, qui, un jour, se retrouva dans l'un des lieux les plus ignobles de Londres, entouré des lieux les plus abandonnés. et dépravé de cette grande ville. Il leur parla de Jésus de Nazareth et leur dit comment, par lui, ils pourraient remonter à la vertu et à l'espérance ; puis, les yeux remplis de larmes, il se tourna vers un monsieur qui l'accompagnait et dit : « Si le Seigneur Jésus était de retour sur terre, où serait-il ? Il serait ici. Et puis, avec émotion, il se détourna. Ainsi, quand je pense au travail de la City Mission, quand je me souviens que j'ai devant moi quelque quatre cent ou quatre cent cinquante agents de cette Société, qui descendent au plus profond de la misère et du vice, emportant avec eux le nouvelles du grand salut, je ne peux m'empêcher de penser, selon les paroles de James Hinton, que si le Seigneur était ici sur terre, il serait à l'œuvre même à laquelle vous, mes amis, avez été appelés et dans laquelle cette grande Société vous commande et vous soutient. C'est pourquoi, avec une très profonde sympathie, je vous souhaite bonne chance et me réjouis avec vous de ce rapport très touchant et même éloquent (pas tant en paroles qu'en faits) rapport que nous venons d'écouter. Au cours des réunions de cette semaine et de ce mois, je me demande combien de fois la grande mission de notre Seigneur aura été citée : « Allez dans le monde entier et prêchez l'Évangile à toute la création ». Aussi souvent qu'on le cite, on ne peut le citer trop souvent ; et pourtant, dans cette réunion en particulier, on ne peut que se rappeler qu'il y a une certaine limitation imposée aux disciples : « en commençant à Jérusalem ». Pourquoi? Il me semble que presque tous les motifs et raisons qui ont poussé cette limitation à commencer à Jérusalem, peuvent, par une application équitable et par analogie, être appliqués à l'œuvre dans laquelle vous êtes engagés. Sans tenir compte de la position particulière du peuple juif, qui, bien entendu, est entrée dans la considération de notre Seigneur, quelle est la signification de cette limitation telle qu'elle s'applique à nous ? Je pense que, tout d'abord, cela peut nous apprendre le devoir de commencer le travail qui nous attend. Ils étaient à Jérusalem, et ils commencèrent donc là où ils étaient — commencèrent immédiatement et à l'endroit où le Maître les avait placés et trouvés. Il existe un proverbe souvent mal cité et mal appliqué, auquel j'attache cependant une extrême importance : « La charité commence à la maison ». Je ne donnerais pas grand-chose pour la charité qui ne commence pas chez moi, comme je ne donnerais pas grand-chose pour la charité qui finit là. La charité qui est bonne à toute chose, qu'inspire l'Évangile et qu'enseigne le Maître, est la charité qui commence à notre porte et avec l'œuvre qui nous attend. Dans cette grande œuvre missionnaire pour le monde, il y a beaucoup de romantisme ;

" Son éloignement enchante la vue, Et dore la montagne de sa teinte azurée.

Et remercions Dieu pour tout ce romantisme qui pousse l'imagination à se ranger du côté de la conscience. Cependant, dans notre œuvre, il y a peu de romantisme ; on y montre une réalité dure et terrible, le vice sous toutes ses formes décharnées, hideuses et repoussantes, avec lequel il faut lutter ; mais, grâce à Dieu, il y a des hommes fidèles qui commenceront à Londres, cette ville peuplée d'un million d'habitants, avec toute sa part de vices, comme les disciples ont commencé à Jérusalem. Il y a ensuite un autre point sur lequel le Seigneur Évêque, qui vient de s'asseoir, a fait allusion : Jérusalem était le grand centre de l'activité mondiale. « Les Parthes, les Mèdes, les Élamites, et les habitants de la Mésopotamie » : toutes les nations de la terre y étaient représentées ; car à cette époque, le Juif, comme aujourd'hui, était le banquier du monde, faisant le commerce du monde et présent dans toutes les villes du monde. N'est-ce pas la position de Londres aujourd'hui ? Lorsque le grand banquier juif Rothschild fut interrogé, il y a quelques années, par un comité de la Chambre des Communes, on lui demanda quelle était l'influence sur les échanges mondiaux d'une modification du taux d'escompte à Londres, et il répondit : presque à une tension de poésie dans sa réponse. "Messieurs", a-t-il déclaré, "Londres est le cœur du monde, et chaque pulsation et pulsation du marché londonien est ressentie dans toutes les régions du monde." Eh bien, monseigneur, partout où le commerce s'étend, la puissance de l'Angleterre se fait sentir ; partout où le commerce s'effectue, les voiles de nos navires blanchissent toutes les mers, et les agents et missionnaires du commerce se montrent intrépides et intrépides dans la poursuite du gain. Oh! que serait bientôt le monde si notre grande Londres était convertie à Dieu, si de ce grand centre de civilisation et de commerce sortaient non seulement des hommes en quête de gain terrestre, mais des hommes qui emporteraient avec eux, dans les transactions de leurs affaires légitimes, l'amour du Christ dans leurs cœurs et le message du salut sur leurs lèvres ! De notre Londres, l'influence s'étendrait sur le monde entier, et des dizaines de milliers de missionnaires volontaires et non rémunérés sortiraient, sans rémunération ni récompense, pour porter la bonne nouvelle du salut. Alors notre Seigneur, dans Son ministère, a toujours fait appel à la parenté. André trouve son propre frère Simon, puis ils vont trouver leur ami et concitoyen Nathaniel, et à chacun la bonne nouvelle est communiquée : « Nous avons trouvé le Christ ». "Va, appelle ton mari et viens ici." Ce sentiment de relation familiale, d'amitié et d'attachement personnel est utilisé pour diffuser l'Évangile. Et nous aussi, nous devons nous rappeler que nos parents et nos frères doivent avant tout recevoir de nous la bonne nouvelle d'une grande joie : les païens ne sont pas oubliés, mais les païens sont à nos portes, liés à nous par des liens de fraternité. , doivent avoir le premier message de l'Évangile. Ensuite, il y a le patriotisme. Comme l'Hébreu a toujours été fier de son ancêtre ! Avec quelle fierté l'Apôtre se vante encore et encore d'être « de la souche d'Israël, de la tribu de Benjamin » ! Vous revenez sur cette longue lignée de héros dont le monde n'était pas digne. Monseigneur Kinnaird, nous avons derrière nous une histoire qui est juste derrière celle des Juifs en termes de noblesse. Nous sommes nés du meilleur sang de la terre et avons de nombreux titres. En admettant tous les crimes dont notre nation a été coupable, je remercie Dieu – et dans ce sentiment, je ne fais qu'exprimer les sentiments de tout cœur britannique – de ce que je suis né Britannique. Par conséquent, il nous incombe , en tant que Britanniques, de répandre partout dans notre terre bien-aimée et honorée ce qui peut porter ses libertés et sa prospérité à un niveau encore plus élevé. Il n'y a pas très longtemps, je me trouvais devant une de ces réunions au faubourg Saint-Antoine, organisées par cet homme merveilleux, Robert McAll , qui poursuit cette merveilleuse mission municipale à Paris. Je me tenais là, au milieu d'une foule de communistes et de républicains rouges décharnés, aux yeux creux, avec leurs longs cheveux ébouriffés et leurs visages blancs et hagards, et je leur ai dit : « Je viens simplement vous dire ce qui a rendu l'Angleterre libre. et prospère et heureux. Nos cœurs ont saigné pour vous dans les calamités que vous avez endurées au cours de ces dernières années. Qu'est-ce qui peut vous relever de cet abîme de ruine dans lequel vous êtes tombé ? Qu'est-ce qui peut vous faire participer avec nous à " Ces privilèges nationaux dont nous jouissons ? C'est l'Évangile, et rien que l'Évangile. Que Londres et Paris se retrouvent côte à côte tombant aux pieds de Jésus, et ces deux grandes villes maîtresses du monde gagneront encore le monde pour le Christ. !" Ensuite, il y a juste une autre considération à laquelle il a déjà été fait référence pour laquelle l'Évangile devait commencer à Jérusalem : c'était la ville de la culpabilité la plus profonde et du besoin le plus profond. Au moment où le Seigneur Évêque a terminé sa touchante allusion à Jérusalem, ils complotaient et conspiraient déjà non seulement pour rejeter mais pour crucifier le Seigneur de la Vie ; et les angoisses de ses cris mourants avaient à peine cessé depuis les collines de Jérusalem, et son sang était à peine séché sur les pierres lorsqu'il pria sur la croix : « Père, pardonne-leur, ils ne savent pas ce qu'ils font ; et dit à ses disciples : « Allez vers ceux-ci, mes meurtriers, ces hommes par les mains desquels j'ai été crucifié et tué, et comme ils sont les plus profondément coupables et les plus nécessiteux, que la première offre de salut vienne à eux. » Et cela ne pourrait-il pas, à certains égards, s'appliquer également à Londres ? Les hommes peuvent spéculer à leur guise sur la condition future du monde païen et sur ceux qui n'ont jamais entendu parler du Christ, ceux qui sont nés dans les ténèbres profondes, denses et terribles du paganisme, des ténèbres qui pourraient être ressenties, qui comme le voile de la mort pèse sur ces nations dégradées ; ils peuvent spéculer à leur guise sur la condition future de ceux à qui l'Évangile n'est jamais parvenu, mais quelle doit être la culpabilité terrible et épouvantable des millions de Londres qui vivent au son de l'Évangile et aux côtés de Des influences et des agents chrétiens, mais qui restent pourtant aussi complètement morts et aussi absolument païens que les idolâtres mêmes de l'Afrique centrale ! Quant à leur culpabilité et à leur ruine, il ne fait aucun doute. Nous donc, qui détenons entre nos mains la bonne nouvelle du salut, sommes tenus avant tout de l'offrir à ceux qui sont les premiers coupables, afin qu'ils soient les premiers à entendre la nouvelle du Sauveur . J'ai parcouru la liste qui résume l'action et l'action de la Mission, et je constate que près de trois millions de visites ont été effectuées dans des foyers obscurcis par la misère, l'ignorance et le vice. Vos missionnaires sont partis, dans quel but ? — pour dissiper le nuage et apporter la paix au lieu de la discorde, la joie au lieu du chagrin. Combien de visiteurs se sont rendus dans ces maisons pour une autre mission ? Hier soir, un monsieur, parlant dans cette salle, a raconté une anecdote assez drôle dans son aspect, mais qui peut pourtant illustrer la différence entre les visites des missionnaires et celles de beaucoup d'autres qui les fréquentent. Un cadavre avait été jeté sur le sable, et lors de l'enquête du coroner, on a demandé aux personnes qui l'avaient trouvé : « Avez-vous fait quelque chose pour ressusciter le cadavre ? Ils ne comprirent pas la question et le coroner la répéta : « Avez-vous fait quelque chose pour réanimer le cadavre ? "Oui", dirent les hommes; "Nous avons fouillé ses poches." Maintenant, cela me semble exprimer, d'une manière pittoresque et drôle, le but pour lequel beaucoup se rendent dans les foyers et les repaires de la pauvreté et du vice. Nos amis cependant vont leur apprendre d'abord comment transformer un denier en livre par la tempérance, la vertu et la religion ; et ensuite leur donner les bénédictions encore plus profondes du salut. Je ne peux pas m'asseoir sans un mot de témoignage personnel sur le travail de cette Société. Je suis l'un des secrétaires de la Religious Tract Society. Cela a été notre bonheur et notre privilège de contribuer, année après année et de plus en plus, par d'importantes subventions de tracts et de publications, au travail de cette mission et à ses résultats. Je dois dire que parmi les coadjuteurs les plus efficaces de la Religious Tract Society se trouve cette Mission de la Ville. Il n'y a aucun endroit dans lequel nos tracts circulent avec plus de confiance et de satisfaction pour nous-mêmes, et avec la ferme assurance qu'ils seront bien et sagement utilisés et produiront les meilleurs résultats. Je pense donc que, même si des remerciements ont été rendus de temps à autre à la Tract Society pour l'aide que nous vous avons apportée, nous devrions vous remercier très chaleureusement pour l'aide que vous nous avez apportée ; et au nom de notre Seigneur et Maître, nous vous souhaitons la vitesse de Dieu.

La résolution a été adoptée à l'unanimité.

NOTES DE BAS DE PAGE :

[1] JMW, London City Mission, Bridewell Place, CE

[2] Isaïe xlix. 9, 10.

[3] I Cor. ii. 13.

[4] Rom. iii. 23.

[5] Jean I . 1, 14.

[6] Jean iii. 3

[7] Je John je . 7.

[8] Rom. v.1.

[9] Actes v. 12.

[10] Héb. XII. 14.

[11] I Cor. vi. 11.